相続対策の常識
ウソ？ホント？

6人の専門家が導く正しい対策への道しるべ

一般社団法人
**大家さんの
道しるべ**
編著

税理士
渡邊浩滋

弁護士
関 義之

不動産鑑定士
田口陽一

不動産コンサルタント
廣田裕司

相続保険コンサルタント
津曲 巖

ファイナンシャル・プランナー
駒崎 竜

清文社

はじめに

　平成27年から相続税の改正が行われ、今まで相続税とは無縁の方でも、相続税が課税される時代になりました。
　相続対策に対する関心はますます高まっていると感じます。新聞や雑誌でも相続対策の特集をよく目にしていることでしょう。
「借金をすれば相続税が下がりますよ！」
「駐車場にしているよりもアパートを建てた方が相続税が下がりますよ！」
「生命保険が最も有効な手段ですよ！」
「ご遺族が遺産分割でもめないように、遺言書を書いておきましょう！」
など、もっともらしい相続対策が謳われています。しかし、これらは本当に相続対策として正しいのでしょうか？

　相続の専門家は、弁護士、税理士、コンサルタント、ファイナンシャルプランナーなどさまざまですが、そのうちの1人のアドバイスしか聞かないのは非常に危険であると考えます。
　税理士のアドバイスは、節税がメインで、相続でもめたことを想定していないことがよくあります。弁護士のアドバイスは、いかに依頼者の相続分を多くするか、どうやって遺言書を作成しておくかが中心で、相続税の視点が欠けていることがあります。不動産コンサルタントのアドバイスは、土地活用やタワーマンションを購入させることに終始して、どのように分割するかまで考えていないことがあります。
　このように偏ったアドバイスでは、相続時もしくは相続後に失敗する可能性があります。

　相続対策は、単純な話ではありません。「家族構成」「財産構成」「被相続人と相続人の思い」を考慮して、最善の対策を取らなければなりません。一般的

には、相続対策は、①税金対策（いかに相続税を下げるか）、②納税対策（いかに相続税の納税資金を確保するか）、③争族対策（いかに相続人間で争わずに承継できるか）をバランスよく行っていくことが重要と言われています。

　さらに、「その対策が相続後にどのような影響を与えるか」という長期的な視点も欠かせません。

　例えば、借金をしてアパートを建てて、相続税が下がったのはいいけれども、相続後に空室が続いて借金が返せなくなるケースなどです。実は、私の実家も相続対策で借金をしてアパートを建て、その後に苦労をしてきたうちの1人です。その苦労は、相続後でもまだまだ続いています。

　1人の専門家に相談すると、その人の得意分野を中心にアドバイスされるため、このような視点が欠けてしまうことがよくあります。そこで分野の異なる複数の専門家に相談することで、複合的な視点で判断でき、バランスのよいアドバイスを受けることができます。

　本書では、相続対策においてよく言われている「常識」について、事例をもとに取り上げています。しかし、その対策が正しいか正しくないかの白黒をハッキリさせるものではありません。というのも、その対策に当てはまる人もいれば、当てはまらない人もいるからです。

　そのため、事例を通して、その対策のメリット、デメリットを解説し、どのような点に注意をしなければならないかを、6人の専門家の視点からアドバイスしています。単純に「相続対策」という基準だけで判断しないようにしてください。

　本書が、相続の当事者とその家族が「幸せになる判断をすること」の気づきになれば幸いです。

平成27年9月

一般社団法人　大家さんの道しるべ
代表理事　渡邊浩滋

… 目　次 …

第1章　相続税のしくみの常識　ウソ？ホント？

CASE1-1　財産が基礎控除を超えると大変？ ……………………………… 2
CASE1-2　財産が基礎控除の範囲内だから何も対策はいらない？ ……… 13
CASE1-3　借金をしたら相続税が下がる？ ……………………………… 22
CASE1-4　借金はなるべく減らさない方がよい？ ……………………… 31
CASE1-5　配偶者に相続させると相続税がかからない？ ……………… 39
CASE1-6　養子縁組をすると節税になる？ ……………………………… 47

第2章　不動産による相続対策の常識　ウソ？ホント？

CASE2-1　アパートを建築すると相続税対策になる？ ………………… 58
CASE2-2　30年一括借上げ契約で賃貸物件を建築すれば相続後でも安心？
　　　　　 ……………………………………………………………………… 75
CASE2-3　タワーマンションを購入すると相続税がかからない？ ……… 87
CASE2-4　二世帯住宅の建築が相続税の節税になる？ ………………… 96
CASE2-5　賃貸併用住宅の建築が相続税の節税になる？ ……………… 103
CASE2-6　相続納税のために駐車場を残しておくべきか？ …………… 112
CASE2-7　資産の組み換えはした方がよい？ …………………………… 122
CASE2-8　物納するから心配ない？ ……………………………………… 132

第3章 贈与による相続対策の常識 ウソ？ホント？

- CASE3-1 現金贈与は相続税対策として有効？ ……………………… 142
- CASE3-2 生前贈与か名義預金か？ ………………………………… 151
- CASE3-3 教育資金一括贈与の非課税制度は相続対策になる？ …… 156
- CASE3-4 結婚・子育て資金の一括贈与を活用した方がよい？ …… 161
- CASE3-5 住宅取得資金贈与は有効か？ …………………………… 167
- CASE3-6 土地を毎年贈与していくことで節税になる？ ………… 174
- CASE3-7 おしどり贈与は相続税対策に有効か？ ………………… 182
- CASE3-8 負担付贈与は相続対策になるの？ ……………………… 192
- CASE3-9 相続時精算課税制度の利用は相続税対策に有効か？ … 198

第4章 生命保険による相続対策の常識 ウソ？ホント？

- CASE4-1 納税資金は生命保険で残した方がよい？ ……………… 208
- CASE4-2 財産分割対策として生命保険を活用できるの？ ……… 213
- CASE4-3 保険に加入すると相続税が軽減されるの？ …………… 220
- CASE4-4 小規模企業共済に加入すると相続対策になるの？ …… 226

第5章 遺言書による相続対策の常識 ウソ？ホント？

- CASE5-1 遺言書を書かなくても大丈夫？ ………………………… 236
- CASE5-2 遺言書を書けばもめない？ ……………………………… 246
- CASE5-3 遺留分を考えない遺言書でも大丈夫？ ………………… 258

第6章 法人による相続対策の常識 ウソ？ホント？

CASE6-1　不動産管理法人を使った相続税対策は有効か？……………270
CASE6-2　不動産所有法人を使った相続対策は有効か？………………279
CASE6-3　一般社団法人の設立は相続税対策になるのか？……………290
CASE6-4　事業承継対策って必要？…………………………………………298

第7章 信託による相続対策の常識 ウソ？ホント？

CASE7-1　信託を活用した相続対策は有効か？……………………………306

※本書掲載事例「CASE」に出てくる"相談者"や"相談者が子の場合の親"は、文中では生きている設定ですが、内容をわかりやすくするため、「被相続人」という表記を使用しています。
※本書の内容は、平成27年9月1日現在の法令等によっています。

第1章

相続税の しくみの常識 ウソ？ホント？

CASE 1-1

財産が基礎控除を超えると大変？

Q 相談者　地主明さん　84歳

「相続税が増税になって大変になる」と聞き、うちも相続税が払えるか心配になっています。
不動産屋さんに相談すると、「借金してアパートを建てれば、相続税が下がります」とアドバイスもらいました。
自宅を建替えてアパートを建築した方がよいのでしょうか？

【家族構成】			【所有財産】		
相続人	配偶者	なし	財産額	6,000万円	
	長男	55歳		現金	500万円
	長女	53歳		自宅（土地）	5,000万円
				自宅（建物）	500万円

A STEP-1　知っておきたい基礎知識

平成27年1月1日から相続税が増税されました。

1 基礎控除額の縮小

相続税は、お亡くなりになった時点の財産に対して課税されます。

ただし、この財産額に対して課税されるわけではなく、基礎控除額を控除し、基礎控除額を超える部分に対して課税されることになります。

つまり、財産額が基礎控除額よりも小さい場合には、相続税はかからないと

いうことになります。

平成27年以降の相続では、この基礎控除額が縮小されます。

図表1-1　基礎控除額

平成26年12月31日以前の相続
5,000万円＋1,000万円×法定相続人の数

平成27年1月1日以後の相続
3,000万円＋600万円×法定相続人の数

図表1-2　基礎控除額の金額

相続人の数	改正前 （平成26年12月31日以前の相続）	改正後 （平成27年1月1日以後の相続）
2人	7,000万円	4,200万円
3人	8,000万円	4,800万円
4人	9,000万円	5,400万円

この基礎控除が下がることによって、今まで相続税がかからなかった人が、相続税がかかるようになる場合がでてきます。

平成24年の相続税課税割合（課税対象者／死亡者数）は、4.1％でした。

100人亡くなって4人程度しか相続税はかからなかったのです。

それほど基礎控除の金額が大きかったと言えます。

平成27年より基礎控除が縮小されることにより、課税割合が、6～8％程度に増えると言われています。

今までの倍近く相続税の対象者が増えると予想されます。

それでも100人亡くなって6～8人程度しか相続税がかからないので、大半の方は相続税がかからないのですが、この数値は全国平均です。

相続税が課税される方の資産構成は、土地と家屋で50％を超えています。

つまり、相続税がかかる方のほとんどが、不動産を所有している方になります。

CASE 1-1　財産が基礎控除を超えると大変？

地価の高い都心部に土地を持っている方に集中して相続税が課税されることになるのです。

2 税率構造の変更

相続税は超過累進税率を採用しており、財産額が大きくなれば大きくなるほど、高い税率が適用されます。

平成27年以後の相続より、最高税率の引き上げ（50%⇒55%）など税率構造が変わりました。

図表1-3　相続税の税率

平成26年12月31日以前の相続				平成27年1月1日以後の相続		
法定相続分に応ずる取得金額		税率	控除額	法定相続分に応ずる取得金額	税率	控除額
	1,000万円以下	10%	—	1,000万円以下	10%	—
1,000万円超	3,000万円以下	15%	50万円	1,000万円超　3,000万円以下	15%	50万円
3,000万円超	5,000万円以下	20%	200万円	3,000万円超　5,000万円以下	20%	200万円
5,000万円超	1億円以下	30%	700万円	5,000万円超　1億円以下	30%	700万円
1億円超	3億円以下	40%	1,700万円	1億円超　2億円以下	40%	1,700万円
3億円超		50%	4,700万円	2億円超　3億円以下	45%	2,700万円
				3億円超　6億円以下	50%	4,200万円
				6億円超	55%	7,200万円

相続税の税率は、財産の額ごとに段階的に税率が上がる仕組みになっています。

平成26年12月31日以前は、6段階で10%〜50%の税率が適用されていました。

平成27年1月1日以後は、8段階で10%〜55%の税率が適用されることになります。

相続税は、財産に対して課税される点で、所得税などのように収入に対して課税されるものではないため、財産の中から相続税を払わなければならず、相続税分だけ財産が目減りしてしまうことになります。

また、相続税は原則現金で支払うことになります（相続開始から10か月以内）。

現金がなければ、最悪、不動産を売却して納税しなくてはならなくなるとい

う可能性もあるのです。

昔から3代相続すると財産が全て亡くなると言われました。

何もしないと相続税で財産がどんどん減ってしまうことになりかねないため、相続税対策を考えておかなければならないのです。

STEP-2 税理士からのアドバイス

1 相続税の計算の仕組みと誤解

基礎控除が下がったことによって、相続税の課税対象は広がります。

しかし、課税はされるけれども、一体いくら課税されるかについては、よくわかっていない方が多いのではないでしょうか？

最高税率が55％になるといっても、相続税がかかる方全員が55％の課税になるわけではありません。

財産から基礎控除を引くのですが、この財産とは、遺産額に生命保険金などのみなし相続財産や3年以内の贈与財産などを加えた金額に借金などの債務を控除した正味の財産額を言います。

基礎控除を超える金額を、課税遺産総額と言います。

図表1-4　課税遺産総額の計算

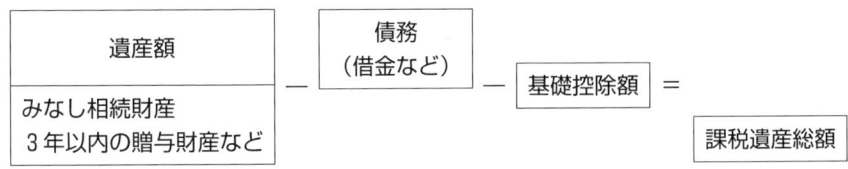

ここから税率をかけるのですが、勘違いされやすい点があります。

それは、この課税遺産総額に税率をかけると思っている方がいますが、違います。

課税遺産総額そのものに税率をかけるわけではありません。

課税遺産総額を法定相続分で分けます。

法定相続分は、民法上決められた相続人の相続分で、例えば、相続人が配偶者と子が2人なら、配偶者1／2、子1／4ずつということになり、相続人が子3人だけなら、1／3ずつということになります。
　そして、法定相続分で分けた金額に税率をかけることになります。
　ですから、課税遺産総額が3億円、相続人が子3人の場合には、
　3億円×45％－2,700万円＝1億800万円が相続税ではありません。
　3億円×1／3＝1億円
　1億円×30％－700万円＝2,300万円
　2,300万円が1人の相続税なので、3人分合計すると6,900万円になります。これが相続税総額になります。
　つまり、相続人3人の合計で支払う相続税です。

図表1-5　課税遺産総額〜相続税の計算

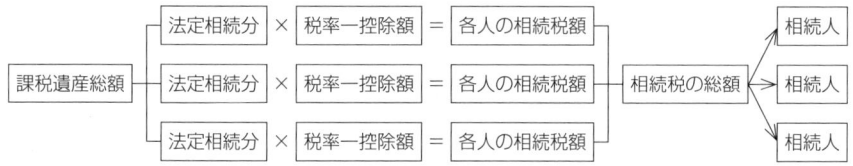

　これを、取得する財産の金額に応じて配分していきます。
　実際に誰がいくら相続するかは、遺言書や遺産分割協議などで決めることが多く、法定相続分で分けないこともあるためです。
　法定相続分は1／3ずつだけれど、遺産分割協議によって、全員が納得すれば、長男3／6、次男2／6、三男1／6と決めることもあるのです。
　この場合の各人が支払う相続税は、
　長男6,900万円×3／6＝3,450万円
　次男6,900万円×2／6＝2,300万円
　三男6,900万円×1／6＝1,150万円
となります。
　なぜ、一度法定相続分で分けて相続税の総額を出してから、各相続人に配分

するかというと、相続財産の分け方によって、相続税の税率を操作させないようにするためです。

相続税の分け方次第で、つまり、1人に多く相続させると高い税率で課税され、少なく相続させると低い税率で課税されないように、どんな分け方をしても相続税の総額は変わらないようにして、それを配分する計算方法にしています。

ですから、複数相続人がいれば、低い税率による課税となり、高額な相続税にならない可能性があります。

2 相続税の大きな減額措置

基礎控除を超えても、相続税がかからない場合もあります。

相続財産の大半を占める可能性がある土地の評価が大幅に減額される特例があるのです。

これを小規模宅地の減額といいます。

小規模宅地の減額とは、事業用、居住用、賃貸用の宅地については、一定の要件を満たす場合には、限度面積までの土地の評価が80％（賃貸用は50％）減額できる特例です。

例えば1億円の自宅であれば、2,000万円の評価になるという特例なのです。

ただし、土地の面積が大きいと土地全体が80％減額にならない場合があります。

それぞれの用途によって各限度面積と減額割合が決まっています。

事業用　400m^{2}まで80％減額

居住用　330m^{2}まで80％減額

賃貸用　200m^{2}まで50％減額

例えば400m^{2}の自宅であれば、330m^{2}までは80％減額を受けられますが、残りの70m^{2}は減額が受けられないことになります。

この特例を使えば、土地の評価が大きく減額されるため、結果的に基礎控除を下回って相続税かからなくなることも十分考えられます。

CASE 1-1　財産が基礎控除を超えると大変？　　7

ただし、小規模宅地の減額には、要件を満たしていなければ、適用できません。

また、小規模宅地の減額を適用して、相続税がかからなくても、この減額を適用するためには相続税の申告書の提出が必要になります。

まずは、冷静に現在の財産から、相続税の納税がいくらになるのか計算してみましょう。

思ったより相続税がかからないと思う方もいらっしゃると思います。

その金額を見て、相続対策するべきかを考えても遅くありません。

STEP-3　不動産鑑定士からのアドバイス

1 相続対策としての不動産保有

相続財産の額が基礎控除を超えてしまった場合、不動産の評価額について見直してみるのも一つです。

相続税の課税における不動産評価の原則的な考え方は以下のとおりです。

土地は基本的に税務署が定める相続税路線価、建物は固定資産税評価額による評価がそれぞれベースとなります。

さらに、賃貸借している不動産については、借家権（借地権）相当分を控除して評価することができます。

相続税路線価は、誰でもインターネット上で閲覧が可能となっており、土地の評価額を概算することができます。ただし、不動産は個別性が強く、形状など画地条件や利用形態に応じて土地の個別性を反映して算定された評価額が最終的な財産評価となります。

一般的傾向として、相続税路線価は、概ね実勢価格の８割程度の評価となっていますし、建物の評価（固定資産税評価額）も時価よりも低い傾向にあるので、不動産の保有は相続対策に優位と言えます。特に賃貸用の建物の新築時においてはこの傾向が強いと言えます。「不動産で相続対策」とよく言われているの

は、こういった背景があります。

しかし、必ず路線価等で評価した財産評価額が時価を下回っているかというと、そうでもないのが実態です。

2 不動産の「時価」と個別事情で引き下げられる不動産の「財産評価」

不動産を含めた相続財産の金額が基礎控除を超えてしまった場合には、やはり課税されてしまうのでしょうか。不動産は実勢時価より安めで評価されているようですし…。

実は、不動産の個別事情に応じて、不動産の評価を引き下げることができる可能性があります。

では、そもそも、不動産の時価はどのように把握するのでしょうか。

不動産の取引は絶対数が少なく、取引が生じてもその取引条件が公開されることは少ないので、預金や上場株式などと比べると相場というものがわかりにくくなっています。仮に相場を把握できたとしても、実際に第三者間で売買されないと市場における時価を観測することはできず、こういった情報は表に出ませんし、売り急ぎや買い進み等の事情がある場合もあります。土地も建物も一つひとつ個別的に条件が異なるので、この個別性がさらに不動産評価を難しいイメージにさせています。そこで、不動産鑑定評価というものが存在し、不動産鑑定士が不動産の時価を評価することができます。

減価要因が大きい土地や、特殊事情のある不動産については、通達で定められている補正率よりも現実の売買における実態の方が減価率が大きいことは不動産の世界ではよくあります。

なぜこのようなことになるかと言えば、不動産の特性として、「個別性がきわめて強い」からです。

路線価そのものは、その道路に面する「標準的な土地」を前提にしたものであり、通達に定められた補正率も画一的・機械的なものなので、実際の取引においてその不動産の個別事情が価格にどれくらいの影響を与え、時価が形成さ

れるか、個別・具体的な状況・実態を完全には反映しきれていません。

したがって、財産評価よりも時価が低いということが有り得るのです。

税理士の先生の考え方において、路線価での計算しかしていないケースもありますので、不動産の鑑定評価についても検討してみてください。

3 どうすれば基礎控除額におさめられるか

具体的には、以下のような場合に、不動産の評価額を引き下げられる可能性があります。

- 崖地を多く含む土地
- 形状が極端に悪い土地
- 広大地
- 山林
- 接道しているが道路と著しい高低差がある
- 高圧線下地
- 鉄道が付近にあり騒音が大きいために住環境を極端に害している
- 近隣に嫌悪施設があり、眺望を害したり心理的嫌悪感が存在している

不動産の評価を引き下げることにより、相続財産全体の評価を圧縮し、基礎控除額におさめることができるかもしれません。

強い個別性や特殊な事情を有する土地については、実際の売却可能価格(時価)が路線価をベースに算定した財産評価額を下回ると客観的に説明できる場合には、相続財産の価額を引き下げることが可能です。

ですから、路線価や固定資産税評価額による財算評価額が基礎控除額を超えたとしても、びっくりしないでください。納税は生じない場合もあります。

不動産評価額の見返しによって基礎控除の範囲におさめることができれば、相続税を回避することができます。不動産評価は、不動産業者でも査定額に大きな差が生じるなど、難しいものですので、そのような場合には不動産鑑定士などの専門家への相談をおすすめします。

STEP-4 正しい対策への道しるべ

　今回の事例の場合、財産総額の6,000万円が基礎控除4,200万円（3,000万円＋600万円×2人）を超えているため、相続税がかかることになります。
　しかし、実際に相続税の計算をすると、相続税の総額は180万円になります。冷静に考えると、払えない金額ではないのではないでしょうか？
　この金額であれば、小規模宅地の減額を適用できれば、相続税がゼロになる可能性もありますし、後述する生前贈与や生命保険の活用によって、さらに相続税を引き下げることもできます。
　「相続税が増税になる」ということで焦ってしまっている方が多いと感じます。
　何となく対策をしなければいけないと思い込み、本来しなくてもよい対策をしてしまわないようにしましょう。
　100万円しか相続税がかからないのに、1億円の借金をしてアパートを建築することが本当によいのか、実際に数字で判断することが重要だと思います。
　今一度、相続税がいくらかかるのか金額で算出してみましょう。
　中立的な専門家にアドバイスしてもらうのもよいでしょう。
　くれぐれも、「相続税が増税になる」という情報だけで、借金して賃貸物件を建築したり、土地を売却することなどはしないようにしましょう。

POINT

- 相続税は増税になったが、実際に相続税額を計算してみると、十分払える金額であることの方が多いです。
- 相続税には減額の特例や生前対策などが多いので、焦って大きな契約をする前に、簡単にできる対策がないか検討してみましょう。
- 不動産の評価額そのものを引き下げる検討（鑑定評価の活用）も有効な手段です。

CASE 1-2

財産が基礎控除の範囲内だから何も対策はいらない？

Q 相談者　地主昭さん　70歳

私は、自宅の土地建物を所有しています。遺産全体の評価額は2,500万円です。知り合いの税理士に聞いたところ、財産が基礎控除の範囲内なので、相続税はかからず、何も相続対策をとる必要はないと言われました。本当でしょうか。

【家族構成】				【所有財産】		
相続人	配偶者	なし		財産額	2,500万円	
	長男	40歳			現預金	なし
	長女	38歳			自宅（土地）	2,000万円
					自宅（建物）	500万円

A  **STEP-1　知っておきたい基礎知識**

1 遺産の価額が少ないほど「争続」リスクが高い

　相続対策は、相続税対策から入るケースが多くあります。逆に言えば、相続税がかからなければ相続対策をしなくてよいと思われがちです。

　しかし、相続対策とは、相続税対策だけではなく、「争続」対策、つまり遺産分割による紛争対策も必要です。

　ところで、最高裁判所はそのホームページで様々な司法統計を公表していますが、このうち、平成25年度の「第52表　遺産分割事件のうち認容・調停成立

CASE 1-2　財産が基礎控除の範囲内だから何も対策はいらない？　13

件数（「分割をしない」を除く）－遺産の内容別遺産の価額別－全家庭裁判所」（http://www.courts.go.jp/app/files/toukei/282/007282.pdf）をみると、総数8,951件のうち、遺産の価額が1,000万円以下の事件が2,894件（全体の32.3％）、1,000万円超5,000万円以下の事件が3,827件（全体の42.8％）となっています。

　また、遺産分割は、まず協議により話し合い、協議が成立しない場合には、家庭裁判所の調停で話し合います。それでも決着がつかない場合には、家庭裁判所の審判に移ります。

　「争続」が生じても、協議で成立する事件も多数ありますので、調停に移行した事件というのは選りすぐりの争続案件という見方ができます。

　その調停事件のうち、全体の約3割が遺産の価額が1,000万円以下の事件、約75％が5,000万円以下の事件ということになります。

　5,000万円というと、改正前の相続税の基礎控除の金額ですので、相続税の対策が不要なケースほど、遺産分割による「争続」が起きやすいということを表しているものと思います。

2　争続が起きやすい理由

　争続が起きやすい理由として考えられるのは、不動産が主な遺産を構成しているケースです。先ほどの司法統計でも、遺産の内容に不動産が含まれている事件が多数を占めています。不動産が多く、現預金等が少ない場合には、遺産の分割方法の選択肢が少なく、なかなか話合いがまとまりません。

　また、5,000万円を超えるような資産家の場合には、相続税対策を入り口とした相続対策を緻密に行っていると推測されますので、相対的に、5,000万円以下の遺産の紛争が増えているのではないかと思います。

　以上から、遺産は少ないからもめることはないと安心せず、むしろ、「争続」は起きやすいと発想を転換し、遺産分割対策として、生前にしっかりと遺言書を作成しておくとよいでしょう。

STEP-2 弁護士からのアドバイス

　弁護士は紛争解決が主な仕事ですので、普段から、たくさんの紛争を目にしています。

　それぞれの事案で紛争化する理由は異なりますが、人が複数いれば、それぞれ考え方も違いますので、いつ紛争が起きてもおかしくありません。従って、仕事でも日常生活でも、常に紛争化するリスクがあると考え、その予防策を講じるという発想を持っておくとよいと思います。

　これは遺産分割でも同じです。遺産が少なくても、もめるときはもめます。逆に、統計上は、遺産が少ない方がもめるリスクが高まるようです。

　相続税対策が必要でも、必要でなくても、「争続」対策として、遺言書を作成しておくことをおすすめします。

　遺言書については、詳しくは第5章をご参照ください。

STEP-3 不動産鑑定士からのアドバイス

1 相続税以外の相続対策の必要性（遺産分け）

　相続税がかからなくても、遺産分けの問題があるので、安心するのはまだ早いのです。

　相続対策は、「相続税」対策が全てではなく、これ以外にも「争族」対策や「2次相続」対策などの相続対策が必要となります。

　特に、相続財産のうち、そのほとんどが不動産である場合には注意してください。この場合、遺産分けの問題が生じます。

　遺産分けに際しては、現金や上場株式のように、流動性が高く換金しやすい金融資産であれば簡単に分けることができますが、財産が基礎控除以内におさまる多くの方の場合、自宅を含む不動産が相続財産の大半となるため、この分

割が問題になります。法定相続人が複数いる場合は、分割に関する対策を考える必要があります。

現預金は多くなく1～2ヶ所の不動産があり、また利用形態も規模もバラバラの場合、バランスよく遺産分けするのは簡単ではありません。

例えば、相続人は、長男と次男の2人で相続財産である親の自宅に長男が居住し続ける場合には、長男と次男がこの自宅を単純に共有するわけにはいきませんので、長男は次男に対し代償金として、持分相当額の金銭を渡すことによって遺産分割をまとめることになります。しかし、この分割方法では、長男に多額の資金が必要になるため、この資金をどう工面するかという問題が生じます。

仮に長男が資金を用意できたとしても、この自宅の価額を巡って兄弟間で揉める場合があります。

例えば、居住を続ける長男は、相続税路線価等をベースに自宅を3,000万円と評価し、次男に渡す現金として1,500万円を準備しましたが、次男はこの自宅を不動産業者に査定に出したところ3,800万円と評価されたために、代償金として1,900万円を要求する、といった場合です。

2 共有の問題

では、相続不動産が収益物件で、共有するなら問題ないでしょうか。

共有は、等分に分けるという意味ではストレートな解決方法ではあるものの、その不動産の管理・運用・処分に当たっては、デメリットも有する権利形態です。

共有の基本的な考え方は、一つのものを複数の人が所有するわけですから、ここは誰、あそこは誰、と分けて所有しているわけではありません。

全体に対して、それぞれが持分で所有しているのです。

一つの不動産を複数の人が持分で所有する「運命共同体」ということですから、何を決めるにも、共有者間の合意形成が基本的には必要で、実は相当の覚悟が必要です。

特に不動産の場合には、意思決定の一つ一つが資産価値や換金価値に与える影響が大きいことから、共有形態は非常に不安定で危うい権利形態ともいえるでしょう。

　例えば、売却する場合には、売却するか継続保有するかの相違だけでなく、売却希望価格のバラつきも生じます。これは実際の資産売却においては大きなネックになる場合がありますので、注意してください。

　また、収益の分配や費用の負担についても、それぞれ考え方が異なり、自分と同じように皆が考えるとは必ずしも限らないということを認識してください。

　子どもは仲が良かったから共有して今後も仲良く物件を運営していけるだろう、という考えは被相続人だけの思い込みかもしれません。

　親戚同士で共有していくことを具体的に想像してみましょう。

　仮に今、あなたが相続人で、同じ相続人である兄弟ととても仲がいいとします。でも、あなたが今後亡くなったらどうでしょうか。

　共有者が奥様、お子様とご自分の兄弟あるいはその子たち、兄弟が従兄弟同士となり、ハトコ同士となり…それらの人々が一つの不動産を共有していくとしたら、将来的にその不動産を円満に維持管理していけるでしょうか。

　不動産を共有すること自体が、物件の管理（収益・費用の分配や徴収）の他、意思決定の難易度を高めてしまうため、孫たちの代になって少数持分の共有者の権利を整理するために、不動産鑑定評価を依頼されることはよくあります。

　さらには、共有持分の売却は自由であるため、第三者へ持分が渡ってしまった場合には、意思決定がさらに困難となる事態に発展するリスクがあります。

　また、一度共有になると、相続の度に、連鎖して共有者が増えていきます。

　こうなると手をつけられない状態になりますので、注意が必要です。

　共有物件の整理方法としては、同時に一括売却するか、一部の共有者がまとめて買い取るかしなければ、基本的には完全所有権に復帰しません。

　従って、共有は、概念としては公平に遺産分けしたことに違いないのですが、将来に問題を先送りしている面もあるので、冷静に判断する必要があります。

STEP-4 ファイナンシャル・プランナーからのアドバイス

1 遺産分割対策の必要性

　相続財産が基礎控除の範囲内で相続税が明らかにかからない事案であれば、相続税の対策をする必要はないでしょう。

　しかし、相続財産が基礎控除の範囲内でも、相続人が複数いる場合は、遺産分割を考える必要があります。

　特にアパート等の賃貸物件が複数ある場合は、遺産分割がまとまらないケースが多くあります。

2 金融資産の積立て

　例えば、利用形態や大きさなどがほぼ同じで、相続税評価額も同じくらいの賃貸物件があるとします。

- 賃貸物件A：築2年　家賃収入1,000万円
- 賃貸物件B：築15年　家賃収入500万円
- 賃貸物件C：築45年　家賃収入150万円

相続人は、どの「賃貸物件」を欲しがるでしょうか。

　相続税評価額は同じくらいでも、アパートの築年数や収益力が大きく異なれば、「欲しい財産」と「欲しくない財産」に分かれてしまいます。

　賃貸物件の築年数や立地の違いによる収益性を合わせるのは、現実的には不可能ですので、相続人同士の譲り合いの気持ちも必要となります。

　そこで、不動産の個別性をなるべく調整するために、金融資産の積立を活用すると良いでしょう。

　具体的には、生命保険の終身保険などに加入し、収益性の低い賃貸物件を相続する方には、死亡保険金の受取割合を多くする方法などがあります。

STEP-5 税理士からのアドバイス

1 相続税がかかるケースがあること

相続財産が3,000万円であっても、相続財産の中身と分割方法によっては、相続税がかかる場合があります。

次のケースで考えてみましょう。
- 相続人2人（子2人　長男、次男）
- 相続財産　合計1億円
    自宅（土地）3,000万円
    自宅（建物）2,000万円
    アパート（土地）3,000万円
    アパート（建物）2,000万円
- アパート借入金　7,000万円

相続税の課税価格は、財産1億円－7,000万円＝3,000万円と考え、相続税の基礎控除4,200万円（相続人2人の場合）より少ないため、相続税がかからないと判断しがちです。

しかし、この場合、財産の分割方法によって相続税がかかる場合があるのです。

長男が財産と借金を全部相続するとなれば、下記の計算のとおり、相続財産が基礎控除以下で相続税がかからないことになります。

長男の相続財産：3,000万円（自宅土地）＋2,000万円（自宅建物）＋3,000万円（アパート土地）＋2,000万円（アパート建物）－7,000万円（アパート借入金）＝3,000万円

次男の相続財産：0円

3,000万円（長男の相続財産）＋0円（次男の相続財産）≦4,200万円（基礎控除）

∴相続税0円

CASE 1-2　財産が基礎控除の範囲内だから何も対策はいらない？

しかし、長男が自宅土地と自宅建物、次男がアパート土地とアパート建物、アパート借入金を相続した場合は、どうでしょうか。

長男の相続財産：3,000万円（自宅土地）＋2,000万円（自宅建物）＝5,000万円
次男の相続財産：3,000万円（アパート土地）＋2,000万円（アパート建物）－7,000万円（アパート借入金）＝－2,000万円

この場合の相続税の課税価額は、5,000万円＋（－2,000万円）＝3,000万円とはなりません。

次男のマイナスは、他の相続人から引けないのです。つまり、借入金の控除は、その人が相続するプラスの財産から控除することしかできないことになります。

従って、相続税の課税価格は、
5,000万円（長男の相続財産）＋ 0円（次男の相続財産）＞4,200万円（基礎控除）
∴相続税がかかる
となります。

この場合の相続税は、長男が80万円払うことになります。

長男は現金を相続していませんので、80万円を自分で工面しなくてはなりません。

このように相続財産の内容や分割によって相続税の計算が大きく変わってきます。

特に、借金をしてアパートを建築した場合には、建物の評価が大きく下がりますので、相続税評価上は、建物の金額より借入金の金額が大きくなることが一般的です。

この点を十分留意した上で、相続財産の分割方法を決めていただきたいと思います。

STEP-6　正しい対策への道しるべ

1　相続税がかかるケースがあること

　この事案では、プラスの財産が基礎控除の範囲内であり、相続税がかからない事案です。

　しかし、プラスとマイナスの合計が基礎控除の範囲内の場合には、分割方法によって相続税がかかるケースがありますので、その点ご注意ください。

2　「争続」対策も必要であること

　相続税がかからないのであれば、税金対策や納税対策は不要ということになります。しかし、相続対策には、「争続」対策も重要です。特に、この事案のように、遺産の大半が不動産の場合には、「争続」のリスクが高まりますので、生前に十分な相続対策を講じておくことが必要です。

　この事案のように遺産が不動産しかない場合、安易に共有することは避けるべきです。兄弟にはそれぞれ考え方の違いがあり、売却や管理の場面で紛争が生じやすくなります。

　従って、どうしても分割できない不動産がある場合には、生命保険を活用するなどして、生前に代償金を確保する対策を講じてみてはいかがでしょうか。

POINT

- 遺産が少なく、相続税がかからないケースであっても、「争続」対策を忘れないようにしましょう。
- 不動産の分割方法を考える場合に、安易に共有にすることは避けましょう。
- 主な財産が分割しにくい不動産の場合には、生命保険を活用するなどして、代償金を確保することを検討しましょう。

CASE 1-3

借金をしたら相続税が下がる？

Q 相談者　地主昭さん　75歳
借金がないので、相続税が心配です。

お付き合いのある銀行の担当者から、「相続対策には借金するのがよい」と言われました。
建築会社の営業マンからも、「借金してマンション建てましょう」と提案を受けています。
駐車場で貸している土地があるので、そこに、借金をしてマンションを建築した方がよいのでしょうか？

【家族構成】			【所有財産】	
相続人	配偶者	70歳	財産額　3億円	
	長男	48歳	現金	1,000万円
			自宅（土地）	8,000万円
			自宅（建物）	1,000万円
			駐車場（土地）	2億円

 **STEP-1** 知っておきたい基礎知識

借金は相続財産から控除されます。

22　第1章　相続税のしくみの常識ウソ？ホント？

図表1-6 課税遺産総額の計算

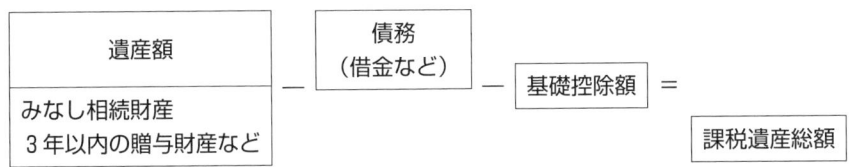

つまり、相続税の対象となる財産とは、プラスの財産からマイナスの財産を引いた「正味の財産」ということです。

相続財産から控除するマイナスの財産とは、債務や葬式費用です。

具体的には、

- 借入金
- 未払金(相続時に未払となっている医療費や水道光熱費など)
- 未納の税金(相続時に課税時期が到来している固定資産税など)
- 賃貸物件の預かり敷金や保証金
- 葬式費用(会場使用料、お布施など)
- 納骨費用　など

が控除の対象となります。

ただし、下記については控除できませんので、ご注意ください。

- 相続時時点で確実でない債務(損賠賠償金など)
- 法要費用
- 香典返礼費用

図表1-7　借入金9億円の貸借対照表例

財産	10億円	借入金	9億円
		(負債計9億円)	
(資産計10億円)	純資産	1億円	→ 正味の財産

例えば、10億円の財産があったとしても、9億円の借金があれば、10億円-9億円=1億円が正味の財産であり、この1億円から基礎控除を引いた金額が課税の対象になります。

STEP-2 税理士からのアドバイス

　借入金が財産から差し引けるので、借金をすることが相続対策になると思っている方も少なくないようです。
　結論からいうと、「借金をしても1円も相続税は下がりません。」
　具体例で考えた方がわかりやすいと思います。
　もともと3億円の土地を持っていた人が、2億円の借金をした場合の相続税評価はどうなるでしょうか？
　3億円（土地）−2億円（借金）＝1億円
と考える方がいますが、これは間違いです。
　正しくは、【3億円（土地）＋2億円（借金で受け取った現金)】−【2億円（借金)】＝3億円
となり、借金をする前と財産額は変わっていません。

図表1-8　借入前と借入後の貸借対照表

（借入前）

土地	3億円	借入金	0円
		(負債計0円)	
(資産計3億円)		純資産	3億円

（借入後）

現金	2億円	借入金	2億円
土地	3億円	(負債計2億円)	
(資産計5億円)		純資産	3億円

借金をすると、借金分の現金が増えるのです。

現金を浪費するなり、生前贈与でゼロにできれば、「3億円（土地）－2億円（借金）＝1億円」という式が成り立ちますが、浪費や生前贈与をするためにお金を貸してくれる銀行はありません。

銀行は使用目的を厳格に審査してお金を貸します。

仮に、銀行からお金が借りられたとしても、浪費して使ったお金の借入は、どこから返済すればよいのでしょうか？

では、なぜ借金をすると相続税が下がるという誤解が多いのでしょうか？

「賃貸物件を建築すると相続税が下がる」ことと混同しているからだと思います。

賃貸物件を建築すると実際に相続税は下がります。

それは、建物の相続税評価額は建築費よりも大幅に低くなるため、現金を建物に替えると評価が下がること、また、建物を賃貸すると、さらに評価が減額され、その土地の評価も減額されるからです。

詳しくはCASE2-1の解説にあります。

上記の例で、2億円で借り入れた現金をアパートの建築費用に充てた場合の相続税評価を計算してみましょう。

※借地権割合70％、建物の固定資産税評価額を建築費の60％と仮定

【2億3,700万円（貸家建付地）＋8,400万円（貸家）】－【2億円】

＝1億2,100万円

3億円の土地の評価が、2億3,700万円に減額され、2億円の建築資金が、8,400万円の評価に減額されたのです。

図表1-9　賃貸物件を建築した場合の相続税評価額での貸借対照表

建物	8,400万円	借入金	2億円
土地	2億3,700万円	(負債計2億円)	
(資産計3億2,100万円)		純資産	1億2,100万円

この減額分が相続税が下がる要因なのです。
　これは、借入金をしていなくても、手元の現金を使ってアパートの建築費用に充てても同じ結果になります。
　借金をしたから相続税が安くなるわけではありません。
　借金をしたのは手元に現金がないから——つまり、「借金をするのは、現金を調達する手段であり、相続税を安くするための手段ではない」のです。
　大部分の方がアパート建築をするために借入金を利用する場合が多いため、借金をすると相続税が下がるという誤解が生まれたのだと思います。
　相続税対策になるからといって、むやみに借入金を増やすのはもってのほかです。
　相続税は1回ですが、借金をすると、長期にわたって返済し続けなければならないのです。
　借金をしてアパート建築することでの節税額と借金をして支払う利息を比較してみるとよいと思います。
　上記の例で考えると3億円だった評価が、1億2,100万円に縮小されました。
　これによる相続税はいくら下がるのかというと、
　相続人が子2人の場合の相続税の総額は、
　　3億円の場合→6,920万円
　　1億2,100万円の場合→1,180万円
　節税額は、6,920万円−1,180万円＝5,740万円です。
　一方、2億円を35年間、利息2％の元利均等返済で借りたときの金利総額は、約7,827万円になります。
　5,740万円の節税をするために、7,827万円の利息を払うことになるのです。
　家賃収入が入ってくるので、利息分をまかなえることにはなりますが、あくまでも借入期間中は家賃がはいってくるという前提になります。
　将来、家賃が下がっても大丈夫なのか、将来、金利が上がっても大丈夫なのか、考えてみてください。
　多額の利息を支払っても、それに見合うリターンがあるのか、冷静に判断す

る必要があります。

STEP-3 ファイナンシャル・プランナーからのアドバイス

1 団体信用生命保険付ローンに注意

　借入金は相続財産から控除されますが、控除できない借入金があります。それは、"団体信用生命保険付ローン"です。

　団体信用生命保険は、元利金の返済確保を目的に加入する保険で、死亡・高度障害等の保険金事故の発生により、金融機関等に保険金が支払われ、元利金の返済に充当します。

　すなわち、相続税の課税価格を計算する時には、そのローン債務が弁済されているため、債務控除の対象にはならないのです。

　団体信用生命保険付のアパートローン等を利用すれば、相続発生と同時に借金が債務弁済されますので、賃貸経営の資金繰りを安定させることができます。

　ただし、団体信用生命保険付ローンは、債務控除の対象ではありませんので勘違いしないようにしましょう。

　銀行により団体信用生命保険の引き受け年齢や保険料負担は異なりますが、満70歳までの方が加入できたり、団体信用生命保険の保険料を銀行が負担するケースも少なくありません。

　銀行にとっては、債権回収ができるためメリットがある保険とも言えます。

2 債務控除も債務弁済もしたい場合

　相続財産から債務控除ができて、生命保険で債務弁済をすることもできます。
　その場合、団体信用生命保険が付かないローンを借入れし、生命保険は別に契約をします。
　生命保険の種類としては、逓減定期保険や収入保障保険が適しています。
　逓減定期保険は、1年に一度保険金額が逓減していく仕組みなので、借入金

残高に合わせて保険金額を設定すれば、保険期間中の死亡・高度障害時の債務弁済に充てることができます。

収入保障保険は、死亡・高度障害時に保険期間満期まで毎月保険金が支払いされる仕組みです。

借入金の返済額に合わせて保険金額を設定すれば、債務弁済に充てることができます。

これらの生命保険は、団体信用生命保険と違い保険料は下がりません。

また、一部繰上返済を実施して、借入金残高や返済額が下がっても逓減定期保険や収入保障保険の保険金額は自動的に減額されませんので、その点は認識しておく必要があります。

3 借金しすぎて失敗しないように

借金が弁済されるからといっても、必要以上の借金をすると失敗する可能性があります。

例えば、250坪の土地に賃貸物件の建設計画を2種類立てたとします。
- 木造2階建て1棟10戸：建築費1億、借入1億、金利2％、30年返済、満室家賃70万円
- RC造3階建て1棟18戸：建築費2億、借入2億、金利2％、30年返済、満室家賃144万円

木造の場合、1億円の借入金で月々の返済が369,619円、予定総返済額が133,062,840円となります。

RCの場合、2億円の借入金で月々の返済が739,238円、予定総返済額が266,125,680円となります。

どちらを建設しても土地の相続財産評価額の軽減効果は同じになりますが、満室経営が継続できれば、RCの賃貸物件が魅力的と考えるでしょう。

しかし、火災・竜巻・水災・地震などの自然災害が発生し、賃貸物件に入居できない状況になったらどうでしょうか。

火災保険や地震保険に加入していれば、賃貸物件の復旧費用を保険金で補う

ことはできると思いますが、復旧期間には数ヶ月間の日数が必要となるので、その期間の借入金返済が重くのしかかります。

入居者がいなければ、家賃収入もありませんので、仮に復旧期間が6ヶ月かかったとしたら、RC造の場合、4,435,428円の返済負担になります。

木造の場合は、6ヶ月間の返済は2,217,714円となります。

災害時に自己資金から返済をするという観点で考えると、木造の方がリスクが低いと考えることもできるでしょう。

※火災保険の家賃収入特約は、保険事故が発生した後の復旧期間中の家賃収入を補償することができます。

4 借入金を活用するメリット

賃貸物件の建設などで相続財産の評価額を引き下げても、まだ多額の相続税がかかる場合は、自己資金を全部使ってしまうと相続税が納税できず、相続破綻を起こす可能性があります。

そのため、借入金を活用する目的の一つは、手元資金を相続税の納税に充てるためとも言えます。

ただし、現金のまま持っていると相続財産に含まれてしまうので、相続財産を増やさずに、納税資金を確保する有効な方法として、生命保険の活用や生前贈与があげられます。

STEP-4 正しい対策への道しるべ

借金をしても相続税は1円も下がりません。

それにもかかわらず、「相続税を下げるために借金しなければ」と思っている方が非常に多く、借金をした方がよいとアドバイスする一部の金融機関や建築会社の担当者がいることも事実です。

まずは、相続税を下げることと借金をすることは、全く別であることを認識しましょう。

借金をして賃貸物件を建築することで相続税が下がるのは事実ですが、その相続税は一時的なものです。借入金は返済期間まで続きます。

　借入金を返済する相続人は苦労しませんか？

　もう一度、借金をするリスクを考えてみましょう。

　そして、もし借金をするのであれば、返済期間までの計画を立て、十分に返済できる道筋をつけてからにしてください。

POINT

- 借金をしても相続税は1円も下がりません。現金を不動産に変えることによって相続税が下がります。
- 借金は現金調達の手段にしかなりません。借金のメリットは、手元現金を使わないということです。手元現金を納税資金に充てることや他の相続対策に利用する等の活用をして、初めてメリットを活かすことができます。
- 団体信用生命保険付ローンは、債務控除になりません。しかし、借入金を相続人に残さないことができるメリットがあります。相続税の納税資金を確保しながら、団体信用生命保険付ローンを上手に利用するとよいでしょう。

CASE 1-4

借金はなるべく減らさない方がよい？

Q 相談者　大家茂さん　75歳

アパートの家賃収入が貯まってきたので、アパートローンの一部繰上返済をしようとしたが、繰上返済しない方がよいと銀行に言われました。借金を減らすと相続財産が増えるのでしょうか。

【家族構成】			【所有財産】	
相続人	配偶者	72歳	財産額（2015年9月時点）	2億3,500万円
	長女	50歳	現金	1億円
	長男	47歳	有価証券	5,000万円
	次女	42歳	アパート①（借金）	△8,000万円
			（2008年7月：1億円の借入）	
			アパート①（土地）	6,500万円
			アパート①（建物）	3,500万円
			アパート②（借金）	△1億5,000万円
			（2009年9月：1億8,000万円の借入）	
			アパート②（土地）	1億2,000万円
			アパート②（建物）	6,000万円
			自宅（土地）	3,000万円
			自宅（建物）	500万円

A **STEP-1　知っておきたい基礎知識**

アパートローンの多くは、繰上返済をする際に事務手数料がかかります。

事務手数料は、金利のタイプ、融資日からの経過期間、繰上元金の金額によって異なります。各金融機関によって事務手数料率は異なりますが、参考例を紹介します。

図表1-10　一部繰上返済手数料
■アパートローン（例）

金利タイプ	繰上元金	事務手数料
固定金利	100万円未満	6,000円（税別）
固定金利	100万円以上1,000万円未満	30,000円（税別）
固定金利	1,000万円以上	50,000円（税別）
変動金利	借入後経過期間10年以内	6,000円（税別）
変動金利	借入後経過期間10年超	6,000円（税別）・完済は無料

■不動産投資ローン（例）

借入後経過期間	繰上返済元金に対する適用利率
1年以内	2.00%
1年超5年以内	1.00%
5年超	0.50%

　上記、事務手数料の例を踏まえると、繰上返済後の金利負担が軽減されても事務手数料を支払うことで効果が期待できない場合があります。
　この一部繰上の返済方法は2種類あります。
　月々の返済額を変えずに返済期間を短くする「期間短縮型」と、返済期間を変えずに月々の返済額を下げる「返済額軽減型」です。
　期間短縮型の場合は、短縮された回数分の利息部分が無くなるので、総支払額における金利負担軽減効果は大きくなります。
　返済額軽減型の場合は、残金を減らしても返済回数は変わらないので、月々の返済額が下がり、キャッシュフローが改善することになります。
　ただし、繰上元金が少なめの場合は金利負担の軽減効果が小さくなるので、事務手数料を比較しながらシミュレーションすることが大切です。

一方、相続財産評価の観点では、借金を減らすことで債務控除額は減ってしまいますが、その分繰上返済原資である現金も減りますので、相続財産評価が増えることはありません。この点については、CASE1-3の「借金をしたら相続税が下がる？」と同じ誤解になります。

STEP-2 ファイナンシャル・プランナーからのアドバイス

　繰上返済の金額が少額であったり、実施をするタイミングが融資実行後からあまり経過していない場合には、事務手数料の負担も大きくなりあまりメリットがありません。

　相談者が所有するアパート①は、不動産投資ローンで融資を受け、2015年9月時点での借入金残高はおよそ8,000万円になっています。

　現在融資実行から7年経過しましたが、あと3年後の10年経過時点で繰上返済をした場合のシミュレーションを実施してみます。

　アパート①の事業内容については以下のとおりです。

図表1-11　アパート①の事業内容

土地：300坪 999m²	建物完成日：2008年7月
建物：木造2×4　1棟12戸（駐車場付）	家賃額：戸　70,000円（駐車場込み）
融資額：10,000万円（不動産投資ローン）	融資実行日：2008年7月25日（金）
借入方式：変動金利　年2回見直し	利率：1.5％
返済方式：元利均等返済	返済回数：360回
返済開始日：2008年8月5日（火）	返済額：345,120円
満室家賃：840,000円	収支額：494,880円

　手取収入494,880円の約30％（148,000円）を毎月10年間1.5％の運用で貯蓄していたとします。その場合、約1,908万円の貯蓄になります。

　10年後の借入金残高は、約7,152万円になりますので、1,908万円を返済額軽減型で繰上返済した場合は、借入金残高が5,244万円になり、残りの20年間を

返済していくことになります。

　金利（利率）は、返済期間中1.5％のままと仮定すると、繰上返済実行後の返済額は、月々253,046円になり、月々の返済額を92,074円下げることができます。

図表1-12　繰上返済の効果

繰上元金：1,908万円	返済軽減額：2,209万円（92,074×20年）
事務手数料：95,400円（元金×0.5％）	利益：2,914,600円
繰上返済資金合計：19,175,400円	利回り：0.76％

　このように、返済額軽減型の繰上返済は、年換算利回りで0.76％の効果ですので、あまり大きな効果ではありません。

　しかし、10年後に家賃額が65,000円に下落したとしたらいかがでしょう。

　満室時家賃780,000円（65,000円×12戸）－253,046円（返済額）＝手取資金526,954円となるので、キャッシュフローが向上することになります。

　家賃収入は、空室率が20％になると624,000円に、空室率が50％になると390,000円になります。

　それでも、月々の返済額が253,046円ですので、キャッシュフロー向上の観点では、繰上返済の効果はとても大きいと感じます。

　繰上返済後の満室時手取収入は526,954円になりますが、その約30％（158,086円）を毎月12年間1.5％の運用で貯蓄した場合、12年後に約2,472万円になります。

　12年後（返済開始から22年後）の借入金残高が約2,287万円なので、残金を一括返済することができます。

　22年後は、木造アパートの建物の減価償却期間が終了します。（設備は15年）

　計上できる経費が減ったことで、不動産所得が増え、所得税・住民税・事業税の納税額が増える時期になります。

　一括返済をすることで、月々の返済額253,046円（年間3,036,552）が無くなるので、税金の納付をしても手取資金をしっかりと残すことができます。

なによりも、返済期間を8年減らすことができるのは、精神的な安心にも繋がります。

　まとめると、繰上返済は少額ではメリットが少なく、金融商品に投資した方が利回りは大きいのですが、キャッシュフローが向上し、賃貸経営を長期安定経営することができます。そして、借入金を8年早く完済することができ、所得税などの増税時に対応できます。

STEP-3　不動産コンサルタントからのアドバイス

　借入金で賃貸物件を建築した場合、余剰資金で繰上返済を実行し借入金を少なくすることは、賃貸経営上のリスク軽減に効果的です。また、新築後10年前後からはじまる、賃貸経営特有のキャッシュフローが悪化する現象（CASE 2-1参照）の対策としても有効です。

　しかし、賃貸物件は新築後8～10年経過したころから、エアコン、給湯器といった設備類の更新時期にあたり、更新のための資金が必要になります。また、外壁の再塗装、防水工事などのいわゆる大規模修繕を実施する時期にもなります。

　設備の更新は必須ですが、大規模修繕も実施しないと、物件の競争力が低下し、空室の増加や家賃の下落を招き収入が減少し、賃貸経営が行き詰ることになります。

　将来、必要となる資金を確保した上で余剰資金があれば、繰上返済を検討した方がよいと思います。

STEP-4　税理士からのアドバイス

　繰上返済をすると、相続税が上がると思うのは、CASE 1-3の借金をしたら相続税が下がるという誤解と同じで、資産について考えていないからだと思います。

現金1億円、有価証券5,000万円、不動産3億1,500万円、借入金2億3,000万円ある場合に、1億円を借入金にあてると相続財産が増えるでしょうか？

図解をするとわかりやすいと思います。

会計の世界では一般的ですが、貸借対照表というもので考えてみたいと思います。

貸借対照表とは、左側に資産を記載し、右側に負債、つまり借入金などを記載します。

そして、その差額が純資産、つまり相続税の課税価格になります。

図表1-13　繰上返済前の貸借対照表

現金	1億円	借入金	2億3,000万円
有価証券	5,000万円		
不動産	3億1,500万円	負債合計	2億3,000万円
資産合計	4億6,500万円	純資産	2億3,500万円

純資産の金額は2億3,500万円です。

図表1-14　繰上返済後の貸借対照表

現金	0万円	借入金	1億3,000万円
有価証券	5,000万円		
不動産	3億1,500万円	負債合計	1億3,000万円
資産合計	3億6,500万円	純資産	2億3,500万円

この1億円を繰上返済に充てると貸借対照表は上記のようになります。

純資産の金額は2億3,500万円のままです。

繰上返済をすると、資産も減って、負債も減るので、差額は変わらないのです。

負債だけが減るイメージになりやすいのですが、資産も同じく減ることがわかれば、相続税が増えないのは当然かと思います。

では、相続税を減らすにはどうしたらよいのでしょうか。

繰上返済では、資産も負債も減るから相続税が下がらないのです。

資産のみ減らす方法を考えればよいことになります。

一番手っ取り早い方法は、生前贈与です。

生前贈与によって自分の財産から外れることになるので、相続税は下がります。

上記の例で、1億円の現金のうち3,500万円を贈与した場合の貸借対照表は以下のようになります（わかりやすくするため贈与税等は考慮していません）。

純資産の金額が減ることになり、相続税も下がることになります。

図表1-15　現金を生前贈与した後の貸借対照表

現金	6,500万円	借入金	2億3,000万円
有価証券	5,000万円		
不動産	3億1,500万円	負債合計	2億3,000万円
資産合計	4億3,000万円	純資産	2億円

しかも、生前贈与であれば、自分の資産からは除かれますが、生前贈与を受けた人の資産に残ることになるため、資産トータルで考えると、資産額は変わらず、相続税のみが減ることになります。

現実的には、贈与税の問題などがあるので、計画的な生前贈与が必要になってきますが、繰上返済よりも生前贈与をした方が相続税上は効果的と言えます。

STEP-5　正しい対策への道しるべ

今回の事例では、アパートローンは繰上返済しない方がよいと銀行にアドバイスされましたが、繰上返済をする金額や時期を検討して実施すれば、賃貸経営の資金繰りを安定させ、キャッシュフローを改善させることもできます。

ただし、賃貸経営を長期安定経営するためには、物件の魅力を維持させることが大切ですので、繰上返済の資金確保のみではなく、大規模修繕費、快適な生活環境にかかせないエアコンや給湯器などの交換資金の確保が必要です。

さらに、相続税対策という点では、繰上返済を実施しても相続財産の評価には何も影響がありません。相続税を下げるには、現預金を生前贈与することが効果的と言えるでしょう。

POINT

- 相続財産評価額を下げて、賃貸経営の資金繰りも安定させましょう。
- 現預金はアパートローンの連帯保証人兼法定相続人に生前贈与をする。
- 贈与を受けた資金を将来の経費と繰上返済資金として貯蓄する。
- 相続発生後、アパートローンの債務者変更をしたら繰上返済を実施する。

CASE 1-5

配偶者に相続させると相続税がかからない？

Q 相談者　地主昭さん　83歳

「配偶者に相続させると相続税がかからない。」と聞きました。
妻に財産を全部相続させるつもりです。その旨の遺言書も作成しているため、相続税は心配ありません。
私の場合、何も相続対策は必要ないでしょうか。

【家族構成】			【所有財産】	
相続人	配偶者	82歳	財産額　1億5,000万円	
	長男	58歳	現金	2,000万円
	次男	55歳	株式	3,000万円
			自宅（土地）	5,000万円
			自宅（建物）	1,000万円
			アパート（土地）	3,500万円
			アパート（建物）	500万円

A 　**STEP-1**　知っておきたい基礎知識

配偶者の税額軽減という特例があります。

これは、配偶者が遺産分割や遺贈により実際に取得した正味の遺産額が、1億6,000万円又は法定相続分に相当する金額の、いずれか多い金額まで相続税がかからないという制度です。

最低でも1億6,000万円まで配偶者が相続する分は相続税がかからないとい

うことです。

相続財産が1億5,000万円あった場合で、相続人が配偶者と子2人の場合、相続税の総額は、1,495万円かかります。

この1億5,000万円をすべて配偶者が相続すると、相続税が0円になるのです。

相続税の申告期限までに分割されていない場合には、この配偶者の税額軽減の特例は使えません。

また、相続税がかからなくても、この特例を受けるためには、相続税の申告書の提出が必要になります。

STEP-2 税理士からのアドバイス

1 2次相続を考えていますか？

配偶者の税額軽減を使って、相続税はゼロになります。

この特例があるから、何の対策もしなくてよいと思われている方もいらっしゃいます。

しかし、相続対策で忘れていけないことは、2次相続です。

2次相続とは、例えば、先にお父さんが亡くなって、次にお母さんが亡くなった場合の、お母さんの相続のことです。

一般的には、2次相続に多額の相続税が発生することが多いです。

なぜならば、通常、2次相続のときは、1次相続のときよりも相続人が減っているため、相続税が上がりやすいのです。

相続人が減るということは、相続税の基礎控除の計算「3,000万円＋600万円×法定相続人の数」で600万円控除が減るということです。

また、基礎控除を超える財産（課税遺産総額）を、法定相続分で分け、その財産に応じた税率をかけることになっています（CASE 1-1参照）。

相続人が減る分、法定相続分が増えることになるため、税率が上がる可能性

があります。

実際に、1次相続と2次相続の相続税の計算を比較してみましょう。

〈1次相続〉

1億5,000万円－4,800万円（相続人3人の基礎控除）＝1億200万円

1億200万円×1/2（配偶者の法定相続分）＝5,100万円

5,100万円×30％－700万円＝830万円（配偶者の納税額）

1億200万円×1/4（子1人の法定相続分）＝2,550万円

2,550万円×15％－50万円＝3,325,000円（子1人の納税額）

830万円＋3,325,000円＋3,325,000円＝1,495万円（相続人3人の納税額）

配偶者が全部相続すると、1,495万円の税金が0になる。

〈2次相続〉

1億5,000万円－4,200万円（相続人2人の基礎控除）＝1億800万円

1億800万円×1/2（子1人の法定相続分）＝5,400万円

5,400万円×30％－700万円＝920万円（子1人の納税額）

920万円＋920万円＝1,840万円（相続人2人（子2人）の納税額）

1次相続で1,495万円の納税を免れたとしても、2次相続で1,840万円の納税になります。つまり、1次相続で相続税を納めていた方が税金は少なくて済んだということです。

2 配偶者にはいくら渡すのがよいのか

下記の表は、相続人が配偶者と子2人、相続財産が1億5,000万円の場合に、1次相続で配偶者にいくら相続させると、1次相続、2次相続の相続税合計がいくらになるかを一覧にしたものです。

配偶者にまったく渡さない場合（0円）から1,000万円ごとに増やしていき、配偶者にすべて渡した場合（1億5,000万円）に、それぞれの相続税合計を比較してみると、1次相続で、配偶者に5,000万円を相続させる場合が1次・2次合計で低くなります。（表は6,000万円相続させる場合と金額は同じになっていますが、単位が万円になっているため同額になっています）

一次相続					二次相続	
配偶者の取得価額	子2人分の取得価額	配偶者の税額	子2人分の税額	合計	子2人分の税額	相続税合計
0万円	15,000万円	0万円	1,495万円	1,495万円	0万円	1,495万円
1,000万円	14,000万円	0万円	1,395万円	1,395万円	0万円	1,395万円
2,000万円	13,000万円	0万円	1,296万円	1,296万円	0万円	1,296万円
3,000万円	12,000万円	0万円	1,196万円	1,196万円	0万円	1,196万円
4,000万円	11,000万円	0万円	1,096万円	1,096万円	0万円	1,096万円
5,000万円	10,000万円	0万円	997万円	997万円	80万円	1,077万円
6,000万円	9,000万円	0万円	897万円	897万円	180万円	1,077万円
7,000万円	8,000万円	0万円	797万円	797万円	320万円	1,117万円
8,000万円	7,000万円	0万円	698万円	698万円	470万円	1,168万円
9,000万円	6,000万円	0万円	598万円	598万円	620万円	1,218万円
10,000万円	5,000万円	0万円	498万円	498万円	770万円	1,268万円
11,000万円	4,000万円	0万円	399万円	399万円	960万円	1,359万円
12,000万円	3,000万円	0万円	299万円	299万円	1,160万円	1,459万円
13,000万円	2,000万円	0万円	199万円	199万円	1,360万円	1,559万円
14,000万円	1,000万円	0万円	100万円	100万円	1,560万円	1,660万円
15,000万円	0万円	0万円	0万円	0万円	1,840万円	1,840万円

　財産が1億5,000万円あるうちの5,000万円ということは、全体財産の約3割です。

　法定相続分は1／2ありますが、その法定相続分を渡してしまっては、全体の税金が高くなってしまうことになります。

3 配偶者の固有の財産のことも考えなければならない

　上記の計算は、配偶者がまったく財産を持っていない（相続で取得する財産しかない）という前提です。

　仮に、配偶者がすでに財産を持っていたらどうでしょうか。

　例えば、配偶者が5,000万円持っていた場合に、1次相続で取得した1億

5,000万円と合算されての相続税になります。

2次相続で2億円の財産、相続人子2人の場合の相続税は、以下のとおりです。

2億円－4,200万円（相続人2人の基礎控除）＝1億5,800万円

1億5,800万円×1／2（子1人の法定相続分）＝7,900万円

7,900万円×30％－700万円＝1,670万円（子1人の納税額）

1,670万円＋1,670万円＝3,340万円（相続人2人（子2人）の納税額）

そもそも、配偶者の税額軽減の趣旨は、配偶者の生活保障のため相続税をかけないようにすることと、次の相続までの期間が比較的短いため2次相続税で納税してもらうということがあります。

2次相続で相続税がかからない、もしくは少額で収まるうちに子へ相続させた方がよいと言えます。

4 時間かせぎに利用することは有効

配偶者の税額軽減を使った方がよい場合もあります。

それは、2次相続までの時間が長い場合です。

人が何年生きるかわからないので、2次相続が発生するまであと何年であると予測することは難しい面があります。ですから、平均寿命と比べてまだ期間があるという場合になるかと思います。

2次相続までの期間が長いということは、その分だけ相続対策ができるということです。

生前贈与や生命保険などを活用できる場合があります。

1次相続までは時間がないけれど、2次相続まではまだ時間があるという場合には、とりあえず、この配偶者の税額軽減を使って、相続税を回避し、2次相続の対策に集中させることができるのです。

また、2次相続で、小規模宅地の減額が使えるような場合にも、効果的かと思います。

例えば、自宅であれば、1次相続で配偶者が取得し、2次相続で、子どもに相続させる際にも小規模宅地の減額を適用することで、相続税の負担を抑えな

がら相続させることが可能になります。

　いずれにしても、１次相続で、配偶者に、どんな財産をいくら相続させるかが重要になってきます。

STEP-4　弁護士からのアドバイス

　相続対策では、生前贈与や遺言書の作成が有効ですが、配偶者がいる場合には、自分の１次相続だけで安心せず、配偶者の２次相続も考えて、早めに行動しておくことが重要です。

　この事例では、父親が先に遺言書を書き、妻にすべての遺産を相続させました。父親は、妻の相続対策については、自分の死後に妻が考え、そのとき生前贈与なり遺言書の作成を行えば足りると考えていたと思います。

　しかし、平成27年１月の報道によれば、2025年には65歳以上の認知症の人が約700万人になると厚生労働省が推計したそうです。これは、65歳以上の５人に１人が認知症に罹患することを意味しています。

　従って、事例の妻も認知症になるかもしれず、しかもいつ認知症を発症するかなど、誰も予想ができません。

　妻が認知症を発症した場合には、その程度によっては、相続対策に有効な生前贈与や遺言書を作成する判断能力がなくなりますので、妻の相続対策ができなくなります。

　また、この事例では、父親の遺言によりすべての遺産を妻に相続させましたが、仮に、父親が遺言書を書かずに法定相続が始まり、その後に妻が認知症に罹患した場合、どうなるでしょうか。

　父親の遺産分割が成立する前に妻が認知症に罹患した場合には、やはりその程度によっては妻は遺産分割に参加する判断能力がなくなります。他の相続人が遺産分割を成立させるためには、家庭裁判所に妻を成年被後見人とする後見開始の審判の申立を行い、妻に成年後見人を選任してもらう必要があります。

　成年後見人は、成年被後見人である妻の財産を妻の利益のために管理しなけ

ればならない義務が課されるため、成年後見人が遺産分割に参加する場合、妻の法定相続分に相当する遺産を取得するように進めます。

また、妻の置かれた状況を総合的に判断して取得する遺産を判断しますので、妻の現預金が少なければ現預金を、不動産に居住していればその居住場所の確保のために不動産の取得を求めます。

従って、他の相続人が妻を被相続人とする相続対策（つまり２次相続対策）の観点から合理的だと考えたとしても、成年後見人は融通が利かず、妻の財産を安定的に確保する観点にそぐわない分割方法には応じないのです。

従って、配偶者がいる場合の相続対策は、１次相続と２次相続をトータルに考えることと、双方の遺言書の作成等を早めに実行することが重要です。

STEP-5　正しい対策への道しるべ

自分が亡くなっても配偶者に全部相続させるから相続税は大丈夫と思っている方や、せっかく遺言書を作っても、配偶者に全部という内容にしている方が多いと感じます。

自分が亡くなった後に、配偶者の生活を第一優先にしたいという気持ちの表れなのでしょう。

それ自体は否定するものはありません。

しかし、相続税を考えなければ、２次相続で莫大な相続税となって、先祖代々の土地を売却しなければならなくなる事態になりかねません。

その負担はお子さんなどの相続人になります。

配偶者の生活と２次相続の相続税のバランスを考えて、財産の分割を考えてみてはどうでしょうか？

POINT

- 1次相続よりも2次相続の方が相続税が多額になる場合が多いので、2次相続の対策こそ相続対策でやらなければならないことなのです。
- 1次相続で配偶者に何を相続させるのか、2次相続までにどんな対策をするべきかを、1次相続前にしっかりと準備しておくことが重要です。
- 配偶者が認知症になった場合に備えて、遺言書や信託などを検討しておきましょう。

CASE 1-6

養子縁組をすると節税になる？

Q 相談者　地主昭さん　76歳

相続税がいくらかかるのか顧問税理士に確認したら、節税対策として長男の孫を養子にしてはどうかとすすめられました。子どもも2人いて、養子をとる必要がないのですが、孫を養子にしたほうがよいのでしょうか。

【家族構成】	【所有財産】
相続人　配偶者　なし 　　　　長男　　40歳 　　　　長女　　38歳	財産額　2億円 　　現預金　　　　　　3,000万円 　　自宅（土地）　1億5,000万円 　　自宅（建物）　　　2,000万円

A **STEP-1** 知っておきたい基礎知識

1 養子縁組とは

養子縁組は、実の親子以外に人為的に親子関係を作る制度です。連れ子を再婚相手の養子にするなど、養子縁組はよく利用されています。しかし、養子縁組の制度をよく知らない方も多いと思いますので、概要をご説明します。

なお、養子縁組には普通養子縁組と特別養子縁組がありますが、ここでは普通養子縁組について説明します。

2 養子縁組の要件

　養子縁組が成立するためには、まず、実質的な要件として、当事者間の縁組意思の合致が必要とされています。縁組意思とは、その時代の社会通念上親子関係と認められる関係を創設しようとする意思のことを言います。この縁組意思を欠くときは、養子縁組は無効となります（民法802条1号）。

　また、ケースによって、以下の要件も必要となります。これらの要件を欠く場合には取消しの対象となります（民法804条ないし808条）。

① 養親が成年に達した者であること（民法792条）
② 養子が尊属又は年長者ではないこと（民法793条）
③ 後見人が自己の被後見人を養子とする場合、家庭裁判所の許可を得ること（民法794条）
④ 配偶者のある者が未成年者を養子とする場合、原則として配偶者とともにすること（夫婦共同縁組、民法795条）。ただし例外有り
⑤ 配偶者のある者が縁組をする場合、養親が夫婦の場合と養子が夫婦の場合のいずれにおいても、その配偶者の同意を得ること（民法796条）。ただし例外有り
⑥ 未成年者を養子とする場合、原則として家庭裁判所の許可を得ること（民法798条）。ただし例外有り

　加えて、形式的な要件として、戸籍法の定めに従った縁組の届出が必要となります。届出は、当事者双方と成年の証人2人以上が署名した書面又は口頭ですることが必要となります（民法799条、739条）。

3 養子縁組の効果

　養子縁組が有効に成立すると、当事者間に法定親子関係が発生し、養子は、縁組の日から、養親の嫡出子たる身分を取得します（民法809条）。未成年者の養子は、養親の親権に服します（民法818条2項）。養子と養親の血族との間には、親族関係が生じます（民法727条）。

また、養子は、原則として、養親の氏を称します（民法810条本文）。例えば、養子の氏がA、養親の氏がCだとすると、養子縁組により、養子はCという氏になります。

もっとも、養子が夫婦の場合には例外があります。民法810条ただし書には、「婚姻によって氏を改めた者については、婚姻の際に定めた氏を称すべき間は、この限りでない。」と定められています。

以下、場合に分けて具体例で説明します。例えば、養子になる前に、AとBが結婚し、BがAの氏を称していたとします。

① AとBがともにCの養子になったときには、原則どおり、AもBもともにCの氏を称します。
② AのみがCの養子になったときは、AがCの氏を称することになりますが、Bは夫婦同姓の原則（民法750条）により、養子ではありませんがCの氏を称することになります。
③ BのみがCの養子になったときは、先ほどの例外にあたり、Bは養子になったのですがAの氏を称したままとなります。

4 養子縁組の解消

養子縁組を解消する手段として、離縁という制度があります。離縁の方法には離婚と同じように縁組当事者の協議と届出により行う協議離縁（民法811条）、判決により離縁する裁判離縁（民法814条）等がありますが、これ以外にも養子に特有の制度として、死後離縁（民法811条6項）という制度があります。

死後離縁とは、縁組当事者の一方が死亡した後に生存当事者が家庭裁判所の許可を得て離縁する制度です。養子縁組による法定親子関係は死亡により終了するのですが、一方当事者の死亡後も残っている他方当事者の血族との法定血族関係（①養親が死亡した場合には、養子と、養親の血族との関係、②養子が死亡した場合には、養親と、縁組後に生まれた養子の子などとの関係）を消滅させるために行います。

離縁した場合、養子は、離縁によって縁組前の氏に復します（民法816条1項

本文)。これを復氏（ふくうじ）といいます。ただし、配偶者とともに養子をした養親の一方のみと離縁をした場合は復氏しません（民法816条1項ただし書）。

また、縁組の日から7年経過後に離縁し、縁組前の氏に復した場合、離縁の日から3か月以内に戸籍法の定めに従い届出することによって、離縁の際に称していた氏を称することができます（民法816条2項）。これを縁氏続称と言います。

5 養子縁組の相続税上のメリット

養子縁組をすることで、相続人が増加します。相続税の計算上、下記の計算について、養子をカウントすることができます。

(1) 相続税の基礎控除額

相続税の基礎控除の計算で「3,000万円＋600万円×法定相続人の数」の法定相続人の数が増えるため、基礎控除が600万円増えることになります。

(2) 生命保険金の非課税限度額

死亡保険金を相続人が受け取る場合には、「500万円×法定相続人の数」分だけ非課税で受け取れます。この法定相続人が増えることにより、非課税枠が500万円分増えることになります。

(3) 死亡退職金の非課税限度額

死亡退職金を相続人が受け取る場合には、生命保険金の非課税限度額とは別枠で「500万円×法定相続人の数」分だけ非課税で受け取れます。この法定相続人が増えることにより、非課税枠が500万円分増えることになります。

(4) 相続税の総額の計算

CASE1-1で解説したとおり、基礎控除を超える財産（課税遺産総額）を、法定相続分で分け、その財産に応じた税率をかけることになっています。相続人が増える分、1人当たりの法定相続分が減ることになるため、税率が下がる可能性があります。

例えば、財産2億円、相続人子2人の場合で孫1人を養子縁組するケースを例に、養子縁組をする場合としない場合の相続税の計算を比較してみます。

〈養子縁組をしない場合〉

2億円－4,200万円（相続人2人の基礎控除）＝1億5,800万円

1億5,800万円×1/2（子1人の法定相続分）＝7,900万円

7,900万円×30％－700万円＝1,670万円（子1人の納税額）

1,670万円＋1,670円＝3,340万円（相続人2人（子2人）の納税額）

〈養子縁組をした場合〉

2億円－4,800万円（相続人3人の基礎控除）＝1億5,200万円

1億5,200万円×1/3（子1人の法定相続分）＝約5,066万円

5,066万円×30％－700万円＝約820万円（子（孫）1人の納税額）

820万円＋820万円＋820万円＝2,460万円（相続人3人（子2人＋孫1人）の納税額）

（5）相続税上の制限

民法上は、養子縁組は、要件さえ満たせば何人としてもかまいません。制限はないのです。しかし、相続税の計算上は、養子としてカウントできる人数に制限があり、

・実子がいる場合に、養子の数としてカウントできるのは、1人
・実子がいない場合には、養子の数としてカウントできるのは、2人

となります。

ですから、実子が1人いる場合に、養子を3人とったとしても、相続税の計算では、実子1人と養子1人の2人として計算することになります。

ただし、養子でも下記に該当する養子は、実子として扱い、養子の数の制限には含まれません。

① 被相続人との特別養子縁組により被相続人の養子となっている人
② 被相続人の配偶者の実の子どもで被相続人の養子となっている人
③ 被相続人と配偶者の結婚前に特別養子縁組によりその配偶者の養子となっていた人で、被相続人と配偶者の結婚後に被相続人の養子となった人
④ 被相続人の実の子ども、養子又は直系卑属が既に死亡しているか、相続権を失ったため、その子どもなどに代わって相続人となった直系卑属

なお、直系卑属とは子どもや孫のことです。

STEP-2　税理士からのアドバイス

1　孫が相続する場合には2割加算がある

　被相続人の一親等の血族と配偶者以外が相続人になる場合には、その方が払う相続税が2割増しになるという制度があります。これを相続税の2割加算と言います。
　例えば、遺言書で財産を取得することになった友人や2親等に該当する兄弟姉妹などが相続税を払う場合です。
　一親等は、子や親が該当しますが、子であっても、孫養子（ひ孫養子も同様です）はここで言う一親等には含まないことになっています。つまり、孫養子が相続税を払う場合には、その相続税が2割増しになるということです。

2　養子縁組が相続税を不当に減少させる場合は否認される可能性がある

　養子縁組により相続税が大幅に下がる可能性があります。そこで養子縁組制度が相続税を引き下げるために悪用されないように、相続税の負担を不当に減少させる結果になると認められる場合においては、税務署長は、養子の数を入れないで、相続税を計算することができるという規定があります。
　養子縁組自体は否認されないけれども、相続税の計算上は、養子縁組がないものとして計算されてしまうということです。
　何をもって不当というのかは、難しい部分がありますが、
　・亡くなる直前での養子縁組の場合
　・養親及び養子となる方の意思で養子縁組を行っていない場合
　・養子をとる合理的な理由がない場合
などは、税務署から否認を受ける可能性があります。

STEP-3 弁護士からのアドバイス

1 養子縁組が無効になるリスク

　相続税対策として、税理士に養子縁組をすすめられるという話をよく聞きますが、相続税対策を目的とした養子縁組が縁組意思を欠き無効となるかどうかが、しばしば争いになります。
　この点、他の相続人の相続分を減少しようとする意図があったとしても、それは縁由にすぎず、真実養親子関係を成立させる意思があったとして、養子縁組を有効と判断した最高裁判決があります（最判昭和38年12月20日）。
　また、養子縁組が相続税の負担を軽減させる目的で行われたとしても、直ちに養子縁組が無効になるものではないとした下級審判決もあります（東京高裁平成12年7月14日）。
　結局は、ケースバイケースではありますが、相続税対策が動機だとしても、真に養親子としての精神的なつながりを作る意思があれば養子縁組は有効と判断されるのではないかと考えます。逆に、そのような意思がない場合には、無効になるリスクもありますので、ご注意ください。

2 死後離縁の注意

　養子により氏が変わることがネックで養子に踏み切れない方から、「養親が死亡し相続を受けた後に、死後離縁すれば氏が戻るのでしょうか？」と質問を受けたことがあります。
　確かに死後離縁すれば縁組前の氏に戻りますが、死後離縁には家庭裁判所の許可が必要であり、裁判所が必ず許可を認容するかは分かりません。また、ケースにもよりますが、相続を受けてすぐに死後離縁した場合、縁組意思はなかったのではないかと疑われる要素にもなりかねません。
　従って、養親の死後、事情があり、死後離縁を選択せざるを得ないケースで

あればまだしも、縁組前から死後離縁を安易に計画することはおすすめできません。

3 相続対策としての養子縁組

相続税対策以外にも、他の相続人の相続分や遺留分割合を減少させるために、一部の相続人が、自分の子ども（つまり被相続人の孫）や妻に養子縁組をさせることもあるようです。

前述のとおり、その子どもや妻が、真に被相続人との縁組意思があり、民法上の要件を満たせば、養子縁組も可能です。

しかし、他の相続人からすれば、あきらかに自分たちの持分が減るわけですから、感情的になり、「争続」に発展する可能性があります。

また、親（被相続人）の認知症が疑われる時期に養子縁組をしている場合には、他の相続人から養子縁組無効として争われる可能性もあります。

従って、相続対策に絡めて養子縁組を利用する場合には、養子縁組が有効に成立するか、成立するとしても相続人間で争いにならないかを慎重に検討することが必要となります。

STEP-4 正しい対策への道しるべ

今回の事例の場合、前述の計算例のとおり、孫を養子縁組することによって、（孫養子の2割加算を抜きにすると）880万円（3,340万円－2,460万円）の節税効果があります。この点で、顧問税理士のアドバイスは正しいということになります。

しかし、相談者は、養子をとる必要がないと考えており、真に縁組意思がない場合には、養子縁組が無効になるリスクがあります。孫を養子にとるのであれば、単に相続税対策のためではなく、真に親子関係を創設する意思を持つことが必要です。

また、長男の孫を養子にすることによって、長男側の相続人が2人になりま

すので（長男と孫）、長女側よりも法定相続分が増えることになります。従って、長男の孫を養子にすることを長女に理解してもらわなければ、長男と長女の感情的な対立へと発展しかねません。

　孫を養子にする場合には、相続税対策だけではなく、「争続」対策の視点も忘れないようにしましょう。

POINT

- 養子縁組をするときには、縁組意思の合致が必要であることを理解しましょう。
- 養子を作ることにより相続税対策になりますが、相続税の2割加算や否認のリスクもあるので注意が必要です。
- 養子を作ることにより法定相続分の割合が変りますので、相続人同士の「争続」に発展しないように不利益を被る相続人への配慮を忘れないようにしましょう。

第2章

不動産による
相続対策の常識
ウソ？ホント？

CASE 2-1

アパートを建築すると相続税対策になる？

Q 相談者　地主昭さん　74歳

先代から、自宅以外に2か所の畑を相続し、ひとつは駐車場として利用しています。残りの1か所は畑のまま趣味で自家用の野菜を栽培していましたが、年齢的に畑での作業が辛くなったので、数年前から野菜の栽培をやめ更地の状態になっています。

そこへ「借金してアパートを建てれば、相続税が下がります」とハウスメーカーからの売込みがありました。

更地にアパートを建築すると相続税の対策になるのでしょうか？

【家族構成】				
相続人	配偶者	72歳		
	長女	45歳	既婚	
	次女	43歳	既婚	
	長男	38歳	既婚	同居

【所有財産】		
財産額	1億2,500万円	
	現金	1,000万円
	自宅（土地）	4,000万円
	自宅（建物）	500万円
	畑（土地）	5,000万円
	駐車場（土地）	2,000万円

A STEP-1 知っておきたい基礎知識

アパート、マンションなどの賃貸物件を建築すると、土地と建物の相続税評価額が下がります。

建物は、固定資産税評価額で評価されますが、賃貸することにより、貸家の

評価になります。

相続税の家屋の評価

| 家屋の評価 ＝ 固定資産税評価額 × 1.0 |

家屋を賃貸している場合の家屋の評価

| 貸家の評価 ＝ 家屋の評価（固定資産税評価額×1.0）×（1－借家権割合） |

借家権割合は、平成27年時点では全国一律で30％とされています。

固定資産税評価額は、一般的に建築費の40～70％程度（構造により異なります）と言われています。

つまり、建物を建築することで、評価が40～70％に圧縮され、さらに、その建物を賃貸することで、そこから30％減額してくれることになります。

家屋を賃貸にした場合の家屋の評価額を比較すると、図表2-1のとおりです（固定資産税評価額が建築費の70％の場合）。

図表2-1　家屋の評価額の比較

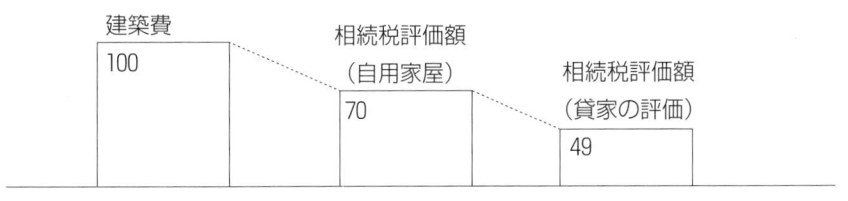

建築費	相続税評価額（自用家屋）	相続税評価額（貸家の評価）
100	70	49

家屋を賃貸した場合、その敷地である土地の評価も下がります。

土地の上の家屋を賃貸している場合

| 貸家建付地の評価 ＝ 土地の評価額 ×（1－借地権割合×借家権割合） |

借地権割合は、地域ごとによって定められた、借地権を有している場合の財産の割合をいいます（東京23区の場合、60～90％がほとんど）。

借家権割合は、全国一律で30％とされています。

宅地の相続税評価額は、原則、路線価で評価されることになっています。路線価は、公示価格（ほぼ時価に等しい価額）の80％程度に設定されていて、そこから賃貸していることによる減額が15〜20％程度あるため、評価上は大きく圧縮されることになります。

家屋を賃貸にした場合の土地の評価額を比較すると、図表2-2のとおりです（借地権割合70％の場合）。

図表2-2　土地の評価額の比較

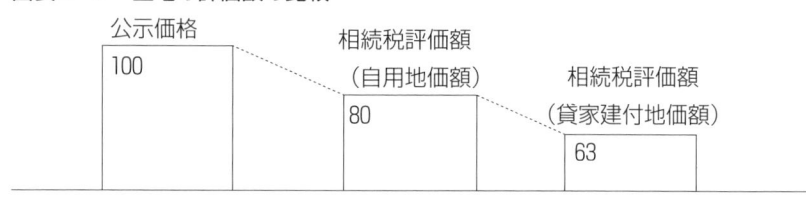

公示価格	相続税評価額（自用地価額）	相続税評価額（貸家建付地価額）
100	80	63

具体例で説明しましょう。相続税評価で5,000万円の土地と現金を7,000万円持っていた場合、相続税の課税対象金額は、5,000万円（土地）＋7,000万円（現金）＝1億2,000万円になります。

ここで、現金7,000万円のうち5,000万円を使って、この土地の上に賃貸物件を建築した場合には、相続税評価額は以下のとおりです。

○建物の相続税評価額
固定資産税評価額が建築費70％の場合
5,000万円×70％＝3,500万円
3,500万円×（1－30％）＝2,450万円

○土地の相続税評価額
借地権割合を70％の場合
5,000万円×（1－70％×30％）＝3,950万円

よって、相続税評価額は、2,450万円（建物）＋3,950万円（土地）＋2,000万円（現金）＝8,400万円になります。

もともと1億2,000万円の評価が8,400万円の評価になったため、3,600万円評価下がったことになります。

賃貸物件を建築した場合、他の土地で小規模宅地の減額を適用していなければ、賃貸用の土地として200m²まで50％減額の適用が受けられる可能性があります。

STEP-2　税理士からのアドバイス

賃貸物件を建築することで、大きく評価額は下がることになります。

評価額が下がるのは、賃貸をしていることによるものです。

賃貸していない場合、つまり空室があるとこの減額が使えない場合があります。

空室がある場合には、賃貸割合を考慮します。賃貸割合とは、建物全体のうち、賃貸している部分の割合で、次の算式で計算します。

$$賃貸割合 = \frac{Aのうち課税時期において賃貸されている各独立部分の床面積の合計}{当該家屋の各独立部分の床面積の合計（A）}$$

各部屋が同じ面積の場合、全体の部屋数が6室で、空室が2室あるときには、考え方としては、賃貸割合は4／6になるということです。

この賃貸割合を、各評価を計算する際にかけることになります。

家屋を賃貸している場合の家屋の評価

貸家の評価　＝　家屋の評価　×（1－借家権割合　×賃貸割合）

土地の上の家屋を賃貸している場合

貸家建付地の評価＝土地の評価額×（1－借地権割合×借家権割合×賃貸割合）

この賃貸割合をかけることによって、減額できる部分が賃貸割合部分のみに制限されてしまうことになります。

例えば、上記の例で賃貸割合が5／10の場合
○建物の評価
3,500万円×（1－30％×5／10）＝2,975万円
○土地の評価
5,000万円×（1－70％×30％×5／10）＝4,475万円

よって、相続税評価額は、2,975万円（建物）＋4,475万円（土地）＋2,000万円（現金）＝9,450万円となります。

賃貸割合が10／10の場合は、8,400万円が相続税評価額だったので、1,000万円以上評価額が上がってしまったことになります。

この空室の考え方ですが、アパート等の共同住宅の場合には、その一部が一時的に空室となっていたに過ぎないと認められるものについては、相続時時点においても賃貸されていたものとして取り扱うことになっています。

国税庁では例示として、下記の事実がある場合をあげています。

① 各独立部分が課税時期前に継続的に賃貸されてきたものであること
② 賃借人の退去後速やかに新たな賃借人の募集が行われ、空室の期間中、他の用途に供されていないこと
③ 空室の期間が、課税時期の前後の例えば1か月程度であるなど、一時的な期間であること
④ 課税時期後の賃貸が一時的なものではないこと

上記③の空室期間が1か月程度というのは、結構厳しいのではないでしょうか。

現在の厳しい賃貸市場を考えると、空室期間が2～3か月あるというのは多いと感じています。

実際の実務上の取扱いはどうなのかというと、過去、税務署と納税者が争った事案で、2年半空室期間がある場合で納税者が勝っている事案もあれば、9か月の空室期間で負けている事例もあります。

一概に期間だけで判定をするわけではなく、過去の裁決事例での判断基準は、

いかなる状況化においてかかる空室期間が生じていたか等の諸事情を総合勘案するとしています。
- 空室について速やかに所要の手当てを施したうえで不動産業者に入居募集の依頼をしている
- 建物について定期的に補修等を施すなど、経常的に賃貸に供する意図が認められること
- 周辺の環境が、空室が発生したからといって速やかに新入居者が決定するような状況ではなかったこと　など

いずれにしても、賃貸物件を建てたら評価が下がるだけではなく、空室を出さないこと、空室が出てもすぐに入居が決められるような努力をしていないと、評価は下がらないということになります。

そのためにも、賃貸物件を建築する立地や、賃貸経営を行う本人の意欲が重要になってきます。

STEP-3　弁護士からのアドバイス

相続税対策のためにアパート建築をすすめられるという話はよく聞きます。もともとアパート経営を考えていたのであればちょうどよいですね。念願のアパート経営に、相続税対策という付加価値をも得られるということになります。

しかし、アパート経営にはまったく興味がないというのであれば、相続税対策によいということだけで安易に建築話に乗るかは、慎重に検討すべきです。

弁護士をしていると、賃貸トラブルに関する相談をよく受けます。
- バルコニーの排水管に落ち葉がたまり下の階に漏水してしまった。責任を負うのは上階の入居者か、賃貸人か
- 上階の子どもの走る音がうるさいので何とかしてほしいという申入れがあり、注意したが収まらない
- 家賃が数か月分滞納したため、契約を解除したが、入居者は立ち退かず解除を争ってきた

- 入居者が室内で自殺をしてしまった。なかなか次の入居者が決まらないので、失った賃料収入分を遺族に損害賠償請求できるか
- 入居者が退去したので原状回復費用を敷金から控除したら、経年劣化・通常損耗の範囲内だといって争ってきた

などなど、大家さんはたくさんのトラブルを抱えています。

また、入居者が立ち退かないときには、賃料不払・建物明渡請求訴訟を提起しますが、入居者が最後まで抵抗する場合には、判決をもらい、建物明渡しの強制執行を行います。この場合、裁判費用、弁護士報酬だけではなく、執行費用がかかります。特に、荷物の搬出業者に支払う費用はばかになりません。また、解決までにかかる期間は、半年から1年、長ければそれ以上となります。訴訟に関わっている最中の精神的負担もかかります。

このようにアパート経営には、紛争リスクがつきものです。

安易に相続税対策のためにアパート経営を始めてよいかは、このような賃貸トラブルに対応しなければならないリスクも考慮したうえで、慎重に判断されることをおすすめします。

STEP-4 不動産コンサルタントからのアドバイス

1 アパートを建築する前に

アパートなどの収益物件は、建築後空室が発生しないようにする努力が必要です。相続税の節税効果だけ期待するのでなく、建築後もその物件から安定的収益を得る行動（賃貸経営）をしていく覚悟が必要だと思います。

次に建築する場所の立地が、アパートに向いているかどうかを検討します。安定的に入居者を確保するためには、立地が重要な要因となります。具体的には、人口が増えているか、交通の利便性はどうか、近隣の環境はどうかなどが検討するポイントになります。また、現在の状況だけでなく将来どうかという点にも着目して検討します。

収益性に関しても、ハウスメーカーや建設会社から提示される事業計画書をよく検討します。収益性のチェックポイントとしては、収益に対する借入金の返済額の割合がどうか、稼働率、家賃下落、借入金利などの変動する要素を見込んで計画されているかなどです。不安がある場合は、専門家にセカンドオピニオンを求めるのもいいと思います。

　アパートを建築するのに不向きな場所に建築したり、無理な収支計画のままアパートを建築してしまうと、入居者の確保が困難になり空室が増加し、相続時に節税の効果を十分に得られなかったり、そのアパートを相続した人が、収支の悪化により賃貸経営に苦しむこともあります。

　アパートを建築する前に、その計画を十分検討し、計画に問題がある場合には、アパートの建築計画の見直しを実施します。場合によってはアパートの建築を中止することも選択肢のひとつだと思います。

2 賃料の減少、稼働率の低下

　賃貸住宅の空室率は年々増加傾向にあり、直近の平成25年度の数値でも18.9％（住宅土地党家調査／総務省）となっており、現在の賃貸住宅市場は、借り手市場となっています。（図表2-3参照）

　新築後、数年間は新築プレミアムもあり、容易に高い稼働率をキープできますが、3〜5年後からはその近隣に建築される新築物件と競合となり、空室が増えて稼働率は低下します。

　空室を解消するために、家賃の値引き対応を迫られ、結果、家賃が下落していきます。一般的に新築時の家賃が、年1％の割合で下落していると言われています。

　アパートは年数が経過するごとに、稼働率の低下や家賃の下落により収益は悪化していく傾向があります。建築後も物件の稼働率を確保するための努力が必要になります。

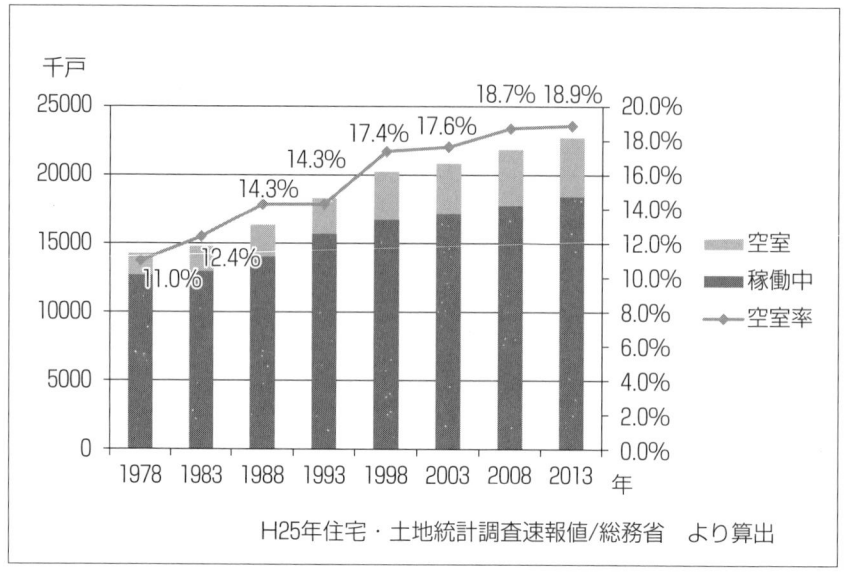

図表 2-3　賃貸住宅の空室数と空室率の推移

3 建築後10年前後経過するとキャッシュフローが悪くなる

　借入金を利用して賃貸物件を建築した場合、当初数年間は、現金が残りますが、新築後10年前後経過したころから、キャッシュフローが悪化する（手元に残る現金が少なくなる）場合があります。このような変化点を「デッドクロス」などと呼んでいます。

　この現象は、新築後10年程度経過した頃から、所得税を算出するための課税所得を計算するうえで、現金の支出を伴わないが経費とされる、"減価償却費"より、現金を支出するが経費とされない、借入金の返済額のうちの"元金返済額"が多くなることにより、手元に残る現金より課税所得の方が多くなり、所得税などの税額が高くなるためキャッシュフローが悪化します。

　キャッシュフローが悪化し始める時期や悪化する度合いは、借入金の額、返済方法、金利、建物と設備の比率、減価償却の方法などによって、物件ごとに違ってきますが、新築の場合おおむね築後5～15年目ぐらいの時期から始ま

ことが多いです。ちょうど、この時期は、外壁塗装、防水工事といった大規模修繕や、給湯器、エアコンなどの設備類の更新時期とも重なり修繕費が増え、キャッシュフローがさらに悪化し、最悪の場合、借入金の返済ができなくなるケースも考えられます。

キャッシュフローが悪化する時期は、事業計画の段階で予測するこができるので、その時期に合わせての対策を検討することが重要です。

※キャッシュフローが悪化する時期の例
〈条件〉
借入額　：1億円　金利：2％　30年元利均等返済
物件総額：1億円　鉄筋コンクリート造
　建物：7,000万円（定額法　耐用年数47年）
　設備：3,000万円（定率法　耐用年数15年）

図表2-4　元金返済額と減価償却費

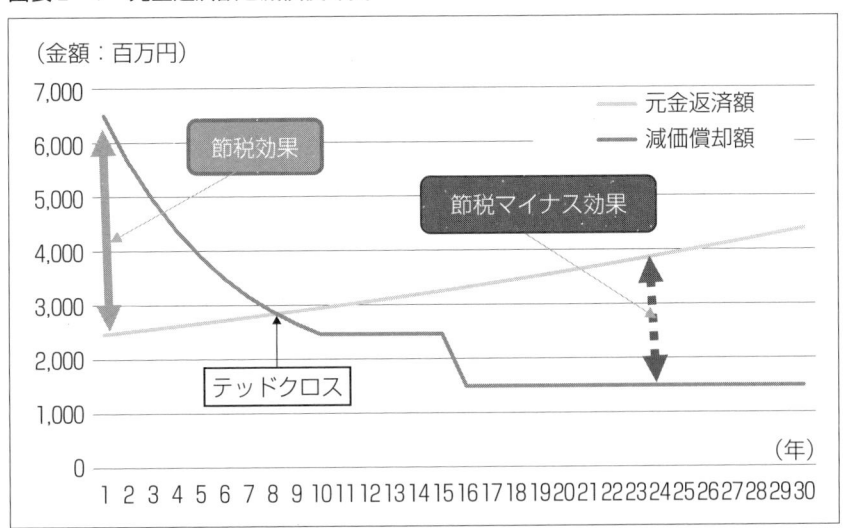

この事例だと新築後8〜9年目で元金返済額と減価償却額は逆転し、キャッシュフローの悪化が始まる。

収支表（概算）　　　　　　　　　　　　　　　　　　　千円／年

項目		1年目	3年目	16年目	20年目
家賃収入	A	10,000	10,000	10,000	10,000
経費	B	2,000	2,000	2,000	2,000
元金返済額	C	2,458	2,558	3,317	3,971
支払い金利	D	1,976	1,877	1,118	465
税引前キャッシュフロー	E=A-B-C-D	3,566	3,565	3,565	3,564
減価償却費	F	6,499	4,966	1,489	1,489
課税所得	G=A-B-D-F	-475	1,157	5,393	6,046
所得税等（概算）	H		18	603	734
税引後キャッシュフロー	I=E-H	3,556	3,547	2,961	2,830

※キャッシュフローの変化を説明するため、家賃額と経費は一定額で計算。

　初年度は減価償却費が大きく課税所得はマイナスになる。3年目、16年目、20年目と経過するに従い、減価償却費が減少し、元金返済額が増加するため、課税所得が増加し、所得税等の金額が増え税引後のキャッシュフローが少なくなります。

4 相続予定者と一緒に計画を

　アパートなどの賃貸物件の経営は、20〜30年と長期になる場合が多く、相続後の相続人の方が経営する期間が長くなります。また、遺産分割に関しても、もめることが予想されます。そこで、アパートを建築する前に物件を相続する人を決め、計画段階から相続する人と一緒に物件の建築に携わった方がいいと思います。

STEP-5 不動産鑑定士からのアドバイス

1 節税は相続対策の一部に過ぎない

　今回の相談者がハウスメーカーより提案されている相続対策の本質は、財産評価額を圧縮するというものです。これにより相続税は減少するので、要するに節税のための対策となります。

　しかし、肝心の資産の価値は維持することができたでしょうか？

　この点を見落としがちですが、節税よりも重要です。

　相続税の節税だけにとらわれてしまうと、資産全体の価値が増えたのか減ったのか、という最も重要な点を忘れてしまいがちなのです。資産価値を維持しつつ、相続税財産評価額を引き下げて、節税のメリットも享受するのが本当の意味での相続対策です。

　節税額以上に資産価値が減少してしまっては本末転倒です。

　節税は一側面に過ぎません。

2 資産価値全体は維持されているのか。多額の投資をした見返りが得られているのか

　節税額だけに意識がいってしまいがちですが、重要なのは全体の資産価値が目減りしてないことです。

　そもそも多額の投資を行って出来上がった建物の実際の価値というのはどうなったか、冷静に考えてみましょう。

　まず、純粋に投資として建物投資を考察してみましょう。

　新たに建設投資をするからには、投資「金額」を投資「価値」（基本的に収益価値）が上回っていないと基本的にはダメです。

　つまり、例えば1億円払って出来上がったものが、1億円以上の価値があってはじめて、有効な投資となります。こういうシンプルな話です。1億円払っ

て、万一5,000万円の価値しかないものが出来上がったとすれば、相当な損です。ですから、投下した金額を収益価値が上回っていないとその投資は失敗となります。投資なのですから当然のことです。

　ここで、節税についても目を向けてみましょうか。

　相続対策としての建設投資の場合、少し別の事情が生じてきます。

　すなわち、建設投資により、実際には多額の節税ができます。この節税額を考慮してみましょう。

　その場合、投資金額を収益価値が絶対に上回っていなければならないかといえばそうではないでしょう。要するに、収益価値が多少であれば下回っても得という場合があり得ます。

　なぜなら、相続税の節税により、当該金額の現金流出を防ぐことができたからです。

　よって、最低条件として、以下のような大小関係が成立することが必要です。

収益価格　＞　（投資金額　—　節税額）

　繰り返しますが、これは最低条件です。

　なぜなら、投資することで投資リスクを負うことになるからです。

　竣工後、賃料収入や維持管理費用の変動、突発的な支出可能性、災害リスク、不動産所得税、管理面での煩雑さ、金利変動リスクなど、賃貸用建物を建築することで投資リスクを負ってしまうので、投資の鉄則からみればこの投資リスクに対応する利益があってしかるべきです。よって、以下のような大小関係が成立することが、より正確な条件でしょう。

収益価格　≧　（投資金額　−　節税額　＋　投資リスク相応の利益額）

　ただ、これを実際に計算するのは難しいと思いますから、前記の最低条件の式で、ご自身でも是非を確認してみることをおすすめします。

　図表2-5に具体的な計算例を記載したので、参考にしてみてください。

　収益価格や投資金額の試算について少し補足しておきます。

　「収益価格」については、アパート竣工後の想定年間純収益を利回りで割ることで概算できます。年間の純収益は変動可能性もあり、利回りの設定も物件

によって大幅に異なってきますので、この概算というのも一般の方には難しいのですが、年間純収益についてはハウスメーカー提示の年間収益をさらに保守的に設定し（×0.7～×0.9）、不定期に発生する大規模修繕費用も10～30年程度に平均化して費用計上したうえで、利回りについては5～10％程度で設定しておけば、収益価格をある程度把握することができます。この収益価格に建物割合を設定して乗じ、収益価格の内訳としての建物価格を概算してください。なお、想定収益や利回りの設定というのは、非常にデリケートですので、今お伝えした概算方法というのはやや乱暴な説明ではあります。精緻な収益価格が必要な方は、不動産鑑定士や不動産業者に確認してみるといいでしょう。

　また、「投資金額」は、

　(建築費＋設計料＋消費税＋登録免許税＋不動産取得税＋初期募集費用＋既存建物解体費＋造成・整地費等)

となります。これも個別に事情が異なりますので、建築業者に確認し、保守的でトータルなコストを把握するように努めてください。

　建築予定の建物がオーバースペックになっていないか、設計は適切で効率的か、等々の検証も必要です。

　賃貸物件としての競争力を維持するだけの立地条件かどうか、獲得する収益に対してオーバースペックな仕様（高い建築費）になっていないかどうか、こういったことを熟慮しないと、納税額は減ったが資産全体が減少することになるので注意してください。

CASE 2-1　アパートを建築すると相続税対策になる？　　71

図表2-5　アパート建築による財産評価額と時価への影響の計算例

〈アパート建築前〉

財産	金額（財産評価額）	時価
現金	1,000万円	1,000万円
自宅（土地）	4,000万円	5,000万円
自宅（建物）	500万円	0万円
駐車場（土地）	2,000万円	2,500万円
畑（土地）	5,000万円	5,000万円
財産額	1億2,500万円	1億3,500万円(A)

〈アパート建築後〉

	金額（財産評価額）	投資額	時価
現金	1,000万円		1,000万円
自宅（土地）	4,000万円		5,000万円
自宅（建物）	500万円		0万円
駐車場（土地）	2,000万円		2,500万円
畑⇒アパート敷地(土地)	3,950万円		5,000万円
アパート（建物）	2,450万円	5,000万円	3,000万円
借入(アパート建設資金)	▲5,000万円		▲5,000万円
節税見込額	―		+720万円
財産額	8,900万円		1億2,220万円(B)

⇒なんと財産価値の減少額が1,280万円（(A)-(B)）に達しています。節税した金額相当額（720万円）を考慮しても、資産全体の価値が毀損しているということです。

（シミュレーションにおける前提）
※節税概算額は、相続税率一律20％×財産評価額減少3,600万円＝720万円。
※節税見込み額を便宜上プラスのキャッシュフローとして表現している。節税額は税率等によって異なる。

※アパートの賃貸収入（純収益ベース）が年間400万程度とした場合。
還元利回り6％とすると6,666万円となる。便宜上、土地の価値が一定という前提で、建物の内訳価格は1,666万円（＝6,666万円－5,000万円）となります。（建物時価試算①）
還元利回り5％としても8,000万円となり、同様に計算すれば、建物の内訳価格は3,000万円（＝8,000万円－5,000万円）となります。（建物時価試算②）
ここでは建物時価試算②を採用してシミュレーションしました。

　上記のようなシミュレーションを行って、資産全体の目減りがなく、多少資産が増加するようなシミュレーション結果を得られるような場合、アパート建築はOKです。

　実際には、アパート建築後の土地建物の時価の算定については、慎重に考えておく必要があります。資産を手離す必要が生じた場合、更地と比較して、収益物件として稼働してしまうと、購入検討者が収益目的の買主に限定されてきてしまい、換金性の観点で劣後する場合があります（立退き交渉が必要な物件は更地化しにくいため）。

　また、分割可能性という意味でも、アパートになってしまえば基本的に分割するというのは困難であり、共有形態で保有する可能性が高くなるでしょう。この場合、共有で不動産を保有するデメリットを十分に考えておく必要があると思います。共有状態の不動産は管理も処分も円滑に行うのが難しい傾向にあります。これを嫌気して孫の代になって親族間売買となったり、この売買条件の考え方の違いが紛争の基となり、軋轢が生じる場合もあります。

　また、建設費調達のために借入れする場合、立地状況を十分に吟味し、長期の返済に耐えうる安定したキャッシュフローを当該アパートが稼いでくれるかどうか判断が必要です。ハウスメーカー提示のキャッシュフロー表をよく検証し、将来の賃料見込みや稼働率の推移、費用の増加可能性や大規模修繕費用の発生やリニューアルの実施可能性、災害対策など、自分自身が経営主体であるということを忘れずに主体的に検討しましょう。

STEP-6 正しい対策への道しるべ

　所有地に借入金で、アパートなどの賃貸物件を建築することは、更地で土地を所有しているときより、相続財産の評価額が圧縮され、相続税の節税効果があります。

　しかし、アパートなどの収益物件は、相続時の分割の問題や、更地に比べて売却に時間がかかるというような問題も発生する可能性があります。

　また、空家が発生しないように努力しないと十分な相続税の節税効果は期待できません。建築後も、賃貸経営をしていくうえでは、稼働率の確保や修繕費の負担などの、賃貸経営上の問題への対応は必要となります。

　アパートなどの賃貸物件を建築することは、賃貸経営という事業を始めることになります。つまり、経営者になるということです。安定した賃貸経営を進めるには、経営者として積極的に賃貸経営に関わっていくことが必要です。ハウスメーカーや建設会社から提示される事業計画を鵜呑みにせず、経営者としての目線でよく検証することをおすすめします。自分だけで判断が難しい場合には、専門家にセカンドオピニオンを求めることもよいと思います。

POINT

- アパートの建築は相続税の節税効果はありますが、相続税の節税目的に主眼を置くと、建設後の事業計画を見誤まることがあります。アパートを建築することは、賃貸経営という事業を始めることだと認識しましょう。
- これからの賃貸住宅市場は、縮小していく傾向にあることを意識し、建築する土地の立地、将来の市場性、事業計画を見極めてから建築するかどうかの判断が必要です。
- 賃貸経営は長期間となるため、相続する人も交えて計画を検討することが望ましい。また、物件を共有名義にすることは避けるべきです。

CASE 2-2

30年一括借上げ契約で賃貸物件を建築すれば相続後でも安心?

Q 相談者　大家茂さん　54歳

相続税対策のため、父の所有する駐車場に、借入金でアパートを建築するように、ハウスメーカーからすすめられました。

アパートを建築しても、高齢の父ではアパート経営に関わることは大変ですし、私も現在は会社員なので、アパート経営に携わることが困難な状況です。しかし、ハウスメーカーより、建築後も30年一括借上げ契約をするので、家賃の支払いも保証されるし、繁雑な経営の手間がかからないので安心ですと言われました。

ハウスメーカーからの提案どおり、アパートの建築を進めた方がよいのでしょうか?

【家族構成】			【所有財産】		
被相続人	父	80歳	財産額	1億2,500万円	
	母	76歳		現金	1,000万円
相談者	長男(大家茂)54歳			自宅(土地)	4,000万円
	長女	48歳		自宅(建物)	500万円
	次男	38歳		畑	2,000万円
				駐車場(土地)	5,000万円

A **STEP-1** 知っておきたい基礎知識

ハウスメーカーや建設会社より、「○○年一括借上げで安心」というような

売り文句で、一括借上げ契約することを前提としたアパート・マンションの建築を提案されるケースが増えています。

1 一括借上げ契約の仕組み

一括借上げ契約は、一括借上げ業者が、アパートなどの収益物件1棟をオーナーから一括して借り上げ、実際にその物件に入居する人に転貸する形態で事業運営をする仕組みです。

図表2-6　一括借上げ契約の仕組み

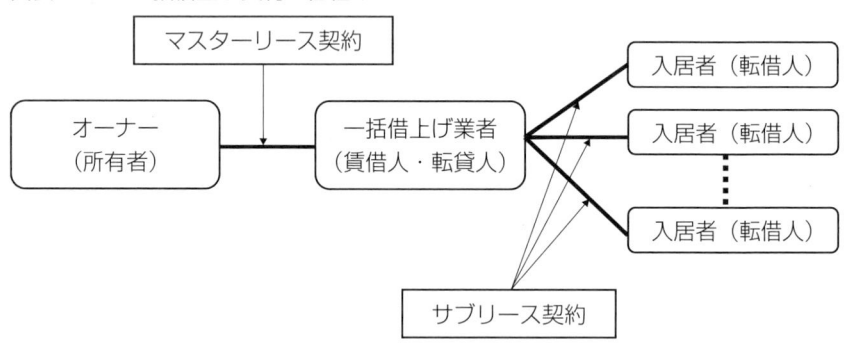

```
                マスターリース契約
                      ↓                     ┌─ 入居者（転借人）
┌──────────┐     ┌──────────────┐    ├─ 入居者（転借人）
│ オーナー  │────→│ 一括借上げ業者 │───→│
│ （所有者）│     │（賃借人・転貸人）│    └─ 入居者（転借人）
└──────────┘     └──────────────┘
                                     サブリース契約
```

一般に、一括借上げ契約のことを「サブリース」と言われることがありますが、正確には、オーナーと一括借上げ業者間で締結されるのが、マスターリース契約、一括借上げ業者と入居者との間で締結されるのをサブリース契約と言います。

実際の入居者の有無にかかわらず、一括借上げ業者から一定額の家賃をオーナーに支払われる、家賃保証型の契約が一般的です。

2 賃貸経営における収支変動リスクをカバーできる

相続税の節税対策を目的にアパートなどの賃貸物件を建築しても、長期安定経営をするのは簡単ではありません。大家さんの多くは、賃貸経営における収支変動リスクを不安材料にあげられます。

主なものは、空室リスク、家賃相場変動リスク、原状回復費、大規模修繕費の4つです。いろいろと考えることはありますが、この4つをおさえておけば、賃貸経営を始めることはできます。
（1）空室・家賃滞納リスク
　賃貸物件を建設しても、入居者が埋まらなければ家賃収入が少なくなります。また、家賃滞納による家賃収入の減少もありえますので、借入れをして賃貸経営をしている場合は、返済していけるかの不安があります。
（2）家賃相場変動リスク
　家賃相場は、金融商品などに比べると景気による影響は大きく受けませんが、周辺地域の環境変化に影響を受けます。
　周辺地域に賃貸物件が継続的に建設され続けると、賃貸物件が飽和状態になります。その場合、物件にもよりますが、築年数が古くなるとともに入居者の確保が難しくなります。
　常に新しい賃貸物件に魅力が集まり、家賃を下げることにつながります。
（3）原状回復費
　入居者の退去時には、経年変化や通常損耗への補修工事など、原状回復費が発生することがあります。また、入居者の住み方や使い方による毀損に関しては、入居者が補修工事費用を負担する必要がありますが、賃貸借契約の締結時に双方の合意がなかったなどのトラブルが発生することがあります。
（4）修繕費
　賃貸経営では、建物の維持・保全に必要な修繕メンテナンスを実施することが必要です。そのためには、定期的な建物検査を実施したり、耐久性に優れた資材を活用するなど、修繕部分の早期発見と適切なタイミングで修繕を施すことで、トータル的にコストダウンをすることもできます。ただし、修繕費の積立不足にならないように資金計画を立てることが必要です。
　賃貸経営は、これらの4つをおさえることが大切ですが、そのためには、専門的な知識や人脈、時間や労力などが必要です。
　大家さんの中には、農業や事業をされていたり、会社員や公務員の方もい

らっしゃいますので、そのような忙しい大家さんをサポートするのが、一括借上げです。

STEP-2 ファイナンシャル・プランナーからのアドバイス

1 一括借上げを勘違いしている

　一括借上げが万能というわけではありませんので、借上げ会社がすべて保証してくれると思って一任すると落とし穴に陥ってしまいます。
　次に掲げた2点については「一括賃貸借契約書（約款）」等に記載されている内容ですが、この2点を保証してくれると勘違いしている大家さんやそのご家族、または専門家もいます。
- 最初に決めた家賃額が30年間保証されると思っていた
- 自然災害や地震で賃貸物件に住めない期間も空室保証してくれると思っていた

これは明らかな勘違いではあるものの、契約締結時にあえてフォーカスして説明するなど、契約者やそのご家族にしっかりとご理解いただく必要はあると思います。
　従って、一括借上げを利用しても、家賃額が減ることを想定したり、災害発生時復旧期間中の家賃収入を備えることが必要です。

（1）資金繰りで行き詰まらないために

　まず最初に、「家賃額が減ることを想定する」ことです。
　建設会社から渡された「事業収支予想」や「資金繰り予想」の書類を見ると、30年間家賃が下がらない予想になっているかもしれません。
　建設会社によって家賃額の固定期間は異なりますが、「最初の10年固定、その後5年ごとに見直し」という内容を前提に話を進めたいと思います。
　当初の10年は問題ありませんが、賃貸物件を建設して10年、20年経ったとき、建物が古くなってしまうことや、周辺の家賃相場が下落する可能性を考えると、

最初の家賃水準を保つのは難しいと考えるのが自然ではないでしょうか。

ですから、家賃収入はある程度の低下を見据えて資金繰りを考えておくべきなのです。その方が、安定した経営を実現することができます。

例えば、10年後に家賃が9割、20年後に8割のような感じです。このような形で、家賃の低下を予め予想しておくことが重要になります。

(2) 借入金の金利上昇に備える

次に考えなくてはならないのは、借入金の金利上昇についてです。

建設会社から渡された「資金繰り予想」の支出の欄（借入返済額）を見ると、一度借入返済額が上がり、その後30年まで上がらない予想になっているかもしれません。

賃貸物件を建設する際の借入金は、最初の何年かは金利が固定されているのが一般的です。

その場合、固定期間が終わると半年ごとに金利が見直しされ、5年ごとに返済額が変わる変動金利の仕組みになっていたり、新金利で固定期間を継続するタイプになっています。（※住宅金融支援機構は除く）

ここで考えなくてはならないのは、金利の上昇と返済額が上昇する可能性があるということで、ここを考えておかないと「何だか返済額が増えていて、資金繰りが辛い」という状況になってしまいます。

もちろん、ある一定期間を超えると残高が減るので返済額は減ります。

しかし、今後の金融政策どおりに物価が2％上昇した場合は、日経平均株価の上昇、10年国債の価格低下、長期金利が上昇、借入金利が上昇すると考えることもできます。

そのため、金利の固定期間が終了したあとの返済額の上昇は、ある程度見越していた方が安心なことは間違いありません。

例えば、"固定期間終了から5年ごとに金利が1.25倍になるとして計算をしておく"など、ある程度厳しめに見ておくことで資金繰りの計画を立てておくとよいでしょう。

(3) 所得税の上昇を考える必要性

次に、所得税の話をしましょう。建設会社から渡された「資金繰り予想」等の費用の項目に減価償却費という項目があると思います。

設備と建物は、減価償却という形で経費にすることができるので、その分課税所得が減り、結果として所得税も少なくて済みます。この部分は大家さんならご存知だと思います。

しかし、設備の減価償却は15年、木造建物の減価償却は22年で終わります。

この期間は利益が圧縮できるので所得税は少なくて済むのですが、設備の減価償却が終わった16年目、建物の減価償却が終わった23年目には、数百万円の経費が無くなり、利益が多く出てしまうと思います。

実際に「資金繰り予想」等の"損益計"（収益－費用）の16年目、23年目を参照すると、利益が数百万円程、当初の利益と異なっていませんでしょうか。

この分、払わなければいけない所得税の額が大幅に増えてしまいます。

借入金の返済も踏まえると、この時期には資金繰りが悪化しそうです。

そのため、しっかりと自分で考えて予め準備をしておく必要があります。

そうしないと、資金繰りの悪化によって、土地・建物を売却せざるをえなくなってしまいます。

土地・建物を手放さないためにも、しっかりとした資金計画・資金繰りを考えておくことは非常に大事なことです。

家賃額の低下、借入金返済額の上昇、所得税額の上昇を考えながら賃貸経営を行っていきましょう。

(4) 地震や災害への備えについて

賃貸物件が丈夫であれば、倒壊による被害を受ける可能性は低いですが、地震による液状化、竜巻による損害や水害の危険性は考慮をしておく必要があります。

まず、確認しておきたいのは、「実際に地震や災害が起きて建物が損害を受けた時の備えができているのか？」ということです。

「たぶん起こらないから大丈夫だろう」と楽観的に考えてはいけません。「実

際に起きたらどうなるのか？」を考えて、その時が来ても大丈夫なように備えておくべきです。

実際に、中央防災会議は、南関東や東南海地方で、今後30年以内にマグニチュード7程度（阪神・淡路大震災と同程度の規模）の大震災が発生する確率は70％程度と予想してます（算定基準日：2013年1月1日）。また、2013年9月2日に埼玉県越谷市で発生した竜巻では、896棟の家屋が損害を受けました。

「このような事態が起こった時に、本当に大丈夫なのか？」、それを可能な限り把握しておくことが重要です。

しかし、「何かあったら一括借上げだから何とかしてくれる」と思うかもしれません。

確かに一見、建物が損害を受けてもその間の家賃は入ってくるように思えるのですが、契約書を確認するうえでは、その可能性は低いでしょう。

「一括賃貸借契約書（約款）」等に記載されている「借上支払賃料」の部分を見ていただくとわかるのですが、建物が自然災害などで損害を受けた際の家賃収入については、「直ちに（ただちに）見直す」などと記載されています。

つまり、家賃収入が入ってこなくなるような損害を受けた場合、その間の家賃収入は期待できないと考えるのが妥当でしょう。

例えば、大規模な地震が起こり、液状化現象の被害を受けたとします。液状化現象によって建物が傾いてしまったら、そこには入居者の方が住めなくなってしまいます。

その場合、入居者は出ていきます。ここで、空室保証をしてくれればよいのですが、前述したとおり大震災が起きた後だと家賃収入を得るのは厳しいでしょう。

この状況をどうにかするには、建て替えをする必要が出てきます。

例えば、建て替えに7,000万円かかるとしましょう。この時、地震保険に建物評価3,500万円加入をしていれば、3,500万円は受け取ることができます。また、国や市の支援制度で300万円は受け取ることができるでしょう。ここで地震保険に入っていない場合、もらえるのは国や市の支援制度の300万円程度し

かありません。そうなると、ここから建て直すのは厳しいと思います。

　自己負担で建て替えの費用を捻出できるのであればそれで大丈夫ですが、そうでない場合は地震保険への加入は必須になってくると考えるべきです。

　また、建て替えにかかる4～6か月の間は、家賃収入の期待はできないでしょう。

　しかし、その間も借入金の返済がありますので、この部分も予め備えておく必要があります。

　例を出して説明をしてみましたが、以上が建物の損害対策の基本的な考え方です。「何かあってもが何とかしてくれる」という考えを持ってしまうのは危険です。「実際に起きたらどうなるのか？」を想定して、それに対して準備ができているかどうか、是非確認をしてみてください。

STEP-3 不動産コンサルタントからのアドバイス

1 一括借上げ契約は、本当に安心か？

　一括借上げ契約でのアパートの建築は、相続税対策として建物全体に借家権が付着し、空室があっても相続税の節税効果が得られます。賃貸経営上も担保価値の向上、空室リスク、滞納リスクが回避でき、安定的に収入を得ることができるなどのメリットがあります。しかし、メリットだけではなく、デメリットもあるので、一括借上げ契約の内容をよく理解してから進めた方がいいと思います。

（1）手取りの家賃の額が少なくなる

　一括借上げ契約の場合、一般の管理委託契約をした場合よりも高い率の手数料がかかるため、同じ家賃は手元に入ってくる収入額は少なくなります。これは、滞納や空室のリスクを回避するためのコストと考えれば当然のことです。

（2）支払われる家賃の金額は保証されない

　一括借上げ契約は、一定の期間家賃の支払いは保証されるが、支払われる家

賃の金額は同じではなく、一般的には2年ごと契約更新時に見直されるという内容になっています。保証される家賃の金額は、年数の経過や周辺の環境の変化による家賃相場によって減少していきます。

また、物件が完成し募集を開始してから1～4か月、入居者さんが退去した時に1～2か月の免責期間が設定されていて、この期間は家賃が支払われない契約条項も一般的です。また、空室時は、保証家賃額は家賃の80～90％に減額されるケースもあります。

駐車場に関しては家賃保証の対象外となっているケースが多いようです。

（3）途中解約、業者倒産のリスク

オーナー側からの解約を申し出た場合は、違約金などが発生するケースがあります。

一括借上げ業者が倒産するケースがあり、このとき、実際の入居者さんとの契約条件や預かり敷金の問題でトラブルになるケースもあります。

業者の倒産リスクの話をすると、「上場企業だから大丈夫」という方がいらっしゃいますが、上場企業＝倒産しないということではないので、契約する相手の経営状態をよくチェックする必要があります。

（4）修繕費の負担

一括借上げ契約であっても、退去時の原状回復費用などの修繕費は発生ごとにオーナーの負担となります。原状回復費用をカバーするタイプの特約がありますが、費用が別途かかります。

また、大規模修繕の実施を、契約更新の条件としている契約条項もあり、大規模修繕工事を実施しないと契約を打ち切られることもあります。

STEP-4 弁護士からのアドバイス

1 契約書のチェックが重要

サブリース事業の安心なところは、一般的に、長期間、安定的に賃料収入が

あることです。

　賃料は低く抑えられながらも、入居者の空室リスクを回避し、安定収入を確保できますので、借入金の返済計画も安心して立てることが可能となります。

　しかし、サブリース事業と一口に言っても、その契約内容は業者によって千差万別です。大家さんの期待する契約内容になっていないものもたくさんあります。

　従って、サブリース業者とマスターリース契約を締結する場合には、その契約内容が、借入金の返済計画に支障が生じないように、長期間、安定的に賃料収入を得られるものになっているかを事前によくチェックしておく必要があります。

　例えば、契約期間は借入金の返済期間と同じになっていますか。契約期間の方が短い場合には、業者から更新を拒絶されればその時点で契約が終了となります。また、契約期間が長期になっていても、業者から容易に中途解約ができる内容になっていれば、やはり、大家さんの意図しない時点で契約が終了してしまいます。そうなると、大家さんは、残りの返済期間は自ら個々の貸室の賃貸経営をしなければならず、空室リスクの影響をまともに受け、安定した借入金の返済ができなくなってしまうおそれがあります。

　また、賃料の改定条項も確認してください。業者から容易に賃料の減額請求がなされる条項になっていませんか。賃料改定の協議が成立しなければ業者は更新に応じなかったり、中途解約をする可能性があり、そうした場合には、賃料の減額を事実上強制されることになります。

　さらに、マスターリース契約にも借地借家法が適用されるというのが最高裁の考え方ですので（最判平成15年10月21日の2つの判決、最判平成15年10月23日）、契約書に記載があるか否かを問わず、同法32条により業者から賃料減額請求がなされるリスクがあることも考えておく必要があります。

　従って、大家さんとしては、業者からの賃料減額請求のリスクがあることを前提に、繰上げ弁済を活用するなどして、返済不能リスクを回避する努力も必要となります。

ほかにも、業者が倒産した場合にどうなるのか等、様々な法的なリスクを把握しておく必要があります。サブリースを利用した建築・賃貸事業は、大家さんの人生を左右するような重大な問題に発展することもありますので、是非、事前に、弁護士のリーガルチェックを受けておくことをおすすめします。

STEP-5 正しい対策への道しるべ

一括借上げ契約による賃貸経営は、空室リスクの低減、収入の安定化、賃貸人としてのリスク低減などのメリットがあります。

しかし、仕組みをよく理解したうえで契約しないと、さまざまな問題に遭遇する可能性もあります。自身の状況を把握したうえで、"一括借上げ契約を採用するか"判断が必要です。とくに、家賃収入に対する借入金の比率が高い場合は注意が必要です。

また、一括借上げ契約だからといって、賃貸経営という事業を始めることには変わりはないので、任せっぱなしにしないで、経営者としての意識を持ち、金利交渉やコストダウンなどに取り組むべきです。

POINT

- 一括借上げ契約の仕組みをよく理解した上で契約しましょう。
- 一括借上げ契約だからといって丸投げではなく、経営者としての意識をもってさまざまなリスクに対応することが重要です。
- 一括借上げ契約前提の建築であっても、立地、収支計画、将来性などを検討し、問題がある場合は、計画の変更、中止も検討しましょう。

■一括借上げ契約の一例■

　一括借上げ契約の内容は建設会社によって異なりますが、4つのリスクに対応するサービスの一例を紹介いたします。

□空室・家賃滞納リスクへの対応
入居者の有無や家賃滞納に関わらず、毎月一定の借上げ賃料を30年間支払う仕組みです。

□家賃変動リスクへの対応
家賃相場が下落しても当初定めた10年間の借上げ賃料は固定で支払い、その後の更新も5年毎にできる仕組みです。

□原状回復費への対応
入居者が退去する際、大家さんが負担する原状回復費を建設会社が負担する仕組みです。

□修繕費への対応
経年劣化による建物修繕費を建設会社が負担する仕組みです。

　このように、一括借げ上を利用すれば、仕事を抱えている兼業大家さんにとっては、通常の家賃収入よりも少ない借上げ賃料（約85％）ではあるものの、安心して賃貸経営をすることができます。
　収入の15％（100％―85％）の給与で優秀な社員を雇っていると考えれば、とても安いと感じることもできます。

CASE 2-3

タワーマンションを購入すると相続税がかからない？

Q 相談者　大家茂さん　60歳

「タワーマンションを購入すると大幅に相続税が節税でき、相続後に売却しても高く売れる。」と聞きました。

最近、新聞や雑誌などでも「タワーマンション節税」という言葉を目にします。父にタワーマンションを購入させた方がよいでしょうか？

【家族構成】				【所有財産】		
被相続人	父	88歳		財産額	4億5,000万円	
相続人	母	85歳			現金	1億5,000万円
	長男（大家茂）	60歳			株式	1億円
					自宅（土地）	1億5,000万円
					自宅（建物）	5,000万円

A **STEP-1** 知っておきたい基礎知識

1 マンションの土地の評価

　分譲マンションは、通常、敷地権が設定されており、建物と土地を分けて処分ができないようになっています。

　しかし、相続税の評価は、土地と建物に区分して評価することになっています。

　マンションの敷地である土地は、マンションの所有者全員で共有しているた

め、専有部分の家屋に対応する土地の持分が決められています。そして、その土地の持分は、タワーマンションのように一つの敷地に所有者が多く存在すると、その持分の割合は小さくなります。

つまり、地価が高い場所であっても、一軒家と比べるとタワーマンションの方が、土地の所有面積は小さくなり、相続税の評価も小さくなります。

2 タワーマンションの家屋の評価

家屋の相続税評価額は固定資産税評価額を使用します。

マンションの家屋の固定資産の評価は、区分所有に係る1棟の家屋及び附属家屋を一括して評価して、1棟の固定資産税評価額を算出し、各区分所有者の専有部分の床面積の割合で按分します（地法352）。

ただし、家屋によっては、各専有部分の「天井の高さ」、「附帯設備の程度」、「仕上げの程度」等に相当の差異がある場合には、各区分所有者の専有部分の床面積の割合ではなく、一定の算式により補正された割合によって按分することとされています。

補正の対象になるのは、「天井の高さ」、「附属設備の程度」、「仕上げの程度」であり、階層や眺望、ブランドなどは考慮されません。

つまり、仕様などの条件が同じであれば、タワーマンションでも1階の部屋も最上階の部屋も固定資産税評価額は変わらないことになります。

しかし、実際に販売される値段（時価）は異なります。一般的に1階よりも最上階は高値で販売され、価値が高いとされています。

例えば、1億円のマンションを購入した場合、固定資産税評価額は、2,000万円くらいになることもあります。

すると、1億円－2,000万円＝8,000万円の相続財産が圧縮されたことになります。

さらに、このマンションを賃貸にすると、家屋は、貸家の評価で30％減額され、土地も、地域によりますが、貸家建付地評価で20％程度減額されるため、相続税の圧縮効果が高くなります。

3 タワーマンションの時価

タワーマンションの特徴は、売買金額が下がりにくいものがあることです。立地などの条件がよいマンションに限られますが、新築時から年数が経っても売買金額が下がらない（場合によっては上がる）ことがあります。

そのようなマンションであれば、例えば、相続前に1億円で購入したものを、相続して、その後いざ現金が必要になったときに、1億円で売却できるということです。

そうなると、1億円の現金で相続するよりも、1億円のタワーマンションで相続した方が相続税評価が圧縮される分、有利になるということです。

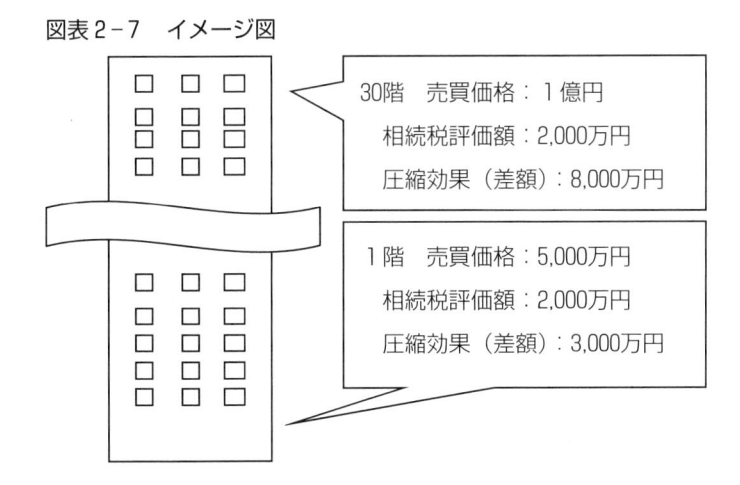

図表2-7　イメージ図

30階　売買価格：1億円
相続税評価額：2,000万円
圧縮効果（差額）：8,000万円

1階　売買価格：5,000万円
相続税評価額：2,000万円
圧縮効果（差額）：3,000万円

4 タワーマンションを賃貸すると

時価よりも、相続税評価額は相当圧縮された金額になりますが、このタワーマンションを賃貸することによって、さらに評価が下がることになります。

売買金額1億円、相続税評価額2,000万円（建物1,500万円、土地500万円）を賃貸した場合（借地権割合70％）は、以下のとおりです。

○建物の評価
1,500万円×（1−30％）＝1,050万円
○土地の評価
500万円×（1−70％×30％）＝395万円
1,050万円（建物）＋395万円（土地）＝1,445万円になります。

　もともと1億円の現金での評価だったものが、8,555万円減額されたことになります。

　さらに、他の土地で小規模宅地の減額を適用していなければ、賃貸用の土地として200m²まで50％減額の適用が受けられる可能性があります。

STEP-2　税理士からのアドバイス

1　行き過ぎた節税に注意

　タワーマンションを利用した相続税の節税が新聞やテレビで話題になっていますが、これは相続税の評価方法を定めた財産評価基本通達を利用した方法と言えます。

　しかし、行き過ぎた節税には、税務署が待ったをかけます。平成23年7月1日の裁決事例において、タワーマンションを使った節税方法が否認されています。被相続人である父が入院した後に、相続人である子が代わってマンション購入の契約をした事例ではあるものの、タワーマンションを使った節税方法について下記のように判断しています。

　「相続財産の評価は、相続時の時価によるものとされている。しかし、その金額は、容易に把握できるものではないことから、財産評価基本通達によって評価することが合理的である場合には、その評価でよいとされている。

　ただし、画一的な評価方法という形式的平等を貫くことにより、かえって納税者間の実質的な租税負担の公平を害するような特別な事情がある場合には、財産評価基本通達によらずに、他の合理的な方法によって評価するべき」とし

ています。

つまり、租税回避目的で財産評価基本通達を使用することまでは認めていないということです。

そのうえで、本事例では、

・マンション取得時と相続開始時が接近していること（この事例では相続の1月前）
・マンションを利用した事実がないこと
・相続後4か月後にはマンションの売却を依頼し、購入金額に近い金額で売却していること
・マンションの近傍の基準地価が、相続時前後において横ばいであること

などから、マンション購入金額を相続税評価額と認定しています。

このように財産を取得することによって相続税評価額が大きく下がるような場合には、財産の取得時期、経緯、取得の理由や目的について合理性がないと税務署から否認される可能性があることにご注意ください。

また、相続税は、相続時時点の法律などが適用されます。

タワーマンションを購入した時の規定では評価が下がるけれども、法律が改正されて、相続時時点の法律では、評価が下がらなくなるというリスクも考えられます。

STEP-3　不動産鑑定士からのアドバイス

1　相続税対策としてのタワーマンション購入

相続税対策として、有効な場合と、そうでない場合があります。よく考えてから購入してください。基本的な判断基準は、相続税節税額とタワーマンションの時価の維持の程度です。

2 なぜタワーマンション購入が相続税対策になるのか

　時価と財産評価の乖離が大きい場合に有効です。すなわち、手元の現金などをタワーマンションに振り替えることで、財産評価額が引き下がり、節税することが可能です。

3 損得の分かれ目

　購入額＝将来時価＞財産評価額で得ですが、購入額＞将来時価＞財産評価額ではやらない方がいいかもしれません。

4 そもそもタワーマンションの資産価値（時価）とは

（1）稀少性

　そもそも、タワーマンションの価値の構成要素として大きいのはその稀少性でしょう。加えて、その眺望やステータスも不動産価値の構成要素と言えるでしょう。不動産価値の把握をする場合、物件の稀少性は大きなアドバンテージです。二度と出てこないような代替性の効かない物件というのは、相場とは異なる価格形成をする場合があります。

　したがって、供給が少ないエリアにおけるタワーマンションなど稀少性がある物件は、底堅い評価ができますが、注意が必要なのは、供給動向です。最近では湾岸部を中心にタワーマンションの供給が相当増加しており、昔と比較してその稀少性が薄れています。

（2）眺望

　第二に、タワーマンションの資産価値の大きな要素に、その眺望があげられます。立地条件が優良で眺望も素晴らしい高層階のタワーマンションは稀少性を維持しやすいため、将来にわたって底堅い時価を維持できるかもしれませんが、前面の空き地に新しくタワーマンションが建ってしまって眺望も稀少性も低下する場合も散見されます。

(3) ステータス

立地良好で超高層のタワーマンションは、その顕示性や比較的豪華な共用施設から、それを所有することによるステータスがあります。

5 購入に当たっての注意点

(1) 市況等

タワーマンションというだけで飛びつくのも危険です。立地条件の劣るタワーマンションの場合には、不動産市況が悪化した際に大幅な価値の下落も想定されますので、十分に注意してください。タワーマンションは投機の対象にもなりやすいので、景気変動にその相場が大きく左右されがちですので注意が必要です。また、大地震発生によりタワーマンションが不人気になることも考えられます。

不動産市況が過熱しつつあるタイミングに節税対策で購入する新築タワーマンションについては、活況を呈していた不動産市況が竣工時までに維持できるかどうか、また、竣工以降間もなく市況が悪化するリスクもありますので、将来の値下がりリスクも十分に考慮して購入判断をしてください。

結局、資産価値（実際の売却可能換金価値）と、相続税財産評価額との乖離が節税のポイントであり、この乖離が大きい都心部のタワーマンションは節税としては有効な対策です。ただ、同時に検討すべきは留意点です。購入価格と同等程度以上の時価を将来にわたって維持でき、かつ相続発生時の財産評価額が大幅に低いということが最大のメリットですので、そのタワーマンションの長期にわたる物件としての実力を十分に吟味して購入しましょう。

将来的に時価が低下する可能性が高い物件は、財産評価が下がるのみならず時価も低下しますので、損失発生の原因となります。

- タワーマンションに資産が集中してしまうと、節税目的の購入が、財産全体の毀損を招く場合がありますので、注意してください。何のための相続税対策だったのかという話になってしまい本末転倒です。

（2）防災面等

　超高層の建物であることから、自己使用を前提に購入する場合には、地震や火災に対してどのような防災対策や避難対策があるのか、といった点も十分に調査検討しましょう。

　大きな地震が起きると、タワーマンションの取引が一気に急停止するということも忘れないでください。東日本大震災の時に湾岸部のマンション着工が相当数一時的に凍結されたことも有名な話です。換金したい時にこういった災害のタイミングと重なると、悲惨なことになります。ある程度資産分散をする中で、タワーマンションを購入するのはよいと思いますが、タワーマンションのみに大半の資産を集中させるのはリスクも包含しているということも考慮しましょう。

（3）諸費用

　タワーマンション購入時には、物件価格とは別に、登記費用やローン関連費用、登録免許税など各種税金、仲介手数料なども必要になります。保有するだけでも管理費修繕積立金、固定資産税都市計画税がかかります。このような諸経費も十分検討材料としたうえで、結論を導いてください。

5　タワーマンションで節税したい方はどうするか

　タワーマンションによる相続税対策は有効な節税策の一つではありますが、物件選定には十分な検討とセカンドオピニオンの取得も検討してください。特に借入れを利用して購入する場合には、不動産価格が下落した場合、処分しても借入れだけが残るという結果になってしまいます。

　また、不動産仲介専門会社は営業マンが営業成績に追われるあまり、手数料目的の節税トークのみを強調する場合もあり、時価（再販売時の換金価値）を考慮していない場合もありえますので、心配であれば不動産コンサルタント等の第三者からのセカンドオピニオンの活用も有効な一手となります。

STEP-4 正しい対策への道しるべ

　タワーマンションの節税効果は非常に大きいのは事実です。

　しかし、節税になったとしても、資産価値（時価）まで下がってしまうようでは、相続税のために無駄遣いしてお金を減らしたことと何も変わりません。

　不動産の価値を判断することは非常に難しいですが、判断ポイントとしては、「なぜ今、タワーマンションが高値で販売されているのか」、「それは将来も続くのか」、「将来購入してくれる人は誰か」、「いくらで購入してくれるのか」等を、冷静に考えてみてください。

　プロの意見を聞いてみるのもよいでしょう。

　値段が上昇するときもあれば、下落することもあるということです。

　タワーマンションほどの効果はなくても、より安全に確実に相続税を下げる方法はあります。

　選択肢を狭めずに、他の対策と比較してみることもおすすめします。

POINT

- タワーマンションの購入で相続税は大きく下がります。
- 相続直前の購入や相続直後の売却は、相続税が下がらないリスクがあります。
- 相続税の節税目的を主眼に置くと、タワーマンションの価値自体を見誤ることがあります。将来の価値を見極めてから購入するかどうかの判断が必要です。

CASE 2-4

二世帯住宅の建築が相続税の節税になる？

Q 相談者　地主昭さん　77歳

実家の家の建て替えを検討しています。同居したら相続税が下がるので、同居しないかと息子に言いました。しかし、今まで別居していたので、同居することには抵抗があり、難色を示しています。

最近、ハウスメーカーのチラシに「二世帯住宅にすると相続税が下がる。」と載っているのを見かけました。

二世帯住宅でも相続税が下がるのであれば、二世帯住宅に建て替え、息子家族を呼び寄せようと考えてます。

【家族構成】	【所有財産】
相続人　配偶者　79歳 　　　　長男　　45歳	財産額　　1億7,000万円 　　現金　　　　　　　4,000万円 　　自宅（土地）　1億2,000万円 　　自宅（建物）　　1,000万円

A　**STEP-1** 知っておきたい基礎知識

　事業用、居住用、賃貸用の宅地については、一定の要件を満たす場合には、限度面積までの土地の評価が80％（賃貸用は50％）減額できる特例があります。これを小規模宅地の減額といいます。

　それぞれの用途によって各限度面積と減額割合が決まっています。

- 事業用　400m² まで80％減額

- 居住用　330m^{2}まで80％減額
- 賃貸用　200m^{2}まで50％減額

相続税が課税される方の大半が、居住用の土地を持っていると思われます。その土地が80％減額できるという特例ですので、かなり大きく減額できる特例と言えます。

しかし、居住用の80％減額を適用するためには、下記のいずれかの要件を満たさなくてはなりません。

① 配偶者が取得する場合
② 同居親族が取得して申告期限まで居住する場合
③ 別居親族で、相続開始前3年以内に自己（自己の配偶者を含む。）の所有する家屋に居住したことがない場合で、申告期限まで保有（配偶者、同居する法定相続人がいない場合に限る。）する場合

子が相続する場合には、上記②か③の要件を満たさなければなりません。

②は同居していればOKということです。③は、配偶者等がいない場合で、別居していても相続前3年以内に自分の持ち家に住んでいないということです。

つまり、自分の持ち家に住み、親御さんと別居していたら、80％減額が受けられないことになります。

同居すれば80％減額が適用できるといっても、家庭の事情があって、同居に踏み切れない場合も多いのではないでしょうか。

そこで注目を浴びているのが、二世帯住宅です。

二世帯住宅は、居住スペースを分けて、例えば、1階に親御さん、2階にお子さんが住むなど、同じ屋根の下に暮らしているなかで、生活を独立させる造りになっている住宅です。

この二世帯住宅がなぜ注目を浴びているかというと、80％減額できる小規模宅地の減額が適用できるからなのです。

二世帯住宅に親子で居住すれば、同居していると扱われることになるのです。

完全独立型（内部でつながっていない造り）の二世帯住宅について、平成25年以前は、一定の要件を満たさなければ80％減額が適用できない取扱いでしたが、

税制改正によって平成26年以後からは、完全独立型の二世帯住宅であっても、減額ができることになったのです。

なお、内階段などによって内部でつながっている造りの二世帯住宅は、同居していると扱われて、80％減額できることに変わりありません。

このように二世帯住宅によって、親子間のライフスタイルも維持でき、相続税も減額できるというメリットがあることが人気のようです。

STEP-2 税理士からのアドバイス

1 区分登記に注意

二世帯住宅によって小規模宅地の80％減額が適用になるのですが、完全分離型の二世帯住宅の場合には、気を付けていただきたい点があります。

それは建物の区分登記をしないということです。

区分登記とは、通常1棟の建物の場合には、登記は一つになるのですが、それを独立した区間で分けて複数の登記にすることを言います。分譲マンションのように部屋ごとで登記をするようなイメージです。

登記は、出資した金額に応じた持分を持つことが原則です。

二世帯住宅を建築する資金を、親と子で50％ずつ出し合った場合には、持分を2分の1ずつにするのが一般的です。

このときに建物を区分登記して、それぞれの使用する建物部分ごとに単独の名義にすることも可能です。

図表2-8　共有と区分登記の違い

〈建物を共有とした場合〉

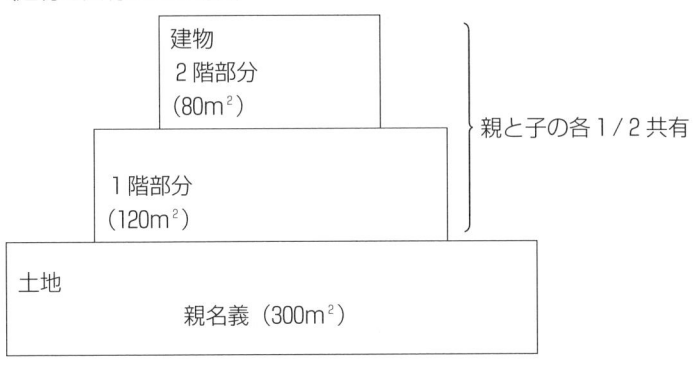

建物
2階部分
(80m²)

1階部分
(120m²)

｝親と子の各1/2共有

土地
親名義（300m²）

〈建物を区分登記した場合〉

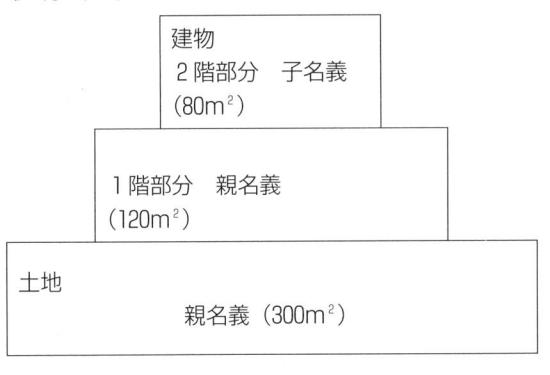

建物
2階部分　子名義
(80m²)

1階部分　親名義
(120m²)

土地
親名義（300m²）

区分登記した方がよい場合があります。

例えば、住宅ローン控除を適用する場合です。

住宅ローン控除とは、住宅をローンで購入する場合等において、一定の要件を満たすと、年末のローン残高の1％を所得税から控除する特例です。

住宅ローン控除の要件のひとつに、建物の床面積の2分の1以上の部分が自己の居住用になっていることがあります。

建物全体の床面積が200m²で、住宅ローン控除を受ける人の居住部分が80m²の場合には、2分の1以上という要件を満たさないため、適用できなく

なります。

この場合、区分登記をすることで、80m²の居住部分を一つの建物とすることができます。

これにより、80m²の床面積をすべて自己の居住用として使用していることになり、住宅ローン控除が適用できることになります。

しかし、小規模宅地の減額については、二世帯住宅を区分登記してしまうと、同居しているとみなされなくなり、土地全体について80%減額の適用ができなくなってしまいます。

建築費を親子で出資する場合には、区分登記をせずに、共有登記にした方が相続税の減額になります。

STEP-3 弁護士からのアドバイス

二世帯住宅の場合、その家の構造によって干渉の程度やプライバシーの露出の程度に差はあると思いますが、二世帯が同居するという事実に変わりありません。

従って、夫の両親との二世帯住宅の場合、嫁姑問題等の家族間の軋轢が発生するリスクは否めません。

嫁姑問題が起こると、夫婦間の離婚原因になりかねません。また嫁姑問題を回避するために、子ども世帯が親世帯と別居しようと考えたとしても、二世帯住宅をローン返済のための賃貸に回すこともできず、結局、別居という手段がとりえないというような事態も考えられます。

従って、二世帯住宅にして親と同居すべきかどうかについては、同居した後の生活や対策を想定（シミュレーション）しながら、事前に夫婦間でよく話し合っておくことが必要と言えます。

STEP-4 不動産コンサルタントからのアドバイス

　親世代と子世代の間で、生活習慣の違いや、プライバシーの問題などでもめる事例はよくあるケースのようで、最悪の場合、二世帯住宅を解消してまた別々に住宅を求める、なんて事例もあるようです。
　また、親世代が先になくなるのでその後、親が使用していた部分をどうするか？という問題も発生します。
　必要なくなった二世帯住宅の処分を検討することになると思います。二世帯住宅は、一般的な住宅にくらべ、規模が大きく、また、「二世帯で住む」という特定の用途の住宅になるため、売却し難く市場での評価は低めになる傾向にあります。また、賃貸住宅に転用する場合、二世帯住宅のままだと需要が限定され、入居者獲得が困難となるため、2戸の住宅に分けるなどの改造工事が必要になります。
　二世帯住宅は、売却したり、賃貸住宅への転用するうえで、ネックとなるポイントがあること理解したうえで計画すべきです。

STEP-5 正しい対策への道しるべ

　二世帯住宅によって、小規模宅地の80％減額（330m^{2}まで）できることは非常にメリットだと思います。同居することに抵抗がある場合でも二世帯住宅によって、同居のハードルが下がることも大きな魅力と言えます。
　しかし、安易に二世帯住宅をすることによる、後々のトラブルを想定しておかなければなりません。また、相続後は、一世帯分の部屋が空くことになるため、その利用をどうするのかも考えなければなりません。
　相続人が使えばよいのでしょうが、利用しない場合には空き家になってしまいます。
　そうならないように、第三者に賃貸するべきか、賃貸したらいくらで賃貸で

きるのか、賃貸できなければ売却も考えた方がよい場合もあり、そのときはいくらで売却できるのか、二世帯住宅という特殊な住宅で買い手がつくのか。ということも考えなくてはなりません。

相続税が下がることばかりに目がいくと、将来のことが見えなくなってしまいます。

何事も相続後のことを考えて対策するようにしてください。

POINT

- 二世帯住宅は、小規模宅地の減額により大きく相続税を下げることが可能です。ただし、区分登記をすると減額が受けられない場合があります。
- 同居することのトラブルも起こりがちになります。事前に二世帯間のコミュニケーションを取って、トラブルのないように生活スタイルの取り決めしておきましょう。
- 相続後の利用・処分を考えておきましょう。賃貸するか、売却するか、建築前にそれぞれシミュレーションしてみることも必要です。

CASE 2-5

賃貸併用住宅の建築が相続税の節税になる？

Q 相談者　大家茂さん　48歳

親が高齢になる前に実家を建て替えた方がよいと思っています。しかし、収入が年金しかないため、ローンを組んでも払えません。
賃貸併用住宅にすると、家賃収入が入ってローンも返済できるのではないかと考えています。
また、賃貸併用住宅は相続税対策になるとも聞きました。
建て替えを検討した方がよいでしょうか？

【家族構成】	【所有財産】
被相続人　父　69歳	財産額　1億8,500万円
相続人　　母　68歳	現金　　　　　　　500万円
長男（大家茂）　48歳	自宅（土地）　1億6,000万円
長女　44歳	自宅（建物）　　2,000万円

A **STEP-1** 知っておきたい基礎知識

CASE 2-4で解説したとおり、居住用の小規模宅地の80％減額を適用する場合には、下記のいずれかの要件を満たさなくてはなりません。

① 配偶者が取得する場合
② 同居親族が取得して申告期限まで居住する場合
③ 別居親族で、相続開始前3年以内に自己（自己の配偶者を含む。）の所有する家屋に居住したことがない場合で、申告期限まで保有（配偶者、同居

する法定相続人がいない場合に限る。）する場合
　①～③のいずれかを満たさなければ、一切の減額はありません。
　例えば、相続人がお子さんしかいなく、そのお子さんもご自身で購入したマンションに住んでいるということであれば、要件を満たさず、このままでは、ご自宅について、まるまる課税されてしまうことになります。それでは相続税も大変になってしまうので、ご自宅を賃貸併用住宅に建て替えて相続税対策をされる方もいらっしゃいます。
　賃貸併用住宅がなぜ相続税対策になるかというと、相続税の評価が下がるからです。自宅部分と賃貸部分で分けて評価の計算をすることになりますが、賃貸部分については、CASE 2-1で解説したとおり、建物は貸家の評価、土地は貸家建付地の評価で評価するため、賃貸していることによる減額を受けることができます。

> 貸家の評価　＝　家屋の評価　×（１－借家権割合）

> 貸家建付地の評価　＝　土地の評価額　×（１－借地権割合×借家権割合）

　さらに、賃貸部分については、賃貸用の小規模宅地の減額の適用が受けられる可能性があります。
　賃貸用の宅地の場合、200㎡まで50％減額になります。
　これについても要件があり、次の要件をすべて満たさなければ、一切の減額がありません。
　①　貸付事業を相続税の申告期限までに引き継いでいること
　②　申告期限までその貸付事業を行っていること
　③　その宅地等を相続税の申告期限まで有していること
　しかし、居住用の小規模宅地の減額と比べたら要件としては難しくありません。①～③の要件というのは、つまり「相続税の申告期限まで賃貸業を引き継げばよい」ということになります。もっとわかりやすくいうと、「相続後10か月後まで賃貸を継続していればよい」ということです。

この場合、貸付の規模を問われないので1室の賃貸でも減額が受けられます。
具体的にどれくらい相続税が下がるのか、以下でみてみましょう。

〈設定〉

8,000万円（相続税評価額）の土地（200m²）の上に1,000万円（相続税評価額）の自宅の建物が建っている場合、この自宅を5,000万円の借入れによって、賃貸併用住宅に建て替える。

賃貸併用住宅の家屋の相続税評価額は3,000万円とし、2分の1を自宅、2分の1を賃貸とする。借地権割合70％。

（1）自宅（居住用の小規模宅地の減額が使えない場合）

　○土地の評価

　　8,000万円（自用地評価、減額なし）

　○家屋の評価

　　1,000万円（自用家屋評価、減額なし）

　○合計

　　8,000万円＋1,000万円＝9,000万円

（2）賃貸併用住宅に建替えた場合

　○土地の評価

　　8,000万円×1／2（自宅部分）＝4,000万円

　　8,000万円×1／2（賃貸部分）×（1－70％×30％）×50％（小規模宅地減額）

　　＝1,580万円

　　計4,000万円＋1,580万円＝5,580万円

　○建物の評価

　　3,000万円×1／2（自宅部分）＝1,500万円

　　3,000万円×1／2（賃貸部分）×（1－30％）＝1,050万円

　　計1,500万円＋1,050万円＝2,250万円

　○合計

　　（5,580円＋2,250万円）－5,000万円（借入金）＝2,830万円

9,000万円だった評価が、賃貸併用住宅に建て替えることで、2,830万円となり、6,170万円減額できたことになります。

STEP-2 税理士からのアドバイス

1 事業計画をしっかりと立てる

　相続税の面からすると、賃貸併用住宅は、相続税評価額を大きく下げられる可能性があり、メリットが大きいと言えます。
　しかし、目先の相続税ばかりを考えていると思わぬ落とし穴があります。
　賃貸住宅と自宅が併用するため、事業投資、事業経営をするという観点が薄まる危険性があるのです。
　「どうせ自分が住むのであれば、もっと快適な建物、空間にしたい」という気持ちが芽生えてくるのも仕方ないことかもしれません。
　しかし、それが結果的に、過度な建築コストをかけることにつながり、借入れの返済が経営を圧迫し、事業計画として成り立っていないものも少なくありません。
　建築コストをいくらかけても自宅部分は経費になりません。自宅部分の借入金の利息も経費になりません。
　それが、後々の所得税・住民税が上がる要因になることがあります。後々のことを考え、余剰資金があれば、将来の修繕費用として積み立てるなどの慎重さも必要です。
　しっかりと事業計画を作成し、返済に無理のない建物を建築した方がよいと言えます。

STEP-3 不動産コンサルタントからのアドバイス

1 収益物件と同じリスクがある

　住宅部分の面積の比率により、住宅ローンを使って、長期間低金利での資金調達が可能になるケースもあります。賃貸部分からの収益も期待できます。

　入居者さん側は、賃貸併用住宅に関して、「大家さんが近くにいるからヤダ」というより、「近くにいるから安心」というようにとらえられているようです（ただし、大家さんによる過度の接触はいやがられるようです。）。賃貸併用住宅ということが、賃貸経営上の大きな問題になることはないようです。

　賃貸併用住宅を計画をするうえで、賃貸併用住宅といっても収益物件には変わりはないので、それなりのリスクはあります。やはり、立地や収益性、将来性のなどを考慮して進めるべきです。（CASE 2-1参照）

　入居者さんが同じ敷地内に入れることになるので、日常の挨拶や入居者さんからの苦情を聞かされたりもします。このあたりを許容できるかどうかも、計画を進めるうえでのポイントとなります。

STEP-4 不動産鑑定士からのアドバイス

1 判断の基準と優先順位

何を優先するかで結論は変わると思います。
- 基準①：節税
- 基準②：将来の売却価格の最大化
- 基準③：自宅の居住性
- 基準④：将来における分割可能性

基準①を優先するのであれば、建設した方がいいでしょう。しかし、基準②、基準③、基準④を優先するのであれば、建設はやめた方がいいと思います。

基準①優先でも、もし賃貸併用住宅建設に当たって借入れを活用する予定であれば、資金計画の不確実性やローンの心理的負担についても、考慮に入れる必要があります。借入れは相続とともに承継されますので、子や孫などともよく話し合っておく必要もあるでしょう。

2 賃貸併用住宅の実際の売却価格の考え方

前記の基準②については少しわかりにくいので、ここで少し考察してみましょう。

低成長時代の不動産市場において、不動産価格に大きな影響を及ぼす要素は以下だと思います。

・要素①：その不動産の実需の強さ（自己使用物件としての有用性）
・要素②：万人受けする物件か（特殊な物件ほど値段が付きにくい）
・要素③：土地の有効利用度が高く、安定した収益性を有する物件か
・要素④：発展性や経済活動が底堅い立地条件を満たした物件か

この観点で賃貸併用住宅を考えてみましょう。

〈要素①の観点〉

賃貸部分と自宅とが併存する併用住宅については、好き嫌いが分かれるため、一般住宅（専用住宅）よりも実需は乏しいと言えます。

〈要素②の観点〉

賃貸併用住宅の購入希望者は、一般住宅と比較して限られると考えられます。純粋に投資目的の不動産投資家、建売業者、マンション業者などは、賃貸併用住宅がどっちつかずで中途半端であることから、購入検討は難しいでしょう。

つまり、万人受けしない物件ということになります。

自己使用物件として考えると住み心地に難があり、賃貸物件（収益物件）としても自己使用部分を含んでいることで中途半端であり、賃借権付ということで開発用地としてもすぐに利用できない、という点が万人受けしないわけです。

〈要素③の観点〉
　比較的安定した収益性を有します。ただし、自己使用部分を賃貸に出した場合、収益面での効率性は相対的に低いと言えます。
〈要素④の観点〉
　立地条件は個別判断になりますので、割愛します。

3　"両刃の剣"の併用住宅

　以上、賃貸併用住宅は、不動産市場では微妙な存在であり、短期間かつ高値での確実な売却という意味では不利な資産であると言えます。権利関係がシンプルで流通性が高い不動産ほど価値を維持しやすいためです。

　賃貸併用住宅は、まさに文字どおり併用なので、ハイブリッドで便利な反面、逆説的には、自己使用部分と賃貸部分が混在し、自宅としても収益物件としても開発素地としても中途半端になってしまうというのが賃貸併用住宅のデメリットでもあるのです。

　したがって、賃貸併用住宅の建設は、①基本的に将来にわたって売却可能性が低く、②当該自己使用部分に相続人やその家族が住み続ける可能性が高い場合に有効な対策と考えます。

　上記のとおり、純粋に不動産価値を考えた場合、賃貸併用住宅の売却には不利な面があります。

　中途半端な賃貸部分を建設してしまったがために居住性を損なってしまう可能性もあるため、熟慮のうえで判断されることをおすすめします。

　最近では賃借人とのトラブルも多いので、自宅と隣接することがそもそも望ましくない場合もあるため、安易に併用住宅を選択しないでください。

　将来売却可能性の高い土地なのか低い土地なのかを冷静に判断し、売却しないと判断される場合で、賃貸併用住宅の使い勝手や居住性（賃借人とのトラブルや自宅としてのプライベート性）についても十分に考慮して決定してください。

　なお、売却する可能性が無いとしても、この土地が将来的に相続人ごとに分割するのが困難になるという点も考慮する必要があるでしょう。

STEP-5 正しい対策への道しるべ

　自宅の小規模宅地の減額が、要件を満たさずに適用できない場合などには、賃貸併用住宅を建築することで、賃貸部分の土地と建物の相続税評価額が下げられること、賃貸用の小規模宅地の50％減額（200m^{2}まで）を利用できることで、相続税を下げることができます。

　しかし、実態は、賃貸住宅を建てることと何ら変わらないことになります。

　住宅ローンが利用できる場合があり、建築するハードルも低くなるような錯覚に陥りがちですが、建築後の賃貸経営のハードルまで低くなることはありません。

　また、自宅を立て替える場合には気にしないかもしれませんが、賃貸住宅があるということで、立地がキーポイントになります。家賃を取って賃貸する場所として成立するかどうかの判断もしなければなりません。

　さらに、建築にあたっては、少なくとも資金繰りや修繕計画を織り込んだ事業計画をしっかりと立てて、空室リスクや金利上昇リスクなどがあっても事業として成り立つかどうかを見極めてください。不安を残したまま建築することはおすすめしません。

POINT

- 賃貸併用住宅は、賃貸することによる評価減、小規模宅地の減額により大きく相続税を下げることが可能です。
- 住宅ローンの利用で、有利な融資で建築できる場合があります。しかし、借入期間以上に賃貸経営を維持できるか、修繕計画を考えながら計画を立てることがポイントです。
- 賃貸併用住宅だからといって、賃貸経営のハードルが低くなることにはなりません。満室を維持する等、しっかりと経営努力は必要です。

CASE 2-6

相続納税のために駐車場を残しておくべきか？

Q 相談者　大家茂さん　75歳

最近月極駐車場（青空駐車場）の稼働率が落ちてきました。固定資産税は少し高くなってきているし、駐車場収入は落ちてきているのではたまりません。いっそのこと売ってしまった方がいいか、アパートでも建てた方がよいか、とりあえずは駐車場として維持した方がいいか、迷っています。
知り合いからは、売却しやすいように、駐車場経営を続けていた方がいいと言われましたが……。

【家族構成】			【所有財産】		
相続人	配偶者	あり	財産額		1億9,000万円
	長男	50歳		現金	1,000万円
	長女	45歳		自宅（土地）	5,000万円
				青空駐車場	5,000万円
				未利用地	5,000万円
				底　地	3,000万円

A STEP-1　知っておきたい基礎知識

1 相続対策における駐車場の意義

相続税は、相続開始日から10か月以内に納税しなければなりません。その納税は、原則現金で一括払いになります。

延納や物納という制度はあるものの、平成18年度税制改正によって、その要件が厳しくなってしまいました。
　以前のように、不要な土地を物納することも難しくなってしまいました。
　物納では、相続税評価額の金額で納税に充てることになるため、土地であれば時価よりも低い金額になることが多いのです。それであれば、土地を高く売却し、その売却代金で納税した方が得策と考えるのが一般的でしょう。
　土地は更地にした方が高く売却できる傾向にあります。
　アパートなどの賃貸物件が建っていると、土地を購入する人が新たに建物を建てたいと考えている場合には、アパート入居者の立ち退きをしなければならなくなります。
　しかしながら、入居者は、借地借家法によって立場が守られており、家主の都合で、立ち退きができないようになっています。
　立ち退きをするためには、多額の立退料が必要になる場合が一般的です。
　つまり、賃貸物件が建っていると、買主が賃貸物件のまま利用する方に限定されてしまうか、立退料の金額を見込んで売買代金を減額するか、ということになってしまうのです。
　そこで、いつでも更地で売却できるように駐車場にしておくのです。
　駐車場の借主は、借地借家法の適用はありませんので、契約解除によって、立ち退きすることは、賃貸物件よりは難しくありません。
　また、相続後に売却することで、譲渡税が安くなるという点もあります。
　土地などの不動産を売却すると、譲渡所得税・住民税が課税されます。
　売却金額から、購入した金額（建物は減価償却費を控除）と売却時にかかった費用を引いた金額が譲渡益となります。
　譲渡所得＝売却収入－（取得費＋譲渡費用）
　譲渡所得×税率＝譲渡所得税・住民税
　税率は１月１日時点の所有期間によって異なります。
- ５年以下→短期譲渡（所得税30％、住民税９％）
- ５年超→長期譲渡（所得税15％、住民税５％）

取得した金額が、売却金額と同じくらいであれば譲渡税がかからないこともあるのですが、先祖代々から引き継いでいる土地であれば、取得費がわからなかったり、わかったとしても当時の物価のため、非常に安い金額だったりします。
　このような場合には、取得費を売却金額の５％とみなして譲渡所得の計算をします。
　取得費が売却金額の５％とすると、残りのほとんどが譲渡益となるため、多額の税金になる可能性があります。
　このような場合に、相続後に売却すると、税金が安くなる特例があります。
　相続税の取得費加算といい、相続後３年10か月以内に相続で取得した財産を売却した場合には、支払った相続税の一部を取得費に加算することができ、譲渡税が安くなるのです。
　譲渡所得＝売却収入－（取得費＋取得費加算金額＋譲渡費用）
　税金上からも相続後に売却した方が有利になると考え、相続があるときはすぐに売却できるように駐車場として運用にしている方が多いと思われます。

STEP-2　税理士からのアドバイス

1　土地を維持するための固定資産税が高い

　土地の上に、自宅やアパートなど住宅用の建物が建っていると、土地の固定資産税が安くなります。固定資産税の住宅用の特例が適用され、固定資産税の評価が大幅に下がるためです。

図表2-9 固定資産税の住宅用の特例

区分	固定資産税	都市計画税
住宅用地のうち住居1戸につき200m²以下の部分（小規模住宅）	価格×1/6	価格×1/3
住宅用地のうち住居1戸につき200m²を超え、家屋の床面積の10倍までの部分（一般住宅用地）	価格×1/3	価格×2/3

　住宅用の家屋が建っていない駐車場の場合には、この特例の適用はありません。

　年間に支払う固定資産税が高くなります。

　将来的に高く売却できそうな立地がよい場所であれば、なおさら地価も高いため、固定資産税の金額も相当なものになります。

　高い固定資産税を払うためにも、駐車場の稼働率を上げなければなりません。

　ですが、最近は、若者の車離れの影響もあり、駐車場に空きがあることも珍しくありません。

　駐車場が半分以上空いてしまって、駐車場収入だけでは固定資産税が払えず、持ち出しになってしまう方もいらっしゃるようです。

2　相続税評価額が高い

　駐車場の土地の相続税評価額は、アパートなどの土地の評価と比べると高くなります。

　アパートなど土地の上の家屋を賃貸している場合の評価は、貸家建付地となり、借地権割合によりますが、20％程度の減額があります。

　貸家建付地の評価　＝　土地の評価額　×（1－借地権割合×借家権割合）

　駐車場の土地の評価は、自用地として評価します。

　自用地の評価　＝　土地の評価額

　つまり、駐車場には原則として賃貸していることによる減額がありません。

　これは、駐車場が自動車の保管を目的とするもので、土地の利用権そのもの

を与えたものではないと考えるからです。

ただし、借りている人の負担で車庫やアスファルトを設けて、駐車場利用する場合には、賃貸していることによる一定の減額が認められる場合があります。

相手方に土地の占有権を与えることになることを考慮するからです。

売却のしやすさを考えるのであれば、借り手に占有権を与えることはしないと思います。

なお、要件を満たせば、賃貸用の小規模宅地の減額の適用が受けられ、土地のうち200m^{2}まで50％減額が可能になります。

3　売却したときの税金が改正前と比較して高くなる可能性がある

平成26年度税制改正により、平成27年1月1日以後に発生する相続について、相続税の取得費加算が縮小されました。

内容としては、取得費に加算する金額を、その者が相続した**すべての土地**に対応する相続税相当額から、その譲渡した土地の**みに**対応する相続税相当額とするものです。

取得費の加算の対象となる相続税をすべての土地に係る金額から、売却に係る相続税になったということです。

例えば、相続財産3億円（土地A1億円、土地B1.5億円、現金0.5億円）で相続税を9,000万円払った場合で、相続してから1年後に土地Aを売却したとき、
〈改正前〉
9,000万円×（1億円＋1.5億円）／3億円＝7,500万円
となり、7,500万円まで譲渡税がかからずに売却できることになります。

すべての土地が対象となるため、分子が土地A及び土地Bの合計で計算されることになります。

相続財産の構成がほとんど土地であれば、払った相続税のほとんどを、売却金額から差し引けることになっていたのです。

しかし、改正後の計算は、

〈改正後〉

9,000万円×（1億円）／3億円＝3,000万円

となり、3,000万まで譲渡税がかからずに売却することができます。

　売却した土地のみが対象となるため、分子が売却対象の土地Aのみで計算することになります。

　譲渡税の税率を20％とすると、(7,500万円－3,000万円)×20％＝900万円で、改正後では譲渡税が増えるということです。

　そもそも、この特例は、相続財産が土地ばかりの方が相続税を納税するために土地を売却する場合、譲渡税の負担を軽減する趣旨から設けられました。この特例ができたときよりも譲渡税の税率及び土地の地価が下がっていることから、売却に係る財産についてのみで計算する改正が行われたのです。

　なお、土地以外の財産の譲渡の場合は、もともと、譲渡した資産のみが分子になりますので、改正の影響はありません。

　この改正により、一概に相続後に土地を売却した方が有利と言えなくなってしまったのです。

　相続前も相続後でも変わらなければ、保有コストを考えると、駐車場にしておかずに売却して、そのお金を有効活用した方がよい場合も考えられます。

STEP-3　ファイナンシャル・プランナーからのアドバイス

　相続税の納税資金に充てる土地がある場合、売却するまでの期間についても土地の有効活用をした方が、より納税資金を備えることができます。

　売却する前提がありますので、更地に近い青空駐車場経営が現実的です。駐車場の種類はさまざまあるので、立地環境と収益性を考えた駐車場経営が重要となります。

- 時間貸駐車場：都市部に見られる24時間無人タイプ
- 一括貸駐車場：レンタカー会社・運送会社・銀行などの法人向け
- 月極駐車場：賃貸物件の周辺や住宅街に見られる一般的な駐車場

- 一日貸駐車場：車で駅まで通勤する方を対象とした駐車場

　駐車場の経営ノウハウが無い人や駐車場管理が面倒な人、現在、月極駐車場で活用しているが、収益をもっと上げたい人向けに、土地の一括借りシステムをしている不動産会社もあります。

　メリットとしては、駐車場の稼働率に関わらず、一定額の地代が毎月安定的に受け取れます。また、駐車場機器の用意や運営管理、トラブル対応や設備修繕や清掃・草取り等も任せることができるので、忙しさや煩わしさから解放することができます。

　不動産会社のノウハウで、収益性の高い駐車場経営をし、納税資金を備えるのもよいと思います。

STEP-4 不動産鑑定士からのアドバイス

1 青空駐車場経営の特徴と相続対策における意義

　駐車場経営の最大のメリットはそのフレキシビリティだと思います。駐車場は、建物が建っているわけでもありませんし、借家人がいるわけではありません。駐車場利用者がいるだけで、更地に近い状態であるわけです。ですから、一定の収益を上げながら、他の用途への転用可能性や高い換金性を保持することができるわけです。

　駐車場利用中の土地は、売却処分が確実で相続発生時においても分割可能性に富んだ資産と言えます。

　自宅を特定の相続人が相続する場合など、代償分割のための資金が必要な場合には、このような流動性の高い不動産を一部残しておくことが有用です。

　ただ、昨今の駐車場経営は稼働率の低下や賃料不払い等の増加も課題ですので、管理の手間暇が面倒であれば、専門業者への一括貸や運営委託を検討しましょう。

2 権利関係

　駐車場について、純粋に不動産として見た場合、ポイントとなるのは借地借家法の適用を受けるかどうかです。駐車場利用というのは、あくまで一時利用に過ぎず、借地借家法が保護する賃借権の対象ではありません。借地借家法の適用対象外なので、基本的には事前通告により駐車場利用者を立ち退かせることができます。駐車場利用者は、オーナーから立ち退きを迫られた場合、基本的にこれに対抗することはできず、契約に従って退去しなければならないのです。

　つまり、駐車場経営は、物納や売却・将来の他の用途への転用などが簡単で、将来に向かって幅広い選択肢を残したまま一定の収入を得ることができるわけです。

3 駐車場の不動産価値と評価

　不動産としては、上記のとおり、駐車場利用者の権利は弱く、土地利用に制約のない「更地」とほぼ同等の権利形態と言えるので、経済価値は基本的に更地価格と同等となります。

　実際の不動産取引においても、駐車場の土地価格は、更地価格並で取引されていますし、不動産鑑定評価上も更地として評価を行うことになります。実質的に更地であり、賃貸不動産と違って購入検討者の裾野が広いため、第三者への売却は高値で売却しやすいということです。

　取引実務上は、決済・引渡時に駐車場利用者の完全退去がなされていれば、まったく更地と遜色のない売却物件として取り扱われます。

　なお、土地利用の自由度が確保された駐車場は相続税の財産評価においても更地並の評価となります。

4 駐車場管理と立退きの実態

　駐車場の管理も、実は楽ではありません。車両放置や利用料滞納など、高く

ない収益性の割に管理は楽ではなく、トラブルも発生します。

　駐車場利用者への立退き要請は、法的には借地借家法適用外であるため、駐車場契約に基づき一定の解約予告により駐車場利用者を退去させることができます。

　ただ、現実の駐車場経営においてはトラブルもなく、滞納者や悪質な利用者を立ち退かせたり売却のために他の駐車場へ移転させたりするのは、大変なのが管理上の実態です。稼働率低下、駐車場利用料集金、滞納時督促、車両放置廃棄、清掃・安全管理、無断駐車の対応などの日常の管理も楽ではありません。

STEP-5　正しい対策への道しるべ

　将来に向けて、換金しやすい不動産を継続保有することは、納税対策上は有効であり、安心感があります。

　一方で、駐車場の場合、財産評価としては更地並評価となり、財産評価も高く保有コスト（固定資産税都市計画税）も相対的に高いのが駐車場経営です。最近ではクルマ離れ等により空きが多くなる傾向もあり、公租公課負担力も低下傾向にあると言っていいでしょう。

　車両の放置などトラブルが発生する場合もあり、収益性も低く節税にもなりにくいのが駐車場経営と言えると思います。

　ただし、他人の権利の付着がなく物理的制約も無い将来の選択肢に富んだ駐車場経営のメリットも十分に考慮してください。立地条件が標準以下の土地の場合には、安易なアパート建築より確実な資産が残るケースも多いので、客観的なマーケティングを踏まえた合理的な説明が可能な不動産業者や専門家に相談したうえで、戦略的に不動産の保有を決定してください。

　また、相続人が多く代償分割資金が必要な場合にも、駐車場のような処分性の高い資産を保有していることが円滑な遺産分割に直結する場合もあるので、円満な相続のための対策として、あえて駐車場として継続経営するという選択も、総合的に合理性があるケースもあります。

このまま駐車場経営するのがいいのか、有効利用するのがいいのか、今売却した方がいいのか判断のポイントは、
① 納税資金は確保できそうか
② 代償分割資金はあるか
③ 駐車場の立地（駐車場経営としての立地、売却物件としての立地）
④ 駐車場管理・清掃・安全管理の難易の程度
⑤ 更地や駐車場はまだ多数残っているかどうか
⑥ 取得費加算の改正による影響検証

になります。

POINT

- 駐車場は、換金化しやすい利用形態です。駐車場は相続税の財産評価は更地評価となることが多く、相続税の評価は高くなります。駐車場にしておけば、一定の収益性を維持しながら、売却しやすい資産として残しておくことにより納税資金に備えることができます。
- 最近では、クルマ離れやレンタカー・カーシェアリングの普及によって、駐車場稼働率が低下傾向のエリアがあることに留意が必要です。維持管理の手間暇を考慮すると、駐車場運営事業者への一括貸や運営委託もメリットがあります。
- 駐車場経営には、メリットもデメリットもあります。その土地の立地特性や遺産全体の資産構成・家族構成によっても判断が分かれるので、十分な検討を行って戦略的に駐車場経営の是非を決すべきでしょう。

CASE 2-7

資産の組み換えはした方がよい?

Q 相談者　大家茂さん　55歳

相続対策のために資産の組み換えを提案されました。

① 多額の現金や金融資産があり、このままでは相続税が相当課税されると言われています。
② これまで先代が土地活用が嫌いだったこともあり、保有している不動産の多くはいまだに更地が多いです。
③ 地方都市で最近は人口減少が目立つようになってきました。先祖代々の土地とはいえ、このまま多額の不動産資産をこの場所で頑固に守り続けることが本当に我が一族にとっていいことなのでしょうか?

【家族構成】	【所有財産】
被相続人　父　80歳 相続人　　配偶者　あり 　　　　　長男（大家茂）55歳 　　　　　次男　50歳 　　　　　長女　45歳	財産額　　　6億円 　現金　　　　1億円 　自宅（土地）2億円 　青空駐車場　5,000万円 　未利用地　　2億円 　底　地　　　5,000万円

A ### STEP-1 知っておきたい基礎知識

　資産の組み換えとは、金融資産から不動産等への組み換え、不動産等から金融資産等への組み換え、不動産から他の不動産への組み換え等々、既存の資産

を売却し他の資産に買い換えることです。

買い換えると、
- 「財産評価額」を低くする
- 特例を活用する

というメリットがあります。

買い換える不動産によりますが、小規模宅地の減額を有利に使うことができます。

賃貸用の小規模宅地の減額は200m^{2}まで50％減額することができます。

金額ではなく、面積で制限されているため、地価が高い土地であればあるほど、減額が大きくなります。

そこで、郊外にある地価が安い土地を売却して、都心の地価が高い土地に買い換えることによって、小規模宅地の減額をより多く適用し、相続税を引き下げることができます。

例えば、600m^2 3億円のA土地（マンションの敷地）を、300m^2 3億円のB土地（マンションの敷地）に買い換えた場合の小規模宅地の減額は、
- A土地の小規模宅地の減額金額

 3億円×200m^2／600m^2×50％＝5,000万円
- B土地の小規模宅地の減額金額

 3億円×200m^2／300m^2×50％＝1億円

よって、5,000万円減額金額が異なることになります。

ただし、資産を組み換えるときに問題となってくるのが、譲渡税です。

CASE 2-6の解説にあるように、先祖代々の土地である場合には、譲渡税が多額になる可能性があります。

そうなると、そもそも3億円で売却しても、譲渡税が6,000万円近い金額となるため、新たに3億円の土地を購入することも難しくなり、資産を目減りさせてしまうことになりかねません。

そこでよく使われる特例が、買換え特例です。

これは、買換えで取得した物件価額により、最大80％利益を圧縮（課税の繰

り延べ）する特例です。

例えば、3億円が譲渡利益だとすると、長期譲渡20％をかけると6,000万円の譲渡税になります。この買換え特例を使うと、3億円の利益が最大80％圧縮されることにより、6,000万円が譲渡利益と計算されます。20％の税率をかけると1,200万円となり、もともと6,000万円だった譲渡税が1,200万円ですむことになります。

この場合、新たに購入した物件の取得価額が本来支払った3億円ではなく、売却した物件の取得費を引き継いで所得税の計算を行うことになります。買い換えた物件を将来売却した際に多額の税金が発生する可能性があることから、課税を繰り延べていることになります。

STEP-2 税理士からのアドバイス

1 事業用資産の買換え特例

賃貸物件の買換えにおいて、よく利用されるのが、10年超所有の事業用の買換え特例になります。

この特例は、1月1日時点で10年超所有していた不動産を買い換えた場合に適用できる特例です。

しかし、平成24年度税制改正によって、要件が厳しくなり、使い勝手の悪いものになってしまいました。

買換え資産の土地については、「事務所等の敷地の用に供されるもので、面積が300m^{2}以上のもの」に限定されることになりました。

以前は、都心の分譲マンションを買い換える場合にこの特例が利用されていましたが、分譲マンションでは、1戸あたりの土地の面積が300m^{2}あるものはほぼ考えられないため、買換え特例が利用できる機会が大幅に減ってしまいました。

さらに、改正前からあった要件として、買換え資産の土地は、譲渡した土地

の面積の5倍以内という要件があります。

つまり、買換え資産の面積は、下記の算式にあてはまらないといけないことになります。

300m² ≦ 買換資産の土地面積 ≦ 譲渡資産の土地面積 × 5

譲渡資産の土地面積が60m²以上のものでないと、そもそもの要件にあてはまらないということになります。

STEP-3 不動産コンサルタントからのアドバイス

1 好立地物件へ

所有地が、バス便であったり、嫌悪施設付近であるなど、立地的に利用するのに難がある場合は、買換えもひとつの選択肢です。

重要なのは、立地を検討することです。具体的には、①人口が増えているのか、減っているのか、②最寄り駅からの人の流れはあるのかないのか、③社会インフラ（商店、医院、学校等）が整っているのか、などです。

そのほか、そのエリアの「世帯数」と「一世帯当たりの人数」、「平均所得」、「ひとり世帯」が多いのか、「DINKS」など若年世帯が多いのか、などです。

賃料設定にあたっては、「平均所得」を絶対に考慮すべきです。ここを怠ると、収支は間違いなく狂ってしまいます。

これらのデータをしっかり分析し、そのうえで物件を選定していくことが大切です。

2 買換えに伴う諸費用の問題

また、不動産を売買するにあたり、不動産業者さんへ支払う仲介手数料が発生します。この手数料は、不動産を売却するときも、購入するときも同じように発生します。不動産会社から請求される仲介手数料の金額は、売買金額によって上限額が設定されています。

購入した不動産の権利登記をする際にも登録免許税が発生します。

売却により、利益が出る場合は、税金がかかりますし、購入した場合にも不動産取得税がかかってきます。

このように、不動産の買換えに伴って手数料や税金が発生します。この手数料や税金も考慮して、不動産の買換えを検討することが重要です。

STEP-4　不動産鑑定士からのアドバイス

1 資産組換えのパターンと不動産購入の是非

相続対策上、資産組換えが特に有効な場合は、主に以下のとおりです。
① 財産評価額が高いものから、低いものへの組換え（節税）
② 分割しやすい財産への組換え（遺産分け）

それぞれについて考えてみましょう。

① 財産評価額が高いものから、低いものへの組換え

時価に対して財産評価額が高いものから、財産評価額が時価より低いものへの組換えは、一般的に有効です。典型的なものは、現金から不動産への振替えでしょう。

例えば土地であれば、時価１億円の土地は相続税における財産評価では概ね80％の8,000万円となるので、単純に考えて、2,000万円×税率＝節税相当額のメリットがあります。

② 分割しやすい財産への組換え

相続人への平等な遺産分けを想定し、分割しやすい財産への組換えを行っておくことは、節税の観点とは別に、争族回避の意味でも相続対策になります。

この点、金融資産は分割可能性に優れます。買換えにより、区分所有のマンションと複数保有することも有効でしょう。

金融資産から不動産への資産組換えに関して、注意が必要なのは、その資産としての流動性や分割可能性です。

2 有効な不動産の買換えパターンと物件の選び方

　不動産から不動産への組換えについても場合によっては有効です。

　特に借地権や更地については、不動産の中でも財産評価額が相対的に高い水準になりがちですので、財産評価額を抑えるために、賃貸物件やタワーマンションなどへの買換えも有効な選択肢になるかもしれません。

　節税の要諦としては、時価に対していかに割安な財産評価額の不動産に組み替えるか、ということです。

　一方で、注意が必要なのは、買換え不動産の見かけ上の利回りのみによる投資判断や安易な借金、資産組換え時におけるコスト、再換金時のコストです。特に賃貸不動産については表面的な利回りだけで判断せず、収益の長期安定性や元本価格の下落リスクを十分に吟味したうえで判断することが必要です。

　基本的に、高利回りの不動産は、収益変動リスクと時価の低下リスクが内在しています。

　借金して不動産を取得することで保有資産全体の相続税上の財産評価額を減らす効果は一定のケースでありますが、買換え不動産の選定には十分な検討と調査を行ってください。長期的に安定した収益性がないと返済が滞る可能性がありますし、相続人に思わぬ負担をかけてしまうことになります。

　また、以下のようなポイントも検討してみてください。

- 地価変動率が上昇または横ばいエリアへの資産移転
- 不動産需要が底堅い都心部への資産移転
- 地震等の災害リスクを踏まえた資産分散の為の資産買い換え

　資産の組換えとは、既存の保有資産の売却と、新規資産の購入に他なりません。売却すれば多額の譲渡所得税支払が必要になる可能性もありますし、不動産の購入には不動産取得税や登録免許税、登記費用、仲介手数料などが必要になりますので、組換えに伴う諸コストも考慮のうえで決定してください。

STEP-5 ファイナンシャル・プランナーからのアドバイス

1 流動性・収益性・安全性を考えた資産の組換え

　資産の組換えの代表例としては、現金よりも不動産、現金よりも生命保険というのが一般的に思い浮かぶでしょう。

　これらは、相続財産の評価額を引き下げ、相続税を下げる効果があります。

　しかし、すべての資産を不動産や生命保険にした場合、流動性・収益性・安全性の面では資産全体のバランスが崩れ、相続対策の全体像を検証したときに、対策の効果が低くなる部分も出てきます。

　そのため、不動産や生命保険での対策ばかりに偏るのではなく、資産全体の数％は別の資産に組み替えたり、現状のまま持ち続けるという選択肢を持つとよいと思います。

　生前の相続税対策や争族対策を突き詰めていく場合、一番効果が高いもので対策固めをするため、全体のバランスが悪くなり、そのことに気づかない状況に陥りやすくなります。それは、相続対策を実施する家族だけでなく、アドバイスをする専門家もです。

　原因としては、論点のズレや対策の複雑化、損得勘定やアドバイス期間の長期化などがあげられます。

　世の中には、隠と陽、負と正、静と動などがあるように、相互のバランスを取ることが大切です。対策を実施する前には、効果検証を再度行うことが大切です。

2 "生きがい"や楽しみを考えた相続対策

　被相続人のこれからの"生きがい"を考えると、また違った資産の組換えが考えられると思います。

　例えば、被相続人が日本の経済や企業の将来性に興味がある方だとしましょう。

現役時代には、会社の管理職や経営層にいた方には多いかもしれません。
　このような方は、配当金や株主優待を目的に、興味のある上場会社の株式に現金を組み替えてもよいと思います。
　株主総会に出席して企業の業績やビジョンを聞き、その企業の将来性について考えたり、そのことを家族に話したりするのも楽しいでしょうし、株主優待でその企業のサービスを受けるのも生きがいの一つになると思います。
　上場株式は、換金しやすく流動性が高い金融商品です。
　相続財産の評価としては、その株式が上場されている金融商品取引所が公表する課税時期（相続の場合は被相続人の死亡の日、贈与の場合は贈与により財産を取得した日）の最終価格によって評価します。
　ただし、課税時期の最終価格か次の三つの価額のうち最も低い価額を超える場合は、その最も低い価額により評価します。
　①　課税時期の月の毎日の最終価格の平均額
　②　課税時期の月の前月の毎日の最終価格の平均額
　③　課税時期の月の前々月の毎日の最終価格の平均額
　なお、課税時期に最終価格がない場合やその株式に権利落などがある場合には、一定の修正をすることになっているのが原則です。
　もう一つの例として、被相続人が車好きな方だとしましょう。
　このような方には、高級装備が備わり安全性が高く、乗り心地がよい快適な高級車を購入するのもよいと思います。
　自分で運転するのも良し、家族の運転手付きで出かけるのも良し、ガレージの中で綺麗に保管して、いつも掃除するのも良しです。
　家族のためだけに資産の組換えをするのではなく、自分の生きがいや楽しみになる資産の組換えも選択肢に入れてよいと思います。
　自動車などの一般動産の相続財産評価は、適正な市場価格がありますので、取引事例を財産価格として評価することができます。
　自動車の価格は、新車価格、中古車販売価格、中古車取引価格、中古車買取価格、ディーラー査定基準価格、時価額などさまざまあります。中古車買取セ

ンターに自動車を持ち込むと、適正な市場価格で査定され、査定表をもらうこともできますので、申告時にその査定表を添付することができます。自動車は、購入時の価格よりも査定評価額が低くなりますので、現金で持っているよりは相続財産を引き下げることができます。

不動産や生命保険以外に、現金を上場株式や自動車へ組み替えるのも対策の一つです。

被相続人の"生きがい"や楽しみを考えた生存対策も重要です。

STEP-6 正しい対策への道しるべ

資産の組換えにより、効果的に相続税を減らせる場合があります。

ただし、不動産から他の不動産への買換えについては注意が必要です。不動産の売却には多額の譲渡所得税が課税される場合があるからです。

買換えに際して譲渡所得税を繰り延べる特例がありますが、改正により従前より使いにくくなってしまいました。

これらを総合的にクリアできても、買換え後の不動産が分割しにくい物件や借入返済や管理面においてお荷物になってしまうことで、相続人間でもめる要因になってしまう場合もあります。

また、納税資金確保や遺産分けの観点から、あえて財産評価の高い金融資産を持ち続けることも選択肢の一つです。

相続対策はあくまでトータルで考えましょう。

さらに、相談者様の残された人生の充実も兼ねた相続対策というのも、考えてみてはいかがでしょうか？

例えば、自宅の建替え、自動車の購入などです。これなら、生活のグレードを上げ、楽しみながら相続対策もできてしまうということが可能です。

ドライな視点での相続対策も確かに経済合理的ではありますが、自分自身の人生も考慮した相続対策というのも、相続人たちからみても一定の説得力を有すると思います。

POINT

- 不動産への資産組換えだけがすべてではありません。保険商品への組換えも検討してみましょう。例えば、生命保険の非課税枠活用などで現金を組み換える有効性の検討などです。

- 不動産⇒不動産の資産組換えには慎重に。不動産の売却・購入には諸経費がかかります。売却には譲渡所得税が課されることがあり、特に古くから所有している土地の売却においては、多額の譲渡所得税が発生する場合があります。買換え特例の適否、仲介手数料や登記費用などの必要諸経費に注意しましょう。
  また、買換え後の資産の選定については、財産評価が低いこと以外に、そもそも不動産価値を維持できる物件かどうか、十分に吟味することが大切です。

- 経済合理性のみに縛られた資産組換えだけがすべてではありません。自宅建替えや車両購入により、財産評価額を低減しながら生活を楽しむ心のゆとりも必要です。

CASE 2-8

物納するから心配ない？

Q 相談者　大家茂さん　48歳

アパートもあるが底地も多数あります。
相続税の納税資金は多くないので心配していたところ、知人から「いざとなったら物納して相続税を払うことができるのだから心配いらないだろう」と言われました。
本当に心配しなくてもいいのでしょうか？

【家族構成】	【所有財産】
被相続人　父　69歳 相続人　　母　故人 　　　　　長男（大家茂）　48歳 　　　　　長女　44歳	財産額　3億1,000万円 　現金　　　　　　　　　1,000万円 　自宅（土地）　　　　　　1億円 　自宅（建物）　　　　ほぼ0万円 　アパート（土地建物）7,000円 　更地　　　　　　　　　3,000万 　底地　　　　　　　　　　1億円

A **STEP-1** 知っておきたい基礎知識

大家さんの財産のほとんどは、土地や建物の不動産です。

特に都心部に不動産を所有していると、地価がかなり高くなってしまい、相続税が高額になる可能性があります。

多くの不動産を所有していれば、固定資産税・都市計画税も高額となり、不

動産収入に対する所得税も支払いが必要です。イメージよりも案外、現金の保有割合が少ないのがこういった大家さんたちの特徴です。税金を払いながら不動産資産を守り抜くのは、並大抵ではないのです。

高額の相続税は、具体的にいつまでに支払うのでしょうか。

相続税の納期限は、相続開始から10か月以内です。この期限までに現金で一括納付することが原則になります。

大家さん地主さんは、持っている資産に価値があるという理由で、相続税を払う現金を用意しなければならなくなるのです。

ですから、相続税において、納税資金を確保できるか、確保できなければ、どのように納税するかという納税対策は非常に重要になってきます。

現金で納税資金を用意できない人には、延納や物納という制度があります。

延納とは、税金を分割払い（年賦）で支払うことができる制度です。

物納とは、税金を現金ではく、不動産などの物で納めることができる制度です。

例えば、不動産を売却し、売却代金を納税資金に充てるとすると、希望どおりの金額で売却できるかわかりませんし、仲介手数料などの諸費用や譲渡に係る税金がかかる場合があり、手元に残るお金が思ったよりも少なくなる可能性があります。

物納であれば、原則として相続税の課税価格計算の基礎となった財産の価額（相続税評価額）をもって納付金額に充当されるため、相続後に値下がりがあっても、相続税評価額での金額が対象になります。（土地の地目が変更になったなどの財産の状況に著しい変化を生じた場合には、収納時における物納財産の価額となる場合があります。）

また、物納であれば譲渡所得税がかかりません。

STEP-2 税理士からのアドバイス

1 物納の条件が厳しくなっている

平成18年度税制改正によって、物納の要件が厳しくなりました。

物納の手続きや物納に充てられない財産が明確になり、要件を満たさないものは、物納の許可が下りないことになっています。

平成18年と比べると許可数は激減しています。

図表2-10　物納処理状況

	平成18年	平成25年
物納許可件数	1,282件	132件

物納をしたくても、まず、現金があれば現金で納付し、現金がなくても延納できる場合には、延納制度を利用することになります。

延納によっても納税できない場合に、初めて物納ができます。

物納に充てることのできる財産は、納税者が自由に選択できるわけではなく、優先順位が決まっています。

第1順位　国債、地方債、不動産、船舶
第2順位　社債、株式、証券投資信託など
第3順位　動産

例えば、株式を物納したくても、他に不動産があるのであれば、不動産を物納に充てなければならなくなります。

2 物納不適格財産とは

さらに、下記の物納不適格財産に該当すると、先の順位の財産でも物納ができません。

- 抵当権などの担保権が設定されている不動産

- 権利の帰属について争いがある不動産
- 境界が明らかでない土地
- 隣接する不動産の所有者との争訟によらなければ通常の使用ができないと見込まれる不動産
- 無道路地
- 借地権の目的となっている土地で、その借地権を有する者が不明の場合
- 共有不動産（全員の同意がある場合を除きます。）
- 耐用年数を経過している建物（通常の使用ができるものを除きます。）
- 敷金の返還に係る債務その他の債務を国が負担することとなる不動産
- その管理又は処分を行うために要する費用の額がその収納価額と比較して過大となると見込まれる不動産
- 公の秩序又は善良の風俗を害するおそれのある目的に使用されている不動産その他社会通念上適切でないと認められる目的に使用されている不動産
- 引渡しに際して通常必要とされる行為がされていない不動産
- 暴力団員等が賃借している不動産

アパートなどの賃貸物件の場合、敷金を預かっていることが多いですが、その場合には物納不適格財産に該当し、物納ができないことになります。

3 小規模宅地の減額後の価格になる

物納により税金に充てられる金額は、原則として相続税の課税価格計算の基礎となったその財産の価額になります。

物納対象となる土地が、小規模宅地の減額の適用を受けた場合には、減額適用後の金額になってしまいます。

そうなると、売却して現金化した方が有利になることになります。

土地を物納する場合には、あらかじめ、どの土地を対象にするのかを決め、その土地以外の土地を小規模宅地の減額の適用を受けるようにしなければなりません。

STEP-3 不動産鑑定士からのアドバイス

1 物納の有効性とその要件

　資産の大半が不動産だという相談者様の場合、単純に売却して納税資金を確保するよりも物納した方が有利な場合があります。
　例えば、以下のような場合には、特に有効性があります。
　① 　底地（一般的に財産評価が時価に対して割高であり、有効）
　② 　譲渡所得税が多額となる資産の物納（古くから所有している土地の売却など）
　ただし、物納には要件があります（134・135頁をご参照ください。）。
　要件の一部は隣接する他人地の意向次第という不確実性も含み、相続が発生してから対応しても間に合わないケースがありますので、早めに適用要件を確認し、条件を満たすように物件管理することが重要になってきます。

2 物件管理上のありがちな問題点

　大地主にありがちな資産管理上の一つの典型的な問題が、不動産管理です。大地主ほど、これまで売却を前提とせずに土地を継続保有してきていますので、納税時に、問題が多数表出してくることがあります。
　よくある問題点として、以下のものがあげられます。
- 境界確認が未了（隣接民地境界、道路境界）
- 所有地内に建築基準法上の道路が入り込んでいるが、どこからどこまでが道路なのか、正確な境界線が不明
- 借地契約が無い
- 一筆の土地に複数の借地人が存在
- 借地人の引込配管が隣接宅地の一部を通過している
- 建物の検査済証が保管されていない

他にもいろいろと問題が出てくる場合があります。

確かに継続保有しているだけであれば、問題にならない場合も多いのでこれまで放置されてしまったのでしょうが、相続発生時に物納をうまく活用するためにも、不動産のきちんとした管理を普段から行っておきましょう。

不動産管理会社へ委託しているから大丈夫、という方もいらっしゃいますが、境界確認書や契約書の不備、不動産管理会社の経験不足によって、いざという時にさまざまな問題点が噴出するケースも多いのです。

不動産会社任せにせず、自分自身でチェックすると同時に、専門家にセカンドオピニオンを依頼するのも有効でしょう。

また、物納せずとも土地の維持が困難になったり、不測の資金確保のために不動産を売却しなければならない地主さんも最近増えています。このような売却の場面で、これまで先送りしていた管理上の問題点が一気に顕在化してしまうこともあります。

例えば、地代滞納のある底地や、土地賃貸借条件が不明瞭な底地等は売却が困難です。境界確定未了の土地も物納はできません。

すなわち、第三者に売却するにしても、物納するにしても、最低限、普段からやっておかなければならない管理があるのです。

物納要件を満たしているかどうかの確認や、契約書の整備（契約書が無い借地人との契約書締結・整理・保管）、境界確認作業については、できるだけ早期に行ってください。

3 油断大敵。相手あっての不動産管理

「まだ先のことだから、その時でいいだろう」というお客様を多くみかけますが、いつか必ず必要になることです。相続の時になって期限に追われては相手方との交渉上不利に働くこともありますし、期限までに完了しないことで不利益を被るのは相談者様です。

例えば、このようなことです。

一筆の大きな土地に複数の借地権や駐車場や収益物件などが建っており、各土地と土地が分筆されておらず、その一部を物納あるいは単純売却する場合に

は、隣接する第三者との境界確認を行ったうえで、ご所有地内の分筆手続きが必要になります。

　注意が必要なのは、この測量・境界確定作業は、相手あってのものだということです。この例で言えば、隣接地の土地所有者と被相続人との間で近隣トラブルがあった場合や、隣接地側の土地で相続が発生し相続登記が未了である場合もあります。また、道路（官有地）との境界確定には数か月以上の期間が必要です。このような場合には、境界確定作業だけでもスケジュールが不透明になります。

　相続税の申告や納付には期限があります。一方で、境界確定作業は第三者との隣接境界や道路との境界などの確定が必要になりますので、相手側の承諾がなければ確定そのものができません。確定ができなければ測量そのものが仮のものになってしまい、分筆登記や実測面積の確定もできません。この場合、物納ができません（一般に、特に事業用の土地では不動産業者を含む第三者への売却も困難）ので、測量作業はできるだけ早めに着手することをおすすめします。

STEP-4 ファイナンシャル・プランナーからのアドバイス

　相続税の納税を相続財産で納税（物納）をする場合、物納要件を満たす必要があります。

　例えば、質権が設定されていたり、担保提供をしている不動産などは、管理処分不適格財産として、物納要件に当てはまりません。

　そして、物納要件に当てはまっていても、金銭で相続税を一括納付することが困難であり、延納でも納付できない金額部分を上限に物納ができるというものです。

　そのため、現預金や現金を持っている場合は、それらの財産が優先的に納税財源になります。

　そこで、現預金をなるべく残して、物納を優先させる方法はないのか考えると、生命保険に組み替える対策を打つことができます。

ただし、保険の契約方法に注意が必要です。

通常、相続対策で多い生命保険の契約形態は、契約者と被保険者が親、受取人が配偶者や子というケースです。

この契約形態の場合、親が死亡時に死亡保険金が配偶者や子に入ります。

そのため、現預金で持っているのと同様に金銭として扱いますので、物納財産よりも優先に納付する必要があります。

こうならないための契約方法としては、契約者と受取人が親、被保険者を子にする生命保険に契約し、親が死亡しても保険金の支払事由に該当しないようにすれば、保険金が入ることはなく、物納財産を優先にすることができます。

ただし、この契約形態の場合、相続発生後に契約者を被保険者である子に名義変更する必要があり、相続財産にも含まれます。

相続財産としては、「生命保険契約の権利」という財産となり、相続発生時の解約返戻金相当額が相続財産に含まれることになります。

この対策方法は、相続財産評価額を引き下げる効果はさほどありません。

一時払終身保険などは、契約後5年間ほどは一時払保険料よりも解約返戻金が低いケースがありますが、その後は解約返戻金が増える仕組みになっています。

あくまでも、納税財源が不足している状況で、相続財産のうちで今後の収益性が見込めない不動産などで、物納要件を満たしている場合に活用できる方法でしょう。

STEP-5 正しい対策への道しるべ

物納により相続税を納税することができる場合があります。

譲渡所得税も不要ですし、底地のように物納する価格の方が有利な場合もありますので、検討をおすすめします。ただし、物納要件を満たすように、日頃から物件管理をしっかりと行っておく必要があります。

小規模宅地の特例を受けた土地については、物納が不利になりますので、注

意してください。

　なお、昨今の不動産取引実務上は、境界確定（隣接地所有者の承諾印取得）や、契約書等の管理などに関して、金融機関を始めとして厳格な運用がなされるようになりましたので、こういった物件管理は、仮に第三者に売却する場合にも原則必ず求められることだと認識いただき、早期に完了することをおすすめします。相続発生前から取り組んでみてください。

POINT

- 物納が有利な場合もあるので、身近な専門家に相談してみましょう。
- 物納要件等を理解して、資産管理は日常からしっかりやっておきましょう。土地賃貸借契約書の整備、借地人の相続への対応、測量・境界確定作業等、境界確定については相手あっての話であり、早めに着手しておくことが重要です。隣接地ともめると確定できない場合もあります。また、隣接地が相続登記未了であると、長期間難航する場合もあります。
- 物納適格要件を満たしていた場合においても、物納した方が有利か、第三者へ売却して納税した方が有利か、個別に判断が必要です。

第3章

贈与による相続対策の常識 ウソ？ホント？

CASE 3-1

現金贈与は相続税対策として有効？

Q 相談者　大家茂さん　58歳

先日、85歳になる父の相続税の対策で、ある税理士さんに相談しました。
その税理士さんから、「現金が多いので、生前贈与するのがよいのではないか」とアドバイスしてもらいました。
1年に110万円までなら贈与税がかからないと聞いたので、私に年間110万円ずつ贈与してもらおうと思っています。
何か問題ありますか？

【家族構成】			
被相続人	父　85歳		
相続人	長男（大家茂）	58歳	
	長女　55歳		

【所有財産】	
財産額	2億2,000万円
現金	8,000万円
自宅（土地）	1億2,000万円
自宅（建物）	2,000万円

A　**STEP-1　知っておきたい基礎知識**

相続税の増税が決定された頃から、生前贈与が注目されています。
生前贈与によって、相続税が課税される相続財産を減らすことができます。
さらに、現金を相続人に贈与することで、相続人に現金が貯まり、相続税の納税対策として利用できるメリットがあります。
このように贈与は相続税回避のための手段に利用できることから、相続税の

補完をするために、贈与税が課税されることになっています。

平成27年1月1日以後から贈与税の仕組みが変わりました。

贈与税は贈与を受けた人(受贈者)に課税されます。

相続時精算課税制度を選択していない一般の贈与の場合、1年(1月1日から12月31日まで)ごとに贈与税の計算をしますが、基礎控除が年間110万円あるため、1年間で贈与を受けた金額の合計が110万円を超える場合に贈与税がかかることになります。

| 課税価格 | = | 1年間に贈与を受けた価額の合計額 | − | 基礎控除(110万円) |

| 贈与税 | = | 課税価格 | × | 税率 | − | 控除額 |

図表3-1 贈与税の速算表

基礎控除後の課税価格	平成26年12月31日以前の贈与		平成27年1月1日以後の贈与			
			特例贈与財産		一般贈与財産	
課税価格	税率	控除額	税率	控除額	税率	控除額
200万円以下	10%	−	10%	−	10%	−
200万円超 300万円以下	15%	10万円	15%	10万円	15%	10万円
300万円超 400万円以下	20%	25万円			20%	25万円
400万円超 600万円以下	30%	65万円	20%	30万円	30%	65万円
600万円超 1,000万円以下	40%	125万円	30%	90万円	40%	125万円
1,000万円超 1,500万円以下	50%	225万円	40%	190万円	45%	175万円
1,500万円超 3,000万円以下			45%	265万円	50%	250万円
3,000万円超 4,500万円以下			50%	415万円	55%	400万円
4,500万円超			55%	640万円		

特例贈与財産とは、贈与を受けた年の1月1日において20歳以上の者が直系尊属から贈与により取得した財産を言います。

一般贈与財産とは、特例贈与財産以外の財産を言います。

特例贈与財産と一般贈与財産がある場合、基礎控除は、合計額から110万円

を控除することになります。

（例）Aさん（30歳）がAさんの父から400万円、Aさんの妻の父（義父）から100万円贈与を受けた場合

（400万円＋100万円）－110万円＝390万円

（1）一般贈与財産に係る贈与税

（390万円×20％－25万円）×（100万円／500万円）＝10万6,000円

（2）特例贈与財産に係る贈与税

（390万円×15％－10万円）×（400万円／500万円）＝38万8,000円

（3）（1）＋（2）＝49万4,000円（税額）

年間110万円以内の贈与については、贈与税がかかりませんので、贈与税も相続税もかからないようにするための対策として、110万円以下の贈与をすることは有効になります。

STEP-2 税理士からのアドバイス

1 相続前3年以内の贈与は相続税が課税される

生前贈与により、Aさんの財産が減ることになります。結果的に財産が減った分、課税される相続税が減ることになります。

しかし、生前贈与をしたとしても、相続開始前3年以内の贈与は、相続税の課税対象になるのです。これを生前贈与加算といいます。

つまり、亡くなる直前に贈与をしても、相続税として課税されるため、節税としては意味がないことになります。

なお、この場合に払った贈与税があるときは、相続税から控除することになります。

この生前贈与加算の対象者は、相続や遺贈により財産をもらった方が3年以内に贈与を受けた場合になります。

相続人や受遺者でない方が生前贈与を受けたものは、加算の対象にはなりま

せん。例えば、相続人でないお孫さんやお子さんの配偶者さんは、対象になりません。

2 贈与税を払った方が得になる？

贈与税が課税されないように110万円以内の贈与をする方が多いのではないでしょうか？　しかし、あえて贈与税を払った方が得になる場合があります。

贈与税は日本で一番高い税金と言われますが、金額に応じて税率が異なり、贈与する金額に応じて税率が段階的に高くなります。

例えば、200万円の贈与をした場合には、いくら贈与税が課税されるかというと、以下のとおりです。

200万円－110万円＝90万円

90万円×10%（課税金額200万円以下の税率）＝9万円

納税額は9万円になりますが、もし、贈与しなかったらどうなるでしょうか？　将来、相続税で20%、30%の課税をされてしまう可能性があります。

相続税が高い税率で課税されるのであれば、より低い税率の贈与をすることで、贈与税・相続税のトータルの税金が抑えられるのです。

相続対策を考えるのであれば、贈与税は払わない方がよいという固定概念はなくした方がよいのです。

3 連年贈与に注意！

連年贈与とは、例えば年間100万円の贈与を10年間にわたって贈与していた場合に、もともと1,000万円の贈与を10年間に分割して渡したのではないかとみなされ、100万円に複利年金現価率をかけた金額に対して課税されることになります。

これでは多額の贈与税が課税されてしまうことになってしまいます。

そこで、この連年贈与にならないように、毎年の金額や贈与時期をバラバラにしたり、あえて年間111万円の贈与をして1,000円の納税をして、連続した贈与とみなされない工夫をされている方がいます。

しかし、これらをしたからといって、連年贈与が回避できるとは限りません。回避するために一番よい方法は、贈与契約書を作成することです。

なぜ連年贈与と税務署から疑われてしまうかというと、契約書がないからです。

契約書がないから、連続した贈与という事実をもって、連年贈与と指摘されるのです。

ですから、贈与する都度、贈与契約書を作成し、一つひとつ贈与が完結していることを証拠として残してあげることで、税務署から指摘されなくなります。

毎年毎年、契約書を作成するのは面倒ですが、払わなくてよい贈与税を払うことにならないためにも、しっかりと契約書を残すようにしましょう。

STEP-3 弁護士からのアドバイス

まず、法的な話ではありませんが、生前贈与をする場合には、一般的に、贈与を受ける相続人と贈与を受けていない相続人の間で不公平感が募り、感情的にもめる原因になりがちです。生前贈与をする場合には、この点をよく頭に入れておく必要があります。

次に、法的な話に移りますが、生前贈与をする場合には、「特別受益」にご注意ください。

遺言書を作成しない法定相続の場合には、民法上、相続人の法定相続分が決まっています（民法900条）。例えば、父親が亡くなり、法定相続人が妻、長男、長女の3人である場合、それぞれの法定相続分は、妻2分の1、長男4分の1、長女4分の1となります。法定相続分について、詳しくは、CASE5-1をご参照ください。

しかし、この法定相続分は、特別受益と寄与分があると修正されます。この修正された後の相続分のことを具体的相続分といいます。遺産分割は、この具体的相続分をもとに分割方法を決めるので、特別受益や寄与分があるのかどうかで争いになることがあります。

このうち、特別受益とは、共同相続人の中に、被相続人から、「遺贈を受け、又は婚姻若しくは養子縁組のため若しくは生計の資本として贈与を受けた者」があるときに、他の相続人に比べて特別の利益を受けていることから、相続分を減らして公平を図る制度をいいます（民法903条）。

　具体例で説明します。

　先ほどの例で、父親は、生前に、長男に営業用資金として800万円贈与し、父親が死亡した時点の遺産が4,000万円あるとします。

　長男への生前贈与が特別受益にあたらない場合には、遺産4,000万円は、法定相続分のとおり、妻2,000万円、長男1,000万円、長女1,000万円となり、長男は、生前贈与の800万円とあわせて1,800万円取得することになります。

　一方で、長男への生前贈与が特別受益にあたる場合には、次の計算になります。

① 「みなし相続財産」の計算

　具体的には、「相続開始の時において有した財産の価額」に「贈与の価額」加えます。先ほどの例ですと、みなし相続財産は、4,000万円＋800万円＝4,800万円となります。

② 特別受益の「持戻し」

　みなし相続財産を計算したら、（ⅰ）これに法定相続分を乗じ、（ⅱ）特別受益を受けた者は、この額から特別受益分を控除し、その残額をもって特別受益者の相続分（具体的相続分）とします。この特別受益を相続分算定の基礎に算入する計算上の扱いを、「持戻し」といいます。

　先ほどの例ですと、
　　（ⅰ）　妻　4,800万円×1／2＝2,400万円
　　　　　　長男　4,800万円×1／4＝1,200万円
　　　　　　長女　4,800万円×1／4＝1,200万円
　　（ⅱ）　具体的相続分
　　　　　　妻　2,400万円
　　　　　　長男　1,200万円－800万円＝400万円

　　　　長女　1,200万円

　この計算により、長男は、生前贈与の800万円とあわせて1,200万円取得することになります。

　特別受益になるには、単なる生前贈与があるだけでは足りず、「婚姻若しくは養子縁組のため若しくは生計の資本として」贈与する必要があります。例えば、結婚の持参金、営業資金の贈与などがこれにあたります。

　従って、生前贈与については、法定相続の場合には、遺産分割の中で、特別受益にあたるか否かで争いになる可能性があります。

　この争いを避けるためには、二つの方向性が考えられます。

　一つは、被相続人が、特別受益であることを前提に、相続人間の公平を図ることを望む場合です。この場合には、特別受益であることやその金額について争いを生じさせないように、生前贈与の金額や生前贈与の目的を遺言書等の書面に明確に記しておくとよいでしょう。

　もう一つは、被相続人が、相続人間では不公平になりますが、法定相続分とは異なった特別な取り分を与えることを望む場合です。このような望みをかなえるために、民法は、持戻し免除の意思表示をすることを認めていますので（民法903条3項。ただし、遺留分を侵害することはできません。）、その意思表示を明確にするために、遺言書等の書面に持戻し免除の意思表示を記しておくとよいでしょう。

　なお、生前贈与が遺留分を侵害する場合がありますが、遺留分との関係については、CASE 5-3をご参照ください。

STEP-4　ファイナンシャル・プランナーからのアドバイス

　生前贈与による金融資産の移転は、相続財産を確実に減らすことができ、なお且つ、相続財産の分割を本人の意思で行うことができるため、相続対策における重要度は高いと言えます。

　しかし、金融資産の贈与をするのに、抵抗感がある方も少なくありません。

贈与をしたら、「大事に貯金をしてくれるだろうか」、「無駄使いをされないだろうか」などの不安を持たれるのです。
　そんな場合に活用できるのが、生命保険の保険料贈与です。
　例えば、相続税の納税資金として活用してほしい場合は、贈与者が生命保険の被保険者となり、受贈者である子等が契約者と受取人になります。
　この保険契約の締結には、契約者と被保険者双方が同席して契約を締結し、保険料の引落先は、この契約の保険料のみを引落しする専用口座にするのです。
　贈与者は、受贈者の保険料引落し口座に毎年振込をすれば、贈与をした事実も残り、金融資産の使い道も明確になります。

STEP-5　正しい対策への道しるべ

　生前贈与は相続対策では非常に有効な対策です。
　しかし、安易な贈与によるトラブルも少なくありません。
　特に、相続税を下げるために行った生前贈与がもとに、相続人同士で争いになってしまったら元も子もありません。
　争いにならないように、各相続人に平等に贈与してはいかがでしょうか。
　金額は贈与税率10％の範囲内である310万円ずつがよろしいかと考えます。
　また、相続人である子に贈与してしまうと、相続開始前３年以内のものは、すべて相続税が課税されてしまいます。
　そこで、それぞれのお孫さんに贈与することをおすすめします。
　そしてお孫さんが贈与金額を無駄遣いしないように、贈与したお金で生命保険に入っていただくのがよいでしょう。
　お孫さんの年齢が若いため、保険料も安くなるというメリットがあります。
　その際に、贈与契約書を作成しておくようにします（お孫さんが未成年者の場合には、親権者が代わりに契約することになります。）。
　贈与は、生前にしかできないものですので、早め早めに贈与することが一番の相続対策になります。

POINT

- 生前贈与で、相続税が下がる節税対策、相続人に納税資金が貯まる納税対策が同時に行えます。
- 生前贈与ですぐに効果が出るわけではなく、少しずつ効果が表れてくるものです。計画的な贈与と手続きをしっかりと行いましょう。
- 安易な贈与は、相続人間の争いを引き起こすことになりかねません。争族対策も忘れずに行いましょう。

CASE 3-2

生前贈与か名義預金か？

Q 相談者　地主昭さん　82歳

財産が私名義になっていると相続税がかかってしまうので、預金を15年くらい前から少しずつ子どもたちの口座に移動し、ほとんど現金は持っていません。もう相続対策は終わったと思っています。

贈与税の時効は7年と聞いたので、仮に、贈与と言われても、贈与税もかからないですよね？

【家族構成】		
相続人	長男	54歳
	次男	52歳
	長女	50歳

【所有財産】	
財産額　5,600万円	
現金	100万円
自宅（土地）	5,000万円
自宅（建物）	500万円

A **STEP-1** 知っておきたい基礎知識

相続税は原則として、亡くなったときの被相続人の財産に課税されます。

被相続人以外の人の名義になっている財産は、相続税がかからないのでしょうか？

被相続人以外の名義であっても、実質的に被相続人の財産に帰属するものと認められるものは、相続財産として相続税が課税されます。

これを名義預金や名義株といいます。

名義預金とは、例えば、親が子名義の預金通帳を作成し、そこに親のお金を

入れた場合には、子の預金通帳であっても、親のお金が入っていることになるため、実質的に親の預金として相続税が課税されることになります。

一見すると相続財産に含まれるのか判断がつかない部分でもあり、相続税の税務調査ではよく問題になる点です。

この名義預金となる判断としては、過去の判例（東京地判平成20年10月17日）においては、

「財産の出捐者、財産の管理及び運用の状況、財産から生ずる利益の帰属者、被相続人と財産の名義人並びに財産の管理及び運用をする者との関係、財産の名義人がその名義を有することになった経緯等を総合考慮して判断する」

としています。

相続税の税務調査では、この名義預金がないかどうか確かめるために、被相続人の預金の履歴と相続人を含む家族の預金の履歴を金融機関から取り寄せて、調査する場合があります。

STEP-2　税理士からのアドバイス

1　名義預金か生前贈与か

単なる名義預金ということであれば、相続財産に含めて相続税が課税されることになります。しかし、生前贈与したことで、実質的にも名義と財産が被相続人のものではなくなっているという考えもあります。

生前贈与になれば、亡くなる前3年以内のものは相続税の課税対象になりますが、それ以前の贈与は贈与税のみの課税対象になります。

また、贈与税の申告期限から7年経過したものは、贈与税の除斥期間となります。

つまり、この除斥期間を過ぎた贈与は、贈与税も相続税もかからないことになるのです。

しかし、名義預金と認定されれば、贈与の事実はないため、何年経っても、

被相続人の財産であることには変わらず、相続税の課税対象になります。

生前贈与か名義預金になるのか、判断が難しい点があります。

そもそも、贈与は契約になります。渡す側ともらう側の意思がないと成立しないので、贈与契約があり、もらった方が自分の財産として認識していたかどうかがポイントになります。

過去の裁判例などをみると、下記状況によって判断されています。

- 預金預け入れの経緯

  贈与の事実があったか。あれば契約書などの証拠が存在するか。

- 銀行印の管理や使用状況

  銀行印を名義人ではなく、被相続人が管理していれば、贈与という事実がなかったのではないかと推測されてしまいます。

- 入出金の管理状況

  名義人がその預金を実際に自分のために使用しているかどうか。使用していない場合や被相続人のために使用しているような状況があれば、名義預金と推測されてしまいます。

- 贈与税の申告状況

  贈与税の申告のみでは、贈与があった事実とは言えない部分がありますが、贈与税の申告を、もらった人が自分自身で申告していれば、贈与によって受け取ったという認識があるという裏付けの一つになります。

上記を総合的に判断することになるため、一概に7年以上前の資金移動は相続税がかからないことにはなりません。

STEP-3　弁護士からのアドバイス

遺産分割において、相続人間で分割方法を決める前に解決しておかなければならない問題があります。そのうちの一つが、遺産の帰属です。つまり、その財産がそもそも被相続人の遺産として分割の対象になるのか、それとも第三者

の財産として分割の対象にならないのかを確定させておかなければなりません。

　例えば、名義預金もその一つであり、父親の名前ではなく、子どもの名前で開設した口座の預金が、実質的には父親の遺産なのか、名義のとおり子どもの財産なのかが争いになることがあります。

　預金名義の子どもとしては、自分の財産であれば遺産分割とは関係なく全額自分のものになるため、遺産であることを激しく争うことがあります。

　子どもの名義の預金が遺産であると主張する相続人がいる場合には、誰がその口座を開設したのか、その口座に預け入れた預金の出所が父親なのか子どもなのか、その口座に預け入れた理由は何なのか、父親が預け入れたとしたら子どもはそのことを認識していたのか、通帳や銀行印等は誰が保管していたのか、その後の入出金は誰がどのような目的で行っていたのか等の事実を客観的な資料を見ながら一つひとつ確認し、父親の遺産か、子どもの財産かを話し合って決めていきます。

　遺産分割協議や遺産分割調停で、遺産の帰属について話合いで解決できない場合には、家庭裁判所ではなく、地方裁判所の民事訴訟手続（判決や裁判上の和解）により確定させるのが通常の流れです。従って、仮に家庭裁判所の遺産分割調停で話し合っていた場合には、家庭裁判所から一旦調停の取下げを勧告され、地方裁判所で遺産の帰属について決着がついた後に、その判断を前提に分割方法の話合いが再開されます。

　このように、安易に子どもの名義で預金を入れている場合には、自分の死後に子どもたちが遺産分割で争いになる可能性がありますので、贈与契約書を作成したり、遺言で、他の相続人に配慮する内容にするなど、遺産分割で争いにならいように生前に対策を立てておくとよいでしょう。

STEP-4　正しい対策への道しるべ

　相続税の税務調査で一番指摘が多いのが、名義預金です。
　それほど名義預金になるケースが多いと言えます。

その背景、要因の一つは、相続税が課税されたくないが、自分の財産ではなくなってしまう生前贈与もしたくない、という矛盾から生じるものではないかと考えます。

　特に、高齢化社会になってきて、自分が何歳まで生きられるのか、長く生きられるとしても生活費や医療費などがいくらかかるのか、先行きが不安という思いから、生前贈与を嫌う方もいらっしゃいます。

　いざとなったときに自分が使えるようにしておくために、名義だけを自分以外にして、実質は自分が利用できるようにしておきたいという心理が働くのだと思います。

　それが結果的に名義預金となり、相続後に税金や分割でのトラブルに発展してしまうのです。

　そうであれば、自分の将来の生活と生前贈与を同時に満たす方法を取ればよいことになります。

　例えば、相続人に生前贈与する見返りとして、自分の将来の生活の面倒を見るということを書面で取り交わしておくことや（これを負担付贈与契約と言います。）、第7章で解説する「信託」を利用して贈与してもよいかと思います。

　いずれにしても、贈与する人、贈与を受ける人とのコミュニケーションが大事になってきます。

POINT

- 名義預金、名義株は、相続税の税務調査で一番指摘が多いところです。
- 名義預金となる場合には、贈与税の除斥期間7年を経過していても関係なく、相続税の課税が行われます。
- 名義預金は、相続人間の分割でももめてしまう可能性があります。名義預金とならないように贈与契約などを締結しておくことが重要です。

CASE 3-3

教育資金一括贈与の非課税制度は相続対策になる？

Q 相談者　大家茂さん　62歳

子や孫への生前贈与を考えています。信託銀行で教育資金贈与信託を1,500万円すすめられましたが、利用した方がよいのでしょうか？

【家族構成】
相続人　配偶者　58歳
長女　32歳（孫5歳、孫2歳）
長男　29歳（孫2歳、孫0歳）
※長女・長男とも近所に住んでいる

【所有財産】	
財産額　1億6,000万円	
現金	8,000万円
有価証券	5,000万円
自宅（土地）	2,000万円
自宅（建物）	500万円
自動車	500万円

A

STEP-1　知っておきたい基礎知識

　教育資金一括贈与の非課税制度を利用すると、1,500万円までの贈与税を非課税にすることができます。非課税制度を利用するためには、教育資金贈与信託等の利用が必要です。

　利用方法は、祖父母等が信託銀行等に、子・孫等名義の口座等を開設し、教育資金贈与信託の契約を締結して教育資金を一括して信託します。

　孫等は、贈与税の非課税制度を利用するために、信託契約時に祖父母等と同席し「教育資金非課税申告書」等を記入し、信託銀行等を経由して税務署に提出します（未成年者の場合は親権者が行います。）。

贈与税が非課税となる教育資金の範囲は、学校教育法に規定する学校や施設等の入学金・授業料などで、具体的には次のような費用が当てはまります。
- 教材費
- 修学旅行費
- 部外活動費
- 学習塾などの費用
- 通学定期券代
- 留学渡航費等

さらに、平成27年度税制改正で通学定期券代、留学渡航費等が加わり、本制度の適用期限も平成31年3月31日まで延長されました。

教育資金が必要となった場合は、信託財産の交付請求を行い教育資金の払い出しを受けます。

そして、金銭を教育資金に充当したことを証明する領収書等を信託銀行等に提出する流れとなります（提出期限あり）。

STEP-2 ファイナンシャル・プランナーからのアドバイス

通常は相続発生前3年以内に相続人へ贈与した財産は、相続財産に含めて計算するのですが、教育資金の一括贈与の場合は計算の対象にはなりません。

その点では、相続対策になると言えるでしょう（3年以内の贈与加算の対象外）。

デメリットとしては、教育資金に限定されるため、納税資金には使うことができませんし、30歳になるまでに使いきらないと贈与税が課税されます。

また、信託財産の払い出しを受ける時には、領収書等のチェックが厳しく、発行先に電話で確認する等、窓口ですぐに払い出しを受けられない場合があります。

教育資金を贈与するのであれば、一括贈与以外にも毎年110万円の贈与税基礎控除を利用した、子への生前贈与も広く使われています。

この方法では、長く継続するほど相続財産を多く移転することができます。

例えば、0歳の孫の教育資金を備えるために、息子に毎年1回、学資保険の年払保険料1,005,140円を5年間贈与した場合、贈与税は基礎控除枠内なので非課税です。

　保険料支払総額5,025,700円は、5年間かけて贈与することで非課税となります。

　しかも、0歳の孫が18歳になると、学資年金200万円、その後1年毎に100万円を4年間受け取ることができ、受取総額600万円（返戻率約119.3％）となります。

　毎年贈与をした場合、3年以内の贈与加算に含まれますが、非課税で贈与した資金は将来の教育資金として学資保険で運用されますので、贈与時の金額よりも資金が増えていきます。

　それでも、贈与時の財産評価で相続財産に含まれますので、有利と言えるでしょう。

STEP-3　税理士からのアドバイス

　教育資金一括贈与の非課税制度が注目されていますが、この制度ができる前から、そもそも教育費については、非課税の規定があります。

　「扶養義務者相互間において生活費又は教育費に充てるためにした贈与により取得した財産のうち通常必要と認められるものは、贈与税の課税価格に算入しない。」（相第21条の3②）

　親子間や兄弟間の生活費や教育費を渡すことは贈与税が非課税になるということです。

　では、祖父母から孫への生活費や教育費の贈与は、非課税になるかという疑問があるかと思います。

　扶養義務者の範囲については、相続税法基本通達の中に規定されています。

　「扶養義務者とは、配偶者並びに民法の規定による直系血族及び兄弟姉妹並びに家庭裁判所の審判を受けて扶養義務者となった三親等内の親族をいうので

あるが、これらの者のほか三親等内の親族で生計を一にする者については、家庭裁判所の審判がない場合であってもこれに該当するものとして取り扱うものとする。」(相基通1の2-1)

　直系血族(祖父母、親、子、孫など)については、同一生計でなくても扶養義務者になるわけですから、当然に、祖父母から孫への教育費の贈与は、非課税になります。

　しかし、この規定は生活費又は教育費として必要な都度直接これらの用に充てるために贈与するものに限られ、生活費又は教育費の名義で取得した財産を預貯金した場合などは、通常必要と認められるもの以外のものとして取り扱うものとされており(相基通21の3-5)、非課税とするためには、教育費を使う都度贈与しなければならないことになります。

　この点が、教育資金の一括贈与と大きく異なるところです。

　教育資金の一括贈与は、将来の教育費までまとめて贈与する場合でも非課税にする趣旨です。

　ですから、相続までの時期に余裕がないなど、自分が生きている間に教育費を都度渡せそうにないということであれば、この一括贈与の制度を使うメリットがあります。

　逆に、自分が生きている間に教育費を渡せるということであれば、一括贈与しても都度贈与しても効果は同じことになります。

　一括贈与で懸念されることは、贈与の行為が1回乃至数回で終わり、かつ、信託を使った贈与になるため、贈与を受ける人と顔と顔を合わせて渡すわけではありません。受け取る側に感謝してもらえない可能性があるということです。

　「1,000万円を1回で贈与するのと、100万円の贈与を10回するのでは、どちらが多く「ありがとう」と言ってもらえるのか。」——そのような視点でも贈与の仕方を考えてみてはいかがでしょうか。

STEP-4 正しい対策への道しるべ

今回の事例の場合、相談者の年齢、家族構成、資産背景を考えると、教育資金贈与信託を利用するのではなく、子2人と孫4人の合計6人に、毎年110万円の生前贈与を実施していくと効果的です。

長女と長男の2人には納税資金の備えが必要ですし、遺産分割と相続税の引下げ対策も必要ですので、すべての対策に適しているのが生前贈与です。

年間660万円の資金を贈与税非課税で移転することができるので、5年間で3,300万円の相続財産を減らすことができます。

贈与を受けた子や孫は、将来の相続税納税資金や大学に掛かる教育資金を生命保険や学資保険で備えれば、運用益もしっかりと受け取ることができます。

そして、長女も長男も孫たちも近所に住んでいるので、孫の幼稚園入園や学校への進学、ピアノ、英語、スポーツなどの習いごと、塾などの費用が発生したら、その都度教育資金の贈与を受けても非課税で受け取ることができるのです。

ライフプランや教育プランを立て、柔軟性の高い相続対策を実施しましょう。

POINT

- 教育資金贈与信託は、相続発生時期までに余裕がない場合に活用できます。
- 30歳までに贈与資金を使い切らないと贈与税が課税されます。
- 教育資金の払い出しを受ける際には、窓口での手続きに時間がかかることがあります。
- 教育資金の払い出しを都度請求するなら、信託を利用しなくても贈与税は非課税です。

CASE 3-4

結婚・子育て資金の一括贈与を活用した方がよい？

Q 相談者　大家茂さん　65歳

相続税の基礎控除が改正されたことで、相続対策をする必要が出てきました。
1,000万円分の預金を「結婚・子育て支援信託」を利用して、次女に1,000万円を一括贈与するよう、信託銀行にすすめられましたが、どうでしょうか？

【家族構成】	【所有財産】
相続人　配偶者　あり 　　　　長女　35歳（既婚、孫1歳） 　　　　次女　32歳（独身）	財産額　5,500万円 　　　現金　　　　　　3,000万円 　　　自宅（土地）　　2,000万円 　　　自宅（建物）　　　500万円

A　**STEP-1**　知っておきたい基礎知識

　平成27年4月1日より新設された、「結婚・子育て資金の一括贈与にかかる贈与税の非課税制度」の概要から解説します（租税特別措置法70条の2の3）。

　この制度創設の背景には、急速な少子高齢化の進展に的確に対応し、人口減少に歯止めをかけることが重要視されており、制度創設の基本的な考え方を次のように記しています。

　「将来の経済的不安が若年層に結婚・出産を躊躇させる大きな要因の一つとなっていることを踏まえ、祖父母や両親の資産を早期に移転することを通じて、子や孫の結婚・出産・育児を後押しするため、これらに要する資金の一括贈与

に係る非課税措置を講ずる」

　結婚・子育て資金の贈与は、教育資金贈与と同じく、信託を利用した制度です。

1　特例の概要

（1）適用期間
　平成27年4月1日から平成31年3月31日までの間

（2）対象となる受贈者
　結婚・子育て資金を利用する20歳以上50歳未満の子や孫

（3）特例の取扱い
　信託受益権、金銭又は金銭等の価額のうち1,000万円（結婚資金は300万円まで）までの金額が贈与税非課税の対象

（4）適用方法
　贈与者が金融機関等の贈与者名義の口座に贈与資金を入金して信託をし、信託契約後に受贈者へ通帳を渡します。

　受贈者が払い出しをする時には、結婚・子育て費用の支払請求と領収書等を提出し、資金の払い出しを受けます。

　受贈者は、贈与税の非課税制度を利用するために、「結婚・子育て資金非課税申告書」等を記入し、金融機関等を経由して税務署に提出することが必要です。

（5）結婚・子育て資金

図表3-2　対象となる結婚・子育て資金

結婚資金	子育て資金	
・挙式費用・衣装代 ・披露宴費用 ・新居の家賃 ・敷金礼金 ・仲介手数料 ・引越し費用	〈出産費用〉 ・不妊治療費用 ・妊婦検診費用 ・分娩費用 ・産後ケア費用	〈育児費用〉 ・子の医療費 ・保育園・幼稚園費用 ・ベビーシッター費用

（6）結婚・子育て資金信託契約の終了
- 受贈者が満50歳に達した日（管理残額がある場合は贈与税が課税されます。）
- 受贈者が死亡した日
- 信託財産が0円になり、終了の合意があった場合

（7）結婚・子育て資金信託期間中に贈与者が死亡した場合
受贈者は、管理残額を贈与者から相続により取得したとみなして相続税の課税対象になる

STEP-2 ファイナンシャル・プランナーからのアドバイス

結婚・子育て資金の非課税制度は、贈与者が信託期間中に死亡した場合、「未利用の管理残額」は、相続財産とみなされ相続税の課税対象になります。

教育資金の非課税制度の場合は、贈与者死亡時に残額があっても相続財産に含まれないため、その点を比較すると、デメリットと考えられます。

また、贈与を受けた資金を50歳までに使いきれなかった場合、「未利用の管理残額」は、贈与税の課税対象になります。受贈者が50歳に近い年齢の場合は、贈与税を課税される可能性が高くなります。

そして、この制度を利用するには、平成27年4月1日から平成31年3月31日までに、金融機関等に贈与資金を入金して信託契約をする必要があるので、信託契約の時期も資金を利用する時期も期限付きになります。

贈与者の相続対策の観点で考えると、認知症対策が一つあげられます。

2025年には、65歳以上の高齢者の5人に1人が認知症に該当するとの予想がされています。

もし、暦年贈与をしていた方が認知症になった場合、贈与行為ができなくなりますので、生前贈与はストップしてしまいます。一括贈与のメリットはこのような点にあると考えられます。

本特例における贈与税の非課税枠上限は1,000万円ですが、まずは、受贈者のライフプランに合わせて資金計画を立てることが必要です。

例えば、結婚後に子どもを授かれず、不妊治療をしているかもしれません。治療内容によっては、自由診療になり治療費が高額になります。

また、子どもを幼稚園から私立に行かせたいかもしれません。3歳児から入園する場合、2歳児の時点で検定費や選抜料がかかり、入園前に30万円くらいの費用がかかります。入園後も年間60万円くらいの学費、制服代、PTA、積立金、寄附金、給食代、習いごとなどの費用がかかります。

贈与者や受贈者の年齢、受贈者の出産状況や教育プランなど、この制度を有効活用するには、さまざまな状況を踏まえた贈与計画が必要です。

STEP-3 弁護士からのアドバイス

弁護士の視点でいうと、「子」を受益者としてこの制度を利用した場合、これが「特別受益」（詳しくはCASE 3-1参照）にあたるのかが気になるところです（特別受益は、共同相続人間の公平を図る制度です。孫は代襲相続人（CASE 5-1）にならない限り、共同相続人ではありませんので、原則として「孫」を受益者としても、特別受益は問題になりません）。

信託契約は生前贈与でもなければ、遺贈でもありませんが、贈与税や相続税の対象になることから明らかなように、生前贈与や遺贈と同様に相続人が他の共同相続人よりも特別な利益を得ることになりますので、特別受益にあたる可能性があります。

しかし、生前贈与がすべて特別受益の対象ではなく、婚姻又は養子縁組のための贈与か生計の資本としての贈与が特別受益の対象になります。

もっとも、婚姻のための贈与といっても、非課税の対象となる挙式費用は、一般的には特別受益にあたらないと考えられています。

従って、この制度の利用が特別受益にあたるかどうかは、ケースバイケースとしか言いようがありません。

つまり、将来の予測ができないので、子どもが複数人おり、全員ではなく一部の子どもにこの制度を利用する場合には、相続開始後、特別受益にあたるか

否かで紛争が生じる可能性があります。また、兄弟間で不公平な扱いになりますので、感情的にも対立する原因となります。

従って、この制度を利用するのであれば、争続の火種にならないように配慮が必要と言えます。

STEP-4 正しい対策への道しるべ

今回の事例の場合、財産総額の5,500万円が基礎控除4,800万円（3,000万円＋600万円×3人）を超えているため、相続税がかかることになります。

信託銀行には、独身の次女に「結婚・子育て支援信託1,000万円」をすすめられたようですが、財産総額の4,800万円以内になれば、相続税はかかりませんので、700万円の贈与でもよいでしょう。

もちろん、土地の地価が上昇する可能性もありますが、夫婦2人の年金生活が開始し現預金も減っていくことも想定しましょう。

また、贈与は次女だけでなく長女にもするべきです。

姉妹間で不公平にならないよう、贈与者が娘たちに配慮をすることで、相続発生後の争族を回避することができます。

独身の次女は、贈与をしても50歳までに資金を使い切れない可能性があり、その場合は贈与税が課税されます。結婚時期がまだ不明確な場合は、平成31年3月31日の期限を踏まえて検討をするべきでしょう。

長女は、第二子の出産があるかもしれません。また、子どもの教育費は幼稚園などでかかりますので、必要な育児費用を計算し、それに見合った金額を贈与すれば、本制度を有効活用することができるでしょう。

POINT

- 贈与額に注意。夫婦ふたりの生活資金も確保しましょう。
- 信託期間中に贈与者が死亡したら相続税の課税対象となります。
- 50歳までに資金を使い切らないと、残額は贈与税の課税対象となります。
- 子どもが複数人いる場合は、特別受益にならないよう配慮のある贈与をするように注意しましょう。
- 受贈者の資金使途や予算を明確にして、必要な金額を一括贈与します。

CASE 3-5

住宅取得資金贈与は有効か？

Q 相談者　大家茂さん　55歳
父の相続が心配です。

住宅購入資金の贈与の非課税制度があると聞きました。

現在、父と同居していますが、この制度を使って私の自宅を購入しようと思っています。

最終的に相続人である私が相続することになるため、税金がかからないのであれば、生前に贈与してもらった方がよいでしょうか？

【家族構成】	【所有財産】
被相続人　父　86歳 相続人　　長男（大家茂）　55歳	財産額　1億9,000万円 　現金　　　　　　　3,000万円 　自宅（土地）　1億5,000万円 　自宅（建物）　　　1,000万円

A STEP-1　知っておきたい基礎知識

　直系尊属から住宅取得等資金の贈与を受けた場合には、一定金額までは贈与税が非課税になるという特例があります（租税特別措置法70条の2）。

　平成26年12月末までの期限でしたが、平成27年度税制改正によって、平成31年6月30日まで延長され、非課税限度額が拡大されました。

　父・母・祖父母などの直系尊属から子や孫へ、自宅購入のための金銭を贈与し、その金銭を一定の住宅購入に充てた場合には、下記の非課税限度額まで贈

与税を非課税とする制度になります。

図表3-3　消費税率10％以外（8％もしくは個人間の売買などで課税なし）の非課税限度

住宅用家屋の取得等に係る契約の締結期間	非課税限度額	
	良質な住宅用家屋	左記以外の住宅用家屋
～平成27年12月	1,500万円	1,000万円
平成28年1月～平成29年9月	1,200万円	700万円
平成29年10月～平成30年9月	1,000万円	500万円
平成30年10月～平成31年6月	800万円	300万円

　なお、消費税率10％の適用を受ける住宅購入対価の場合には、下記の非課税限度額が適用になります。

図表3-4　消費税率10％が適用される場合の非課税限度

住宅用家屋の取得等に係る契約の締結期間	非課税限度額	
	良質な住宅用家屋	左記以外の住宅用家屋
平成28年10月～平成29年9月	3,000万円	2,500万円
平成29年10月～平成30年9月	1,500万円	1,000万円
平成30年10月～平成31年6月	1,200万円	700万円

　良質な住宅用家屋とは、下記に該当する家屋等をいいます（措令40の4の2⑦）。
・省エネルギー対策等級4（平成27年4月以降は断熱等性能等級4）
・耐震等級2以上若しくは免震建築物
・一次エネルギー消費量等級4以上及び高齢者等配慮対策等級3以上
　平成29年4月以後に引き渡しを受ける住宅は、原則、消費税10％の適用があります。
　平成28年9月30日までに建築や売買契約を締結した場合には、引き渡しが平成29年4月以降になった場合でも、消費税8％の適用になる場合があります。

郵便はがき

料金受取人払郵便

神田局
承認

2182

差出有効期間
平成29年5月
31日まで

（切手不要）

1 0 1 - 8 7 9 1

5 1 8

東京都千代田区内神田1－6－6
（ＭＩＦビル５階）

株式会社 清文社 行

|||||||||||||||||||||||||||||||||||||||||

ご住所 〒（　　　　　　　　　）

ビル名　　　　　　　　　　（　　階　　　　号室）

貴社名

　　　　　　　　　　部　　　　　　　　課

ふりがな
お名前

電話番号　　　　　　　　｜　ご職業

E－mail

※本カードにご記入の個人情報は小社の商品情報のご案内、またはアンケート等を送付する目的にのみ使用いたします。

愛読者カード

ご購読ありがとうございます。今後の出版企画の参考にさせていただきますので、ぜひ皆様のご意見をお聞かせください。

■本書のタイトル（書名をお書きください）

1. 本書をお求めの動機

1. 書店でみて（　　　　　　　　　　）　2. 案内書をみて
3. 新聞広告（　　　　　　　　　　）　4. 雑誌広告（　　　　　　　　　　）
5. 書籍・新刊紹介（　　　　　　　　　　）　6. 人にすすめられて
7. その他（　　　　　　　　　　）

2. 本書に対するご感想（内容・装幀など）

3. どんな出版をご希望ですか（著者・企画・テーマなど）

■小社新刊案内（無料）を希望する　1. 郵送希望　2. メール希望

そのことを配慮し、消費税が8％の適用の場合には、図表3-1の非課税枠が、消費税が10％の場合には、図表3-2の非課税枠の適用になります。

なお、消費税8％の際に図表3-1の非課税枠を適用した場合でも、要件を満たす贈与を受ければ、消費税10％後に図表3-2の非課税枠の適用を受けることができます。

1 要件

下記の要件を満たす必要があります。
- 受贈者が贈与を受けた年の1月1日において20歳以上であること
- 受贈者が贈与を受けた年の合計所得金額が2,000万円以下であること
- 受贈者の一定の親族など受贈者と特別の関係がある者との請負契約等により取得するものでないこと
- 家屋の登記簿上の床面積（区分所有の場合には、その区分所有する部分の床面積）が50平方メートル以上240平方メートル以下であること
- 床面積の2分の1以上が自己の居住用で使われること
- 受贈者が、贈与を受けた年の翌年3月15日までに家屋の引き渡しを受け、その家屋を同日までに自己の居住の用に供したとき又は同日後遅滞なく自己の居住の用に供することが確実であると見込まれること　など

2 相続税の節税との関係

住宅取得資金の贈与をすることで相続財産から贈与した現金が外れることになります。

相続財産2億円のうち、1,500万円の贈与をすると、相続財産は、1億8,500万円に減ることになります。

その減った分だけ相続税がかからなくなるため、相続税の節税になります。

受け取った側も、通常の贈与となれば、多額の贈与税が発生しますが（1,500万円の場合には366万円）、非課税となるため、贈与税が発生しません。

つまり、何の税金の負担もなく相続税を減らすことができることになります。

さらに、通常の贈与であれば、相続人などに対する相続開始前3年以内の贈与は相続税の課税対象になりますが、この住宅取得資金の贈与は、相続開始前3年以内の贈与であっても、相続税の課税対象にはなりません。
　ですから、相続までに時間がない場合の相続対策として有効に使うことができるのです。

STEP-2 税理士からのアドバイス

1 小規模宅地の減額が適用できなくなる場合がある

　事業用、居住用、賃貸用の宅地については、一定の要件を満たす場合には、限度面積までの土地の評価が80％（賃貸用は50％）減額できる小規模宅地の特例があります。
　被相続人の自宅について居住用の80％減額を適用するためには、下記のいずれかの要件を満たさなくてはなりません。
　① 配偶者が取得する場合
　② 同居親族が取得して申告期限まで居住する場合
　③ 別居親族で、相続開始前3年以内に自己（自己の配偶者を含む。）の所有する家屋に居住したことがない場合で、申告期限まで保有（配偶者、同居する法定相続人がいない場合に限る。）する場合
　この住宅取得資金贈与の非課税制度を使うということは、贈与を受けた人が、持ち家を持つことになります。
　被相続人と一緒に住まないと、別居になります。
　すると、上記②、③の要件を満たさなくなってしまうことになります。
　ですから、今まで同居などをしていて、小規模宅地の減額の要件を満たす子に住宅取得資金の贈与をする場合には小規模宅地の減額が使えなくなることを想定しておかなければいけません。小規模宅地の減額による相続税の減額が大きいか、住宅取得資金贈与の非課税による相続税の節税の方が大きいか比較し

て判断することになります。

今回のケースの場合（自宅土地を330㎡とする）

《住宅取得資金贈与をした場合》

相続財産　1億9,000万円－1,500万円＝1億7,500万円

課税遺産総額　1億7,500万円－3,600万円（相続人1人の基礎控除）＝1億3,900万円

相続税　1億3,900万円×40％－1,700万円＝3,860万円

《住宅取得資金贈与をしなかった場合》

相続財産　1億9,000万円－1億5,000万円×80％（小規模宅地の減額）＝7,000万円

課税遺産総額　7,000万円－3,600万円＝3,400万円

相続税　3,400万円×20％－200万円＝480万円

　上記のとおり、住宅取得資金贈与をすることによって、相続税が8倍以上になってしまいます。

2 誰に贈与するのが有効か

　小規模宅地の減額を受けられる方に住宅取得等資金の贈与してしまうことで、この減額が受けられなくなってしまうことがあります。

　自宅を相続する予定がない子や相続人でない孫への贈与であれば、そもそも小規模宅地の減額の対象者ではないため、相続税対策としては有効になります。

STEP-3 不動産鑑定士からのアドバイス

　この制度は、若い世代への早期資産移転を目的としていると同時に、良質な住宅の供給を促すという目的もあります。

　すなわち、住宅取得資金贈与の非課税枠（平成27年は1,500万円）については、「良質な住宅」が前提になっています。

　良質な住宅とは、

- 耐震住宅
- エコ住宅
- バリアフリー住宅（平成27年から追加）

が該当します。

これに該当しない一般の住宅については、非課税枠はそれぞれ500万円減（平成27年であれば非課税枠1,000万円）となります。

一定の条件を満たす良質な住宅の方が非課税枠は圧倒的に大きいわけですが、上記のような「良質な住宅」は、一定の要件を満たす必要があり、一般住宅と比較して、建築費も高価となる傾向があります。また、この贈与資金は、相続発生時に特別受益の持ち戻し対象となるので、節税だけで簡単に飛びつかず、熟慮のうえで判断してください。

STEP-4　正しい対策への道しるべ

平成27年度税制改正によって、住宅取得等資金贈与の拡大・延長になったこともあり、この制度を大いに利用するのはよいと考えます。

しかし、相続税が下がるからといって、本来必要のない住宅やオーバースペックの住宅を取得するのは本末転倒になってしまいます。

また、この制度を使ったばかりに、相続税の小規模宅地の減額が受けられなくなり、使わない方がよかったという事態も起こりうることになります。

まず、制度の趣旨が、住宅取得の支援であることを忘れないようにしましょう。

教育資金の贈与や結婚・子育て資金の贈与にも言えることですが、相続税対策を主目的として贈与税の非課税制度を使うと、失敗する可能性が高くなってしまいます。

大きな金額が動くことになるので、相続財産の分割方法や相続税のシミュレーションと見比べて、慎重に判断するようにしてください。

POINT

- 住宅取得資金贈与は、贈与税も相続税もかからずに贈与できる制度です。
- この制度を使うと、相続税の小規模宅地の減額の対象ではなくなってしまう可能性があるため、相続人のうち誰にこの制度を使うか、遺産分割や相続税のシミュレーションを基に判断した方がよいでしょう。
- 相続税を下げるために、この制度を過度に利用するのは本末転倒になります。住宅購入するにはという視点で贈与金額を決めましょう。

CASE 3-6

土地を毎年贈与していくことで節税になる？

Q 相談者　地主昭さん　84歳

「相続財産のほとんどが土地やアパートなどの不動産の場合、贈与税が課税されない年間110万円を不動産でも活用するのが節税になりますよ」と顧問の税理士さんからアドバイスされました。
110万円の贈与は不動産ではできないと思っていたので、節税になるなら是非やってみたいと思っていますが、どう思いますか？

【家族構成】			【所有財産】
相続人	配偶者	なし	財産額　1億1,000万円
	長男	55歳	貸駐車場(土地)　1億1,000万円
	長女	53歳	
	次男	50歳	

A　**STEP-1**　知っておきたい基礎知識

　相続財産で高額になりやすいものは、土地です。
　現金は多くないけれど、相続財産のほとんどが土地だという方にとっては、相続税が非常に悩ましいものになります。
　先に土地を生前贈与できれば、相続税を低くおさえられるのではないかと思う方も多くいらっしゃるのではないでしょうか。
　現金で贈与するよりも、土地で贈与した方が、相続税の評価上有利になります。なぜなら、土地の贈与による評価額は時価の約8割になるからです。

現金の贈与は、贈与する現金額そのままの額になります。
　しかし、土地で贈与する場合には、その評価は原則、路線価によってなされます。
　路線価は、時価の概ね80％程度の評価と言われていますので、800万円の相続税評価額の土地の贈与をすることによって、時価1,000万円分の土地贈与をしたことと同じ効果になるのです。
　800万円の贈与を1回で行うと、贈与税がかかってしまいますので、贈与税の基礎控除である年間110万円の贈与を毎年行うことによって、贈与税の負担がなくなることになります。
　それには、土地を持分で贈与するという方法があります。
　例えば、土地の評価1億1,000万円であれば、土地の持分を1／100ずつ贈与することで110万円の贈与におさえられます。
　さらに、兄弟3人に年間110万円の贈与をすることで、年間330万円ずつの贈与が行えるため、土地を移転するスピードが速くなります。
　生前にすべての土地を贈与することも不可能ではなくなります。

STEP-2　税理士からのアドバイス

1　土地の贈与は贈与税以外の税金がかかる

　土地を110万円分贈与しても贈与税はかかりません。
　しかし、贈与税以外の税金がかかります。
　まず、登録免許税です。
　土地を贈与すると、不動産登記をして所有者が移転したことを登記所に登録します。その登録の際に、登録免許税がかかります。登記原因が贈与の場合の所有権移転登記は、固定資産税評価額×2％です。
　また、土地を取得した場合には、不動産取得税がかかります。
　固定資産税評価額×1／2×3％　（平成30年3月31日までの取得）

路線価は時価の80％、固定資産税評価額は時価の70％と言われていますので、相続税評価額（路線価）で110万円の場合、固定資産税評価額は約96万円になります。すると、

　　登録免許税は、96万円×2％＝19,200円

　　不動産取得税は、96万円×1／2×3％＝14,400円

　　あわせて19,200円＋14,400円＝33,600円となり、

3人分であれば、33,600円×3＝100,800円になります。

　1億1,000万円を100回の贈与に分けた場合の登録免許税と不動産取得税は、33,600円×100＝336万円

　1億1,000万円の相続税（相続人3人の場合）は、

　1億1,000万円－4,800万円（相続人3人の基礎控除）＝6,200万円

　6,200万円×1／3（1人あたりの法定相続分）＝約2,066万円

　2,066万円×15％－50万円＝約260万円

　260万円×3＝780万円となります。

　贈与すれば、336万円の費用で、780万円の相続税がかからなくなるので、金額的に見れば贈与した方が得になるかもしれません。

　しかし、これは自分で登記した場合になります。

　登記は専門知識がないと難しいところがあります。

　登記の専門家は司法書士になり、司法書士に登記を依頼すれば報酬が発生します。

　報酬は司法書士によって異なりますが、例えば1件5万円の報酬と仮定すると、100回分で5万円×100＝500万円で、336万円＋500万円＝836万円が贈与した場合にかかる総費用となり、相続税の納税額よりも大きくなることになります。

2　小規模宅地の減額が使えない。

　生前贈与された土地は、小規模宅地の減額の対象にはなりません。

　上記の例が、貸駐車場　1億1,000万円（200m²）の場合の相続税は、下記の

計算になります。

　貸駐車場である場合、賃貸用の要件に該当すれば200m²まで50％の減額があります。

　相続財産　　1億1,000万円－1億1,000万円×50％（小規模宅地の減額）
　　　　　　　＝5,500万円

　課税遺産総額　5,500万円－4,800万円＝700万円

　相続税　700万円×1／3＝約233万円
　　　　　233万円×10％＝約23万円
　　　　　23万円×3＝69万円

贈与するよりも、相続税で払った方が金額的に小さくなります。

　このように、まずは相続税でいくらぐらいかかるのかを計算してみてから、贈与した場合の費用と見比べてみることがポイントになってきます。

STEP-3　不動産鑑定士からのアドバイス

1 不動産の贈与と権利関係の問題

　不動産の持分をお子さんやさらにはお孫さんに毎年少しずつ贈与していくような生前贈与は、デメリットも考慮したうえで判断することが必要です。

　注意したいのは、不動産の権利形態です。

　110万円で不動産の贈与を行う場合には、通常一気に土地全体を贈与するのは難しいですから、共有持分を少しずつ毎年贈与していくことが多いと思われます。

　子どもが3人いて兄弟それぞれに贈与していくとなれば、現所有者のあなたとお子様3人での計4人の共有になります。完全に贈与が完了した時点でも3人の共有になります。贈与の途中段階で子どもの方に相続が発生すれば、これに子どもの法定相続人が加わります。

2 不動産共有のリアル

　不動産の共有について、それほど神経質ではない方も多いかもしれませんが、「争族」の火種となることもあります。

　共有形態の不動産を所有したり、管理運営したり、処分するうえで、留意すべきデメリットは以下のとおりです。

- 合意形成が困難となり、迅速かつ柔軟な意思決定がしにくくなる
  ⇒売り時や利用用途の変更・追加投資の決定・管理会社の変更といった判断がしにくくなる。その結果、不動産価値の下落を招くことがある
- 希望売却価格のズレ、売却か保有か、すぐに換金して売りたいという人と、じっくり高値で売りたい人、など、不動産に対する考え方はさまざま
- 共有持分を外部の第三者に自由に売却することができる
- 境界確認書締結などいちいち共有者全員の同意と捺印が必要になるケースが多い。印鑑証明を全員分揃える場合も
- 共有形態の連鎖で時間の経過とともに権利形態が複雑化
- 建物の敷地となっている土地では、簡単に土地の分割はできない

　以上のとおり、共有については非常に難しい面を持っていることがわかります。

　不動産を管理していく場面においては、固定資産税や修繕費などの多額の現金支出が必要になります。

　こういった負担も連帯して負担していくことが必要です。親から見れば仲の良い兄弟でも、その兄弟の子ども同士は従兄弟ですし、その従兄弟たちの子ども同士は、はとこになります。当然ですが、こういった親戚同士が半永久的に仲が良く同じような考え方をし、懐事情が同じとは限りません。

　相続とは、資産を次世代に承継することだけでなく、その資産が次世代にとって有用であることが重要です。その資産が争いごとの火種になっては決していけません。

　共有状態の解消は、ついつい先送りしがちですが、特に親戚間での共有関係は長期的には円滑に維持できないケースが多いので、根本的に早期の解決を目

指すべき権利形態であると考えられます。

共有形態だとしても、強い信頼関係があれば無理なく運営できますが、長期にわたってその信頼関係が維持できるかどうかは保証のないところです。

3 共有の連鎖と第三者介入リスク

また、相続が生じた場合には共有者がネズミ算式に増えていくことが想定されます。

さらに、共有者が自身の持分を第三者に売却することも自由であるため、一族以外の人間が共有者として入り込んでくることも十分に考えられます。

4 それでも土地贈与をしたいなら…

不動産の場合には、その所有期間が通常長期に及ぶため、共有のデメリットが顕在化しやすいと言えるでしょう。よって、不動産という資産の特性も踏まえて考えると、共有状態の不動産はできれば当初の段階で回避すべき権利形態であると言えるでしょう。意思決定が円滑にできないことや売却したくてもできない場合、実質的な不動産価値は低下します。目先の節税のみならず、「不動産の共有」についてデメリットもよく考えながら、土地の贈与について判断することをおすすめします。

それでも土地の贈与をしたいなら、
- 物件別に贈与する相手を分ける
- 贈与の途中で相続が発生しても所有権が分散しないように遺言を作成

といった対策を行ったうえで贈与してください。

STEP-4 正しい対策への道しるべ

今回の事例の場合、土地の割合がほとんどですので、不動産の相続税対策は重要です。贈与税の非課税の枠110万円を使い切ることにより、効果的に節税することができる場合があることは確かです。

一方で、税金は相続税・贈与税だけではありません。
　登録免許税や不動産取得税など、少しマイナーな税金があることも知っておきましょう。
　相続税・贈与税が節税になっても、他の税金が余計にかかってしまったのでは意味がありません。
　また、節税という言葉に傾き、非課税枠を使い切ることに意識が集中してしまいがちですが、土地の所有形態が共有になってしまうデメリットにも十分な注意が必要です。
　共有とは、いわば運命共同体のようなものですが、これは争族の火種にもなり得ます。売りたい時も全員が同じ価格で売りたいと合意しなければ、実際に売ることは困難です。
　現金化したいときに換金できなかったり、逆に換金したくないのに他の共有者の意向で売却することになり譲渡所得税が課されたりするのでは、資産としての意味がありません。
　また、有効活用したいのに、追加投資したくない共有者がいることで迅速に事業が推進できないこともあるでしょう。
　そして、被相続人であるあなたにとって一番避けたいのは、争族ではないでしょうか。
　節税だけではなく、争族防止の観点で相続対策を考えることが大事です。
　不動産の共有が争族のきっかけになることもある、ということを知ったうえで判断しましょう。
　贈与している時は節税メリットだけにフォーカスしがちですが、その結果として不動産を安易に共有状態にすることが果たして全体の観点からみていいかどうか、よく考える必要があるでしょう。
　共有状態のデメリットは、ちょっとしたことがきっかけで一気にトラブルに発展することもあります。
　持分の少ない共有者は日々の不動産の管理運営を通じて不満を持っているものの持分が少ないため、あるいは親戚同士のため、我慢していることも多いの

です。こういった火種が持分の整理や売却の時にトラブルとして噴出することがあります。持分の多い方こそ、持分の少ない共有者にも配慮しましょう。

「相続税が増税になる」ということだけに目がいってしまうと、一番大事なことが見えづらくなってしまいます。

「相続税の節税」「贈与税の非課税枠」という情報だけで、安易に所有不動産を子どもたちに110万円贈与するのはやめましょう。

POINT

- 土地の110万円贈与は、相続税贈与税の節税にはなるが、登録免許税・不動産取得税・司法書士報酬がかかります。
- 単独名義での完全所有権が共有形態になってしまうため、共有の現実的デメリットも十分に考慮し、節税と争族の可能性を天秤にかけてください。
  - 機動性や柔軟性に欠ける。意思決定で相違が生じることも多く、将来に禍根を残す可能性あり。
  - 収益物件などの場合、費用・収益の集金・分配などの手間もばかにならない。
  - 結局将来、親戚間で持分の整理（基本的には売買）が必要になることも多い。持分整理の際に売買価格で見解に相違が生じ、親戚間の不仲に発展する場合も散見される。鑑定評価依頼も実際によくある話である。
  - 共有持分を第三者に売却することは自由なので、共有になってしまうと一族以外の人間にまで所有者が分散してしまうリスクがある。

CASE 3-7

おしどり贈与は相続税対策に有効か？

Q 相談者　大家茂さん　58歳

先日、85歳になる父の相続税の対策で、ある税理士さんに相談しました。

税理士さんから、「夫婦間の自宅や自宅購入資金の贈与は2,000万円まで贈与しても贈与税がかからない制度（おしどり贈与）があるので、生前に父から母へ自宅の一部を贈与しておいた方がよい」とアドバイスしてもらいました。

父と母に、このおしどり贈与をするように説得しようと思いますが、何かデメリットなどはないのでしょうか？

【家族構成】	【所有財産】	
被相続人　父　85歳	財産額　1億9,800万円	
相続人　　母　83歳	現金	1,000万円
長男（大家茂）58歳	自宅（土地）	1億5,000万円
次男　55歳	自宅（建物）	2,000万円
	駐車場（土地）	2,000万円
	自宅借入金	△200万円

A **STEP-1　知っておきたい基礎知識**

婚姻期間20年以上の夫婦間の場合、自宅または自宅購入資金のうち2,000万円まで贈与しても贈与税がかかりません。

これを贈与税の配偶者控除といいます。

婚姻期間20年以上が要件となるため、「おしどり贈与」とも呼ばれることがあります。

おしどり贈与を適用するには、下記の要件を満たす必要があります。

- 婚姻期間20年以上の夫婦間の贈与であること
- 贈与の翌年3月15日までに居住し、その後も居住し続ける見込みであること
- 過去にこの制度の適用を受けたことがないこと（同じ配偶者間では一度のみ）
- 贈与税がかからなくても、この適用を受けるための贈与税の申告をすること

住宅取得資金の非課税制度と異なり、自宅購入のための金銭以外でも、自宅として使用している家屋や建物の贈与が対象になります。

この贈与をすることで相続財産から贈与した土地、建物、現金が外れることになります。

相続財産2億円のうち、2,000万円の贈与をすると、相続財産は1億8,000万円に減ることになります。その減った分だけ相続税がかからなくなるため、相続税の節税になります。

受け取った側も、通常の贈与となれば、多額の贈与税が発生しますが（配偶者へ2,000万円贈与した場合には、695万円）、非課税となるため、贈与税が発生しません。

つまり、何の税金の負担もなく相続税を減らすことができることになります。

さらに、通常の贈与であれば、相続人などに対する相続開始前3年以内の贈与であれば、相続税の課税対象になりますが、このおしどり贈与は、相続開始前3年以内の贈与であっても、相続税の課税対象にはなりません。

ですから、相続までに時間がない場合の相続対策として有効に使うことができるのです。

STEP-2 税理士からのアドバイス

1 二次相続まで考えて適用すべきか判断する

　配偶者控除を使わなくても、相続で配偶者に渡す場合、法定相続分か1億6,000万円のいずれか大きい方までは、配偶者の相続税の負担はありません。
　贈与で渡しても、相続で渡しても、配偶者には、税負担がないことになります。
　具体的に考えてみましょう。
〈財産が1億5,000万円、相続人が配偶者と子2人の場合〉
①　1次相続で1億5,000万円配偶者に相続させる場合
　1次相続は、配偶者の税額軽減を使って、相続税は0円です。
　2次相続は、1億5,000万円が相続財産、相続人が子2人となり、相続税の総額は1,840万円となります。
②　1次相続の前に「おしどり贈与」を使って2,000万円の贈与をした場合
　1次相続の財産は、1億5,000万円から2,000万円を差し引いた1億3,000万円となります。
　1次相続は、配偶者の税額軽減を使って、相続税は0円です。
　2次相続は、生前に贈与を受けた2,000万円と1次相続で相続した1億3,000万円の合計で1億5,000万円が相続財産となり、相続税は1,840万円です。
　結果的に、おしどり贈与を使わなかった場合と同じこととなります。

2 おしどり贈与による土地や建物の贈与は贈与税以外の税金がかかる

　おしどり贈与による土地や建物を2,000万円まで贈与しても贈与税はかかりません。
　しかし、贈与税以外の税金がかかります。

まず、登録免許税です。

土地や建物を贈与すると、不動産登記をして所有者が移転したことを登記所に登録します。

その登録の際に、登録免許税がかかります。

- 登記原因が贈与の場合の所有権移転登記
  固定資産税評価額×2％
  また、土地や建物を取得した場合には、不動産取得税がかかります。
- 建物を取得した場合
  固定資産税評価額×1／2×3％　（平成30年3月31日までの取得）
- 土地を取得した場合
  固定資産税評価額×1／2×3％　（平成30年3月31日までの取得）

なお、一定の要件を満たす自宅の場合には、不動産取得税についての控除が受けられる場合があります。

これらの費用がかかるため、おしどり贈与で取得した方が費用がかかる分だけ損をすることになりかねません。

なお、相続で取得した場合は、登録免許税が、固定資産税評価額×0.4％で、不動産取得税はかかりません。

費用面を考えると相続で受け取った方がよいと言えます。

3　おしどり贈与が相続対策になる場合

おしどり贈与を使った方が得な場合もあります。

（1）相続税の税率が下がる場合

おしどり贈与を使うことで、全体の相続財産が減ります。

全体の相続財産が減る分、相続税が減ることになります。

この相続税が減る分を配偶者に相続させてしまうと、配偶者の税額軽減で、相続税がそもそもかからなくなり、有効に使えません。

相続税が減る分の恩恵は、子など、配偶者以外の相続人が受けるようにすると相続税が下がることになります。

具体例で比較してみましょう。

図表3-5　相続税の比較①
- 相続財産：3億円　相続人：配偶者と子2人
- 配偶者は相続財産の2分の1を取得する場合

〈おしどり贈与を使わなかった場合〉

1次相続

相続財産	30,000
相続税の基礎控除	4,800
課税遺産総額	25,200
相続税の総額	5,720
配偶者の税額軽減	－2,860
相続税の総額（税額控除後）	2,860

2次相続

相続財産	15,000
相続税の基礎控除	4,200
課税遺産総額	10,800
相続税の総額	1,840
配偶者の税額軽減	0
相続税の総額（税額控除後）	1,840

1次相続・2次相続合計	4,700

〈おしどり贈与を使った場合〉

1次相続

相続財産	28,000
相続税の基礎控除	4,800
課税遺産総額	23,200
相続税の総額	5,020
配偶者の税額軽減	－2,510
相続税の総額（税額控除後）	2,510

2次相続

相続財産（おしどり贈与分含む）	16,000
相続税の基礎控除	4,200
課税遺産総額	11,800
相続税の総額	2,140
配偶者の税額軽減	0
相続税の総額（税額控除後）	2,140

1次相続・2次相続合計	4,650

おしどり贈与を使った場合には、1次相続・2次相続の合計で50万円低くなりますが、贈与にかかる登記費用や不動産取得税を考えるとメリットはほとんど出なくなります。

図表3-6　相続税の比較②
- 相続財産：3億円　相続人：配偶者と子2人
- 配偶者は相続財産3億円のうち9,000万円を取得する場合

〈おしどり贈与を使わなかった場合〉
1次相続

相続財産	30,000
相続税の基礎控除	4,800
課税遺産総額	25,200
相続税の総額	5,720
配偶者の税額軽減	−1,716
相続税の総額（税額控除後）	4,004

2次相続

相続財産	9,000
相続税の基礎控除	4,200
課税遺産総額	4,800
相続税の総額	620
配偶者の税額軽減	0
相続税の総額（税額控除後）	620

1次相続・2次相続合計	4,624

〈おしどり贈与を使った場合〉
1次相続

相続財産	28,000
相続税の基礎控除	4,800
課税遺産総額	23,200
相続税の総額	5,020
配偶者の税額軽減	−1,613
相続税の総額（税額控除後）	3,407

2次相続

相続財産（おしどり贈与分含む）	11,000
相続税の基礎控除	4,200
課税遺産総額	6,800
相続税の総額	960
配偶者の税額軽減	0
相続税の総額（税額控除後）	960

1次相続・2次相続合計	4,367

　おしどり贈与を使った方が、1次相続・2次相続の合計で257万円低くなります。贈与にかかる登記費用や不動産取得税を考えてもメリットが出る可能性があります。

（2）小規模宅地の減額が増える場合

　小規模宅地は、事業用が400m^{2}まで、居住用が330m^{2}まで、賃貸用が200m^{2}までを限度に減額が受けられます。

　小規模宅地の減額対象の土地が複数ある場合には、下記の調整計算が必要に

なります。

事業用の面積×200／400＋居住用の面積×200／330＋賃貸用の面積≦200m²
※平成27年1月1日以後は、事業用と居住用のみ適用を受ける場合には、上記の調整計算は適用せずに、事業用400m²まで、居住用330m²まで、それぞれ適用を受けられます。

図表3-7　相続税の比較③

- 相続財産：3億8,000万円
  内訳　自宅土地（330m²）　1億円
  　　　貸駐車場（200m²）　1億円
  　　　自宅建物　　　　　5,000万円
  　　　現預金　　　　　　1億3,000万円
- 配偶者は1次相続の際に相続財産のうち9,000万円（減額後）を取得する
- おしどり贈与で移転する土地の面積は66m²（2,000万円分）とする

〈おしどり贈与を使わなかった場合〉

1次相続

減額前相続財産	38,000
小規模宅地の減額	−8,000
相続財産	30,000
相続税の基礎控除	4,800
課税遺産総額	25,200
相続税の総額	5,720
配偶者の税額軽減	−1,716
相続税の総額（税額控除後）	4,004

2次相続

減額前相続財産	17,000
小規模宅地の減額	−8,000
相続財産	9,000
相続税の基礎控除	4,200

〈おしどり贈与を使った場合〉

1次相続

減額前相続財産	36,000
小規模宅地の減額	−7,400
相続財産	28,600
相続税の基礎控除	4,800
課税遺産総額	23,800
相続税の総額	5,230
配偶者の税額軽減	−1,645
相続税の総額（税額控除後）	3,585

2次相続

減額前相続財産（おしどり贈与分含む）	17,400
小規模宅地の減額	−8,000
相続財産	9,400
相続税の基礎控除	4,200

課税遺産総額	4,800
相続税の総額	620
配偶者の税額軽減	0
相続税の総額（税額控除後）	620
1次相続2次相続合計	4,624

課税遺産総額	5,200
相続税の総額	680
配偶者の税額軽減	0
相続税の総額（税額控除後）	680
1次相続2次相続合計	4,265

　おしどり贈与を使った方が、1次相続2次相続の合計で359万円低くなります。

　これは小規模宅地の減額金額に原因があります。

　おしどり贈与を使わなかった場合の小規模宅地の減額は

　1億円（330m^2）×80％＝8,000万円です。

　330m^2×200／330＝200m^2になるため、賃貸用の小規模宅地の減額は使うことができません。

　土地2億円に対して8,000万円の減額です。

　おしどり贈与を使った場合の小規模宅地の減額は、

　8,000万円（264m^2）×80％＝6,400万円

　264m^2×200／330＝160m^2≦200m^2

　賃貸用の小規模宅地の減額を200m^2－160m^2＝40m^2利用することができます。

　1億円（200m^2）×40m^2／200m^2×50％＝1,000万円

　6,400万円＋1,000万円＝7,400万円

　土地1億8,000万円に対して7,400万円の減額となります。

　贈与によって移転する分、余計に減額できた小規模宅地分の相続税が少なくなるのです。

STEP-3 不動産鑑定士からのアドバイス

「おしどり贈与」というと聞こえはいいですが、贈与実行後に万一離婚するような事態になった場合には問題が生じます。

つまり、
- 不動産の贈与自体を撤回したいができない
- 撤回できないなら買い戻したい
- 買い戻したいが相手は住み続けると主張している
- 自分は売却したいが相手は住み続けたいと主張している
- 贈与した共有持分を分割したい

といったことが発生しかねません。

不動産の名義変更は簡単にはできません。

このような将来的なリスクも踏まえたうえで、決定してください。

STEP-4 ファイナンシャル・プランナーからのアドバイス

住宅ローンの返済が残っている場合は、贈与を検討する前に金融機関や抵当権者の承諾を得ることが必要です。

このことは、金銭消費貸借契約書にて厳格に定めており、返済途中で貸主の承諾を得ないで融資住宅又はその敷地若しくは借地権を第三者に譲渡したときは、期限前の全額返済義務が発生することになります。

債務者本人の病気、退職、転勤、離婚などの理由があれば、抵当権者の承諾を得て住宅を譲渡することができる場合もありますが、譲渡することを承諾する場合でも、譲り受けた人が以後の債務を引き継いで返済することになりますし、その住宅に住む必要がありますので、事前に金融機関に相談し、返済能力があるかの判断など受贈者として審査が必要となります。

審査の結果、債務者の追加や一部繰り上げ返済が条件になる場合もあります。

承諾されない場合は、残金の一括返済をすることが条件となります。

STEP-5 正しい対策への道しるべ

「おしどり贈与が相続対策になる」と一般的に言われますが、どうすれば相続対策になるのか、実際にどのくらい相続税が下がるのかまで言及しているものは、ほとんどないように思われます。

おしどり贈与は、遺産の具体的な分割方法とセットで考えないと効果が出ないものになります。

不動産を贈与する場合には、登記費用や不動産取得税などの移転コストがかかるものになるので、相続税のシミュレーションをしたうえで実行することをおすすめします。

今回の場合、おしどり贈与をしながら、1次相続における配偶者への配分を少なくし、さらに、賃貸用に小規模宅地の減額が取れるように遺産分割をすることで相続税を大きく下げることが可能になります。

おしどり贈与の利用をきっかけに、家族で遺産分割について話し合ってみるとよいと考えます。

POINT

● おしどり贈与が相続税対策として有効に使えるかどうかは、1次相続の分割方法によります。どのように分割した方がよいか検討したうえで、この制度を利用した方がよいでしょう。

● おしどり贈与で不動産を贈与すると、登記費用や不動産取得税がかかる場合があります。これらのコストと相続税が下がる金額を比較してみましょう。

● ローンが残っている場合には、金融機関の了解がないと、不動産を移転できないことがあります。くれぐれも、金融機関に黙って実行することのないようにしましょう。

CASE 3-8

負担付贈与は
相続対策になるの？

Q 相談者　地主昭さん　80歳
アパートを全額借金で建てて、娘に管理してもらおうと考えています。生前に負担付贈与をした方が相続対策になりますか？

【家族構成】			【所有財産】	
相続人	配偶者	78歳	財産額　1億1,550万円	
	長女	50歳	現金	8,000万円
	次女	42歳	アパート①（借金）	△5,000万円
			アパート①（建物）	2,100万円
			アパート①（土地）	3,950万円
			自宅（土地）	2,000万円
			自宅（建物）	500万円
			（時価額）	
			アパート①（建物）	5,000万円
			アパート①（土地）	5,000万円

A　STEP-1　知っておきたい基礎知識

　不動産の贈与は、贈与時における通常の取引価額（時価）ではなく、相続税評価額で評価をするので、時価よりも低い評価額で贈与をすることができます。
　一般的には現金贈与よりも不動産贈与の方が低い評価額になると言われていますが、不動産贈与には注意点があります。
　借入金の返済も一緒に贈与する場合は、その返済負担も贈与することになる

ため、負担付贈与という扱いになり、相続税評価額ではなく、時価額で評価をすることになるのです。

平成元年4月1日の規制強化前までは、負担付贈与でも相続税評価額で贈与がされていました。

当時の贈与では、例えば、相続税評価額約2億5,400万円（路線価）の土地に、4億円の賃貸マンションを全額借金で建築したとします。

土地は貸家建付値評価となり約2億円の評価、マンションは固定資産税評価額の貸家評価となり約2億円です。（固定資産税評価＝建築費×70％で算出）

相続税評価額としては、土地2億円＋マンション2億円－借金4億円＝0円となります。

しかし、土地の地価が上昇すると路線価が上昇し相続税は増大するので、土地建物と借金を子に贈与をすることで、相続税評価0円を確定させてしまいます。これを、借金の負担を付けて贈与をするため、負担付贈与と言います。

贈与税も相続税評価で計算するので、土地2億円＋マンション2億円－借金4億円＝0円となり、贈与を受ける子は、借金の返済負担を一緒に受贈することで贈与税0円となるスキームでした。

ただし、贈与をする親は、借金を子に負担してもらうので、贈与でも売却とみなされ譲渡税が課税されます。

この負担付贈与は、不動産の取引価額と相続税評価額との開きに着目した節税スキームで、昭和のバブル期に億円単位の不動産が親から子に移りました。

これらの贈与税の税負担回避に対して、税負担の公平を図る目的に平成元年に規制が強化され、負担付贈与の場合は、時価で評価されることになりました。

負担付贈与は、節税スキームのことだけでなく、金融機関に債務者変更が承諾されるのかも重要課題です。

贈与を受ける人が借入金の返済を引き継ぐため、金融機関での融資審査が必要になります。

金融機関が受贈者である子の返済能力が低いとか、債権回収のリスクが高い（海外永住等）と判断した場合は、債務者変更をすることができないことや、連

帯保証人が条件になる可能性もあります。

STEP-2 税理士からのアドバイス

　負担付贈与を受けた場合の税金の注意点は、対象が不動産の場合には、相続税評価額ではなく取引価額を使うことです。

　贈与税が課税される可能性があるという意味では、想定外とはならないかもしれません。

　しかし、負担付贈与の場合には、贈与した側にも課税される可能性があるのです。

　法律上は、負担付贈与として、贈与の一種と考えますが、税務上は、負担部分を対価とした譲渡（売買）と考えるからです。

　つまり、負担させるローンを売買金額とみなして、譲渡した場合と同じように税金の計算をすることになります。

• 具体例

アパートの建物（相続税評価額2,100万円、建物時価5,000万円、未償却残高4,500万円）を借入金残高5,000万円と一緒に子に贈与した場合

〈子の贈与税〉

5,000万円（通常の取引価格）－5,000万円（負担額）＝0万円

∴贈与税はかからない。

〈親の譲渡税〉

5,000万円（負担額）－4,500万円（取得費）＝500万円

500万円×20.315％（注）＝約102万円

　（注）長期譲渡の場合の譲渡所得税、住民税、復興特別所得税

　なお、負担額が時価の2分の1未満で、譲渡損失の生じるときは、その損失はなかったものとみなされます。

　負担付贈与の場合には、贈与を受ける側と贈与した側の税金の両方に注意しなければならないことになります。

STEP-3 ファイナンシャル・プランナーからのアドバイス

1 地価上昇傾向の不動産は、負担付贈与でもメリットがある

　地価が上昇傾向の不動産を所有している場合、相続税の増税が懸念されますので、相続時精算課税制度を利用し、2,500万円の贈与税非課税枠内で負担付贈与をするメリットはあるかと思います。

　相続時精算課税制度を適用して贈与をした財産は、相続財産に含まれるので、相続財産の引下げ効果はありませんが、財産評価が今後上昇しても贈与時点の評価額を適用することがメリットです。

　そのため、地価が低下傾向の場合は、損をする可能性がありますので、不動産市況を良く検証することが大切です。

2 相続税評価額で負担付贈与と同じような効果が得られる方法

　現金や不動産を個人から法人へ移転してから、自社株を贈与することで、相続税評価額で贈与をする方法があります。

　例えば、現金5,000万円を出資し100％株主の法人を設立します。

　その法人が、時価5,000万円（貸家建付地評価3,950万円）の土地を本人から買い、5,000万円のアパートを全額借入金で建築します。（アパートの貸家評価2,100万円）

　そして、この法人の全株式を相続時精算課税制度を活用して子に贈与します。

図表3-8　時価評価と相続税評価額
〈法人の資産〉

不動産（土地）	5,000万円（3,950万円）	借入金	5,000万円
不動産（建物）	5,000万円（2,100万円）	負債合計	5,000万円
資産合計	10,000万円（6,050万円）	純資産	5,000万円（1,050万円）

純資産5,000万円は、不動産が時価評価の場合、純資産1,050万円は、不動産が相続税評価額の場合です。
　自社株の財産評価は少し複雑ですが、この法人は資産における土地の保有割合が大きいため、純資産価額方式で算出します。
　つまり、相続税評価で土地や建物を評価し、負債をマイナスの財産として計算しますので、土地3,950円＋アパート2,100万円－5,000万円＝1,050万円となります。
　1,050万円－2,500万円＜0
　∴贈与税がかからず、子に自社株を贈与することができます。
　ただし、不動産を取得してから3年以内は時価額評価になりますので、3年間は贈与を待つ必要があります。
　そして、この3年間は家賃収入による利益が発生しますので、自社株の評価は上昇しますし、法人税の課税もされます。
　そこで、3年間の利益を圧縮し、法人税の節税と贈与時の自社株評価を下げる方法があります。それは、逓増定期保険の活用です。
　逓増定期保険は、保険料の2分の1を損金計上することができ、法人税を圧縮することができます。

図表3-9　逓増定期保険の会計処理
〈損益計算書〉
契約時

費用	収益
生命保険料	

解約し会社が解約返戻金を受け取った後

費用	収益
	雑収入

解約返戻金を全額退職金として支給した後

費用	収益
役員退職金	雑収入

3年経過後に解約返戻金のピークが設定できる保険を活用し、4年目に解約をして会社は雑収入を得ます。

　その解約返戻金全額を役員退職慰労金として支払いをするのです。

　これにより、会計上では利益を圧縮し、自社株評価を引き下げる効果があります。

　退職金の使い道は、譲渡税の納税に充てるとよいでしょう。

　4年後の税制はわかりませんが、参考になればと思います。

STEP-4　正しい対策への道しるべ

　不動産の負担付贈与は、その不動産の価値が今後上昇する可能性があり、相続財産が増えてしまう場合には検討するべきでしょう。

　ただし、贈与者は譲渡税の納税が発生するので、譲渡税と相続税の納税額のシミュレーションをすることが大前提です。

　そのうえで、相続時精算課税制度を活用して2,500万円以下の贈与にすることと、法人を設立して4年目に自社株を贈与する方法です。

　法人設立の場合は、法人を契約者とする逓増定期保険の活用もセットで考え、法人税節税、4年目の自社株評価を圧縮する方法を選択するとよいでしょう。

　ただし、このスキームが税制改正で規制される可能性もありますので、十分ご注意ください。

POINT

● 資産価値が上昇する不動産であること
● 精算課税制度を利用し、時価－借入金＝2,500万円未満におさえる
● 法人設立と逓増定期保険、4年目に退職金を受け取り自社株を贈与する

CASE 3-9

相続時精算課税制度の利用は相続税対策に有効か？

Q 相談者　地主昭さん　82歳

現在、アパート1棟（30室）を所有しています。
私も高齢になり、賃貸経営も負担が大きくなりつつあります。
できれば、長男に賃貸経営を引き継いでもらいたいと思っています。
相続時精算課税制度を使うと、贈与税がかからずにアパートを移転できると聞きました。
長男にアパートを贈与して、賃貸経営を任せ、相続税もかからないようにすることはできますか？

【家族構成】			【所有財産】	
相続人	配偶者	なし	財産額　1億円	
	長男	55歳	現金	500万円
	次男	52歳	アパート（土地）	7,000万円
			アパート（建物）	2,500万円

A ### STEP-1　知っておきたい基礎知識

通常、親子間であっても、基礎控除を超える金額での贈与をすると贈与税がかかりますが、2,500万円まで贈与しても贈与税がかからない制度があります。
これを相続時精算課税制度といいます。

平成15年から開始された比較的新しい制度です。平成26年以前は、原則65歳以上の親から20歳以上の子への贈与が対象でしたが、平成27年1月1日以後は、

原則60歳以上の直系尊属（親、祖父母など）から20歳以上の直系卑属（子や孫など）の贈与に対象が拡大されました。

図表3-10 相続時精算課税制度の対象者

対象区分	平成26年12月31日以前の贈与	平成27年1月1日以後の贈与
贈与者	贈与年の1月1日において65歳以上の者	贈与年の1月1日において60歳以上の者
受贈者	贈与年の1月1日において20歳以上である贈与者の子（推定相続人の孫を含む）	贈与年の1月1日において20歳以上である贈与者の子又は孫

　2,500万円までは、贈与税がかからないですが、累積で2,500万円を超える贈与をした場合に、2,500万円を超える部分の金額に20％の贈与税が課税されます。その後、贈与者の相続時にこの制度で贈与した財産すべてが相続財産として、相続税の課税対象になります。

　つまり、相続財産の前渡しとして、贈与税で課税するのではなく、相続税で精算する制度になります。

　この制度の特徴は、贈与時時点の評価額で相続税の課税対象になるということです。

　つまり、贈与時の評価額で固定してしまうということです。

　将来値上がりするような財産であれば、この制度を利用することで、将来の相続税の上昇をおさえられますが、将来値下がりするような財産であれば、逆に、相続税が上がってしまうことになります。

　将来、値上がりが確実と言える財産とわかれば、この制度を利用するとよいのですが、実際には、将来値上がりするのか値下がりするのかわからないものが多いのではないでしょうか。

　そこで、この制度を相続税の節税で利用するのではなく、将来の収益の移転に利用するのです。

　アパートなどの賃貸物件を贈与することで、収入が贈与者から受贈者に移転

します。

本来であれば、賃貸物件の所有者である被相続人に収入が溜まって、溜まった収入（現金など）に相続税が課税されることになります。

この収入を移転することで、被相続人の財産を増やさないようにし、受贈者である相続人の方で貯められるというメリットがあります。

土地建物を贈与すると、2,500万円を超えて、贈与税がかかる可能性がありますので、建物のみを移転する方法があります。

収入は建物の所有者に帰属するため、建物のみを移転することで、収入が移転できる効果があります。

STEP-2 税理士からのアドバイス

1 土地の評価が上がり、相続税が上がる場合がある

例えば、親が所有するアパートの建物のみを子に贈与した場合、親の所有のままになっているアパートの敷地（土地）の相続税評価が更地評価になる場合があります。

本来、親の土地の上に親のアパートが建っていれば、土地は貸家建付地評価となり、土地の評価が20％程度減額されます。

しかし、アパートの建物の贈与をすることで、親の土地の上に子のアパートが建っているという状況になります。

この場合、子が親へ地代の支払いをしなければ、使用貸借（無償による賃貸）となり、土地の評価が更地評価になるのです。

しかし、地代を払うと借地権が発生し、莫大な権利金を支払わなければ、借地権相当の贈与をしたことになり、多額の贈与税がかかる場合があります。

そのため、通常は、借地権を発生させないように、地代を払わないことにします。（個人間の場合には、土地の無償返還に関する届出は提出できません。）

ただし、贈与したらすぐに、更地評価になるわけではありません。

贈与した時点での被相続人と借家人との権利義務を子どもがそのまま引き継ぐとみなされるため、その土地は貸家建付地として評価されることになります。

ただし、贈与後に賃貸人が変わると、土地所有者と借家人との権利関係がなくなってしまうため、その敷地部分については自用地評価となります。

つまり、贈与後に入居者が入れ替わると、その部分に対応する土地が自用地になるということです。

図表3-11 建物贈与と土地評価の関係

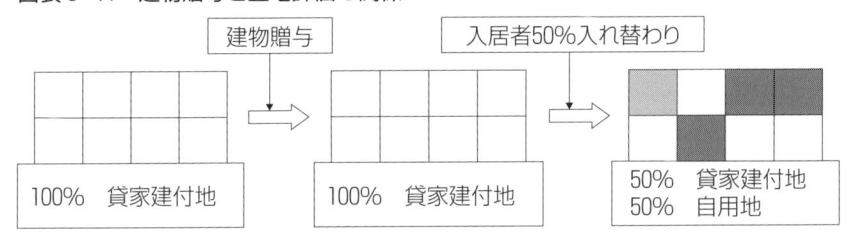

建物贈与		入居者50%入れ替わり
100% 貸家建付地	100% 貸家建付地	50% 貸家建付地 50% 自用地

これを防ぐためには、贈与する前に、管理会社や同族法人を設立し、そことサブリース契約を締結することです。

サブリース契約により一括借上げをすることで、入居者はサブリースしている会社で固定されるため、入れ替わりがないことになります。

2 賃貸用の小規模宅地の減額が使えなくなる場合がある

賃貸物件の敷地については、賃貸用の小規模宅地の減額の対象となり、適用要件を満たせば、200m²まで50%減額の適用を受けることができます。

前提として、賃貸用の小規模宅地に該当するには、相続開始時点において、被相続人の賃貸用として利用していた場合か、被相続人と生計を一にしていた親族の賃貸用として利用していた場合に限られます。

つまり、建物を贈与する相手が、同一生計親族であれば、相続時に賃貸用の小規模宅地の減額が適用できる可能性がありますが、別生計親族に贈与した場合には、賃貸用の小規模宅地の減額が適用できなくなる場合があるということ

です。

　同一生計親族かどうかは、相続時に判断するものになるため、贈与時に同一生計であっても、相続時には別生計になっていれば適用はありません。

図表3-12　賃貸用の小規模宅地の減額の適用要件図

相続開始直前	相続後	減額割合
被相続人の賃貸用	申告期限までに ①親族が取得 ②所有 ③賃貸継続	200m²まで50%減額
被相続人と生計を一にしていた親族の賃貸用		
	上記以外	減額の適用なし

3　敷金相当の現金を一緒に贈与しないと負担付贈与になる

　アパートを贈与する場合、アパートの入居者から敷金などを預かっている場合には、その敷金相当額の現金を一緒に贈与しないと、負担付贈与になってしまいます。

　負担付贈与とは、贈与する財産に債務などの負担が付いている贈与契約です。敷金は、将来入居者に返還する義務があるため、債務に該当します。この負担付贈与になると、贈与する財産の評価額が異なります。

　通常、建物を贈与する場合には、固定資産税評価額を使います。アパートなどの貸家であれば、固定資産税評価額×（1－0.3）となります。

　しかし、負担付贈与となると、この評価方法は使えず、時価での評価額をもって贈与税の課税対象となります。

　時価での贈与になると、評価額としては高額になる可能性があり、贈与税も高額になってしまいます。

　負担付贈与にしたくなければ、敷金の負担を引き継がせないように、敷金相当額の金銭を一緒に贈与することです。

うっかり敷金の存在を忘れて贈与してしまうと、思わぬ贈与税が課税される可能性があります。

STEP-3 弁護士からのアドバイス

この事例では、父親は、アパートを長男に生前贈与しようとしています。その理由は、長男にアパート経営を承継させるためなので、「生計の資本として」の要件を満たし、特別受益に当たると考えられます。

特別受益についての説明は、CASE 3-1をご参照ください。

特別受益については、法定相続分を修正する制度であることを説明しましたが、特別受益が遺留分を侵害する場合には、侵害の程度に応じて生前贈与の効力が失われるおそれがあります。

遺留分についての説明は、CASE 5-3をご参照ください。

この事例では、母親がすでに他界していますので、法定相続人は長男と次男の2人となります。この場合、長男と次男の遺留分は、それぞれ4分の1となります（民法1028条）。

生前贈与するアパートの価額が2,500万円ですが、土地を次男に相続させると建物が長男、土地が次男とわかれてしまいますので、土地も長男に相続させることになるかと思います。

次男の遺留分は、全体財産1億円×4分の1＝2,500万円になります。現金をすべて次男に相続するとしても、2,500万円－500万円＝2,000万円の遺留分を侵害することになってしまいます。

従って、次男が遺留分減殺請求権を行使した場合には、アパートの土地について共有にするしかなくなってしまいます。

このように、アパートを生前贈与する場合には、将来、遺留分を侵害する可能性がありますので、生前に遺留分対策を検討しましょう。

なお、この遺留分の計算の過程でよく誤解があるのは、贈与した財産の評価基準時です。相続時精算課税制度の場合には、贈与財産の価額は贈与時の価額

となりますが、遺留分の計算の場合には贈与時ではなく、相続開始時の価額で算定します。

従って、贈与したときより相続開始時の価額が上がっている場合には、遺留分侵害額も上がることに注意が必要です。

STEP-4 ファイナンシャル・プランナーからのアドバイス

今回の事例は、家賃収入を相続人に移すことで、被相続人に財産を貯めず、相続人に財産を貯めることを目的とするものです。

それ以外で、相続時精算課税制度を有効に活用できる方法として、現金贈与が活用できます。

相続時精算課税制度は、高齢者から若い世代への資産移転を促し、若い世代が資産の有効活用をはかる経済対策の側面があります。

例えば、2,500万円の現金を贈与した後に、株式・債券・投資信託・生命保険・個人年金などに組み替えて、資産運用をすれば資産価値を増やすことも可能ではないでしょうか。低金利の預金に預けておくよりも、世帯全体の資産を増やす投資も大切です。

STEP-5 正しい対策への道しるべ

相続時精算課税制度は、2,500万円まで贈与税をかけずに子や孫に財産を移転できるところにメリットがあります。

贈与税がかからなくても、相続税の課税対象にはなりますので、相続税を直接下げるような効果はありません。

アパートを相続時精算課税制度を使って移転する目的は、アパートを所有することによって貯まっていく収入に相続税が課税されないように、生前贈与し、子や孫に収入を貯めることです。

この制度を安易に使用すると、贈与した親などからの贈与については、110

万円の贈与税の基礎控除が使えなくなりますし、場合によっては、貸家建付地の土地の評価が使えないことや小規模宅地の減額が使えなくなるなど、相続税が増加してしまう可能性があります。

　また、相続人が複数いる場合などは、生前贈与を受ける人と受けない人での不公平感が生まれ、遺産争いに発展してしまうことも懸念されます。

　相続時精算課税制度を利用するかは、メリット、デメリットを把握したうえで、慎重に判断してください。

　アパート収入を移転するという目的であれば、第6章に解説する法人化でも、利用は可能です。

　法人化でも代用できないかどうか、どちらがマッチするのか、検討してみるのもよいでしょう。

POINT

- 相続時精算課税制度は、2,500万円まで贈与しても贈与税がかかりませんが、相続時に贈与した金額が相続財産として相続税の課税対象となる制度です。
- やり方次第では、土地の評価が上がったり、小規模宅地の減額が使えなくなるなどデメリットが生じてしまうことがあります。
- 多額の生前贈与は、他の相続人の遺留分を侵害してしまう可能性があります。この制度を利用する際には、遺留分対策も同時にすすめましょう。

第4章

生命保険による
相続対策の常識
ウソ？ホント？

CASE 4-1

納税資金は生命保険で残した方がよい？

Q 相談者　地主昭さん　80歳

私は、相続税の納税資金が心配で、生命保険の加入を検討しています。
相談に行ったメインバンクのカウンターの方から『地主さんは「現金」はきちんと預金してあるから「生命保険」は必要ありませんね。その分、投資信託などで運用して少しでも有利にお金を殖やしましょう。』と言われ、「毎月分配型」の投資信託に投資しました。
その後、銀行の担当者が変わるたびに言われたとおりに投資を続けていますが、このままでいいのでしょうか？

【家族構成】	【所有財産】
相続人　配偶者　78歳　　長男　　63歳　　長女　　60歳	財産額　2億円　　現預金　　　　　　1,500万円　　投資信託（時価）3,000万円　　自宅（土地）　　5,000万円　　自宅（建物）　　　500万円　　賃貸物件（土地）8,000万円　　賃貸物件（建物）2,000万円

A **STEP-1　知っておきたい基礎知識**

相続税は、原則、現金で一括払いです。

現金がなく、延納や物納の要件を満たさなければ、不動産などを売却し、現金化して納税しなければなりません。
　それゆえ、納税資金を確保しておくことは、相続対策の上でも非常に重要です。
　この納税資金を何で用意するかが今回の問題になってきます。
　現預金で用意しておくのが安全だと考える方がいらっしゃいますが、利息がほとんどつきません。
　そこで銀行預金よりも利率が高く、安全性も割りと高い投資信託で、納税資金を確保している方も少なくないようです。
　しかし、相続において、現預金や投資信託を保有しておくことが本当に安全なのでしょうか。
　銀行預金は、相続が発生すると、預金口座は「凍結（ロック）」されてしまい、「自由に引き出し」ができなくなってしまいます。
　また、投資信託についても、相続人の１人が全額解約して換金するということができなくなってしまいます。
　銀行や証券会社は、誰が相続人なのか、相続人間に争いがないのかなどを確認しないと、相続人に財産を渡してくれません。
　つまり、遺言書がない場合には、相続人全員の遺産分割協議がない限り、お金は自由にならないのです。
　相続が発生して真っ先に思い浮かぶのは、「葬儀費用」のことや、病院に長く入院していた場合には「入院費用の精算」などの多額な「現金」が必要であるということではないでしょうか。
　現預金や投資信託で持っていたばかりに、相続後にこれらの費用が払えなくなるということが現実に起こる可能性があるのです。

STEP-2 　相続保険コンサルタントからのアドバイス

　納税資金は、生命保険で準備するのがおすすめです。

【契約形態】

契約者：本人

被保険者：本人

死亡保険金受取人：本人のご遺族（配偶者、お子様など）

　上記の場合、ご本人がお亡くなりになったら、死亡保険金受取人が生命保険会社に対して所定の手続きをとれば、保険会社によっては一定金額もしくは全額を即日もしくは数日のうちに受け取ることが可能です。

　また、「生命保険金の非課税枠」といって、生命保険には、500万円×法定相続人の人数（配偶者、お子様等）まで「非課税」で受け取れるメリットがあります。

　地主さんの場合、

　500万円×3人（奥様、長女、長男の3人）＝1,500万円

までは、「非課税」で相続財産とは別枠で準備することができるのです。

　例えば、同じ1,500万円を手取りで残そうとすると、相続税率30％の地主さんの場合、

　1,500万円÷0.7＝約2,143万円

の現金があって、はじめて1,500万円残すことができます。

　つまり、約2,143万円－1,500万円＝約673万円も得するのです。

　ただし、生命保険金も非課税枠を超えてしまうと相続財産となります。やみくもに生命保険に加入するもの決してよいことではありません。

　きちんと専門家のアドバイスを受け、適切な生命保険に加入されるようにしましょう。

STEP-3　税理士からのアドバイス

　納税資金を現預金や投資信託で確保しようとすると、その資産について相続税が課税されてしまいます。ですから、納税資金相当の金額を確保するだけでなく、増額してしまう相続税課税分も確保しておかなければなりません。

　現預金などでの納税資金の確保と相続税を下げるということは相反すること

になるわけです。

そこで、納税資金の確保と相続税を下げることを両立する対策を考えるわけですが、大きくは三つあります。

一つは、「生命保険の非課税枠」を利用することです。注意点は、生命保険の加入に年齢制限があることと、非課税枠が限られてしまうことです。

二つめは「生前贈与」です。被相続人が現預金を自分で貯めておくから、相続税が課税されてしまうわけで、生前贈与をして相続人など被相続人以外の人が納税資金を貯めておけばよいのです。

この場合の注意点は、相続人や受遺者に生前贈与する場合には、亡くなる前3年以内の贈与には相続税が課税されてしまうことと、贈与で受け取った方が納税資金としてきちんと貯蓄しておけるかどうかです。

お金があると、気が大きくなって使ってしまい、納税資金が足りなくなることもあります。納税資金として確保するために、生前贈与した金額を保険料として保険に加入するという方法もあります（CASE3-1参照）。

3つめは、現預金を評価の低いものに替えておき、相続後に換金できるようにすることです。CASE2-3のタワーマンションを使った相続対策などがこれに該当します。

注意点としては、行き過ぎた節税の場合には否認されるリスクがあるということ、実際に換金したときに、思った金額で売却できるか不明であること（CASE2-3参照）などがあげられます。

その点では、生命保険と生前贈与の活用はリスクがほとんどなく、これらをバランスよく活用するのがよいと言えます。

STEP-4　正しい対策への道しるべ

相続税の納税資金として「生命保険」はとても有効です。

それにもかかわらず、"「生命保険」は嫌い！"と思っている方も多く、現預金、売却用の不動産等で準備した方がよいとアドバイスする一部の金融機関や

不動産会社の担当者もいらっしゃいます。

しかし、相続直後に預金の引出しができなかったら大変です。

生命保険の加入ができるうちに検討してみましょう。

ただし、上記のとおり、加入に際しては「保険金額」「遺産総額に対する比率」「相続人と被相続人の関係」「各相続人の生活実態」など総合的に判断して加入を検討しましょう。

また、生命保険が納税資金として有効な理由に、例えば、相続人が配偶者とお子様2人の3人で、課税相続財産が1億円の場合の相続税は315万円ですが、課税相続財産が2倍の2億円となっても、相続税は2倍の630万円ではありません。

相続税はなんと1,350万円となり、約4.3倍にもなってしまうのです。財産が2倍になったから税金も2倍ではなく、2×2＝4以上に跳ね上がるのです。

あたり前の対策では、非常に効率が悪い＝損するかもしれない、できないかもしれない、ということです。

少しでも早く、最も効果的な準備をすべきです。

"「生命保険」が嫌い！"という方には、いろいろな理由があるのですが、「生命保険」そのものが嫌いではなく、「保険の担当者」や「販売体質」が自分とは合わない、という方も多いようです。

信頼できる専門家と出逢い、全体を俯瞰的にみて将来を見据えたプランニングが大切です。

POINT

- 相続税の納税資金として「生命保険」の利用はもっとも有効な手段です。
- 「生命保険」の非課税枠の利用を考えましょう。「納税資金」だけでなく「代償分割」「資産圧縮」の効果を得ることが可能になります。
- 遺産分割でもめて、預金が引き出せないことが起こりえます。スムーズに次代に引き継ぐことも可能になる「生命保険」の活用を検討してみましょう。

CASE 4-2

財産分割対策として生命保険を活用できるの？

Q 相談者　地主明さん　68歳

ある銀行主催の相続対策セミナーを受講して、不動産については共有となるような相続対策は避けたいと思うようになりました。
セミナーを主催した銀行の担当者さんより、「ご長男さんに不動産を相続させたいのでしたら、かわりに次男さんに相応の現金を遺す必要がありますね。」と生命保険の提案を受けたのですが、この対策はよろしいのでしょうか。

【家族構成】			【所有財産】	
相続人	配偶者	65歳	財産額　3億円	
	長男	38歳	現金	2,000万円
	次男	35歳	投資信託・株	8,000万円
			自宅（土地）	6,000万円
			自宅（建物）	500万円
			賃貸マンション（土地）	8,500万円
			賃貸マンション（建物）	1,000万円
			賃貸アパート（土地）	3,500万円
			賃貸アパート（建物）	500万円

A **STEP-1　知っておきたい基礎知識**

相続財産は、すべてが法定相続分どおりに分けられる財産とは限りません。例えば、約11兆円の相続税課税財産のうち、分けにくい「不動産」の割合は約6兆円となっています。（平成24年度　国税庁）

その場合、法定相続分どおりに、円満に、分割するためには「代償金」を準備する必要があり、その手段として「生命保険」はよく利用されます。

複数の相続人がある場合、不動産の分け方として大きく二つの方法が考えられます。

① 対象不動産を「売却」して得た代金を割合に応じて分ける
② 単独で相続する方が、他の相続人に対して「応分の現金＝代償金」を渡す

①に関して、万一、相続人が「居住」していた場合は、争いの元になりえます。こうなると、「売れるものも売れない」状況に陥ってしまいます。それだけでなく「売却」の同意を取り付けるため裁判沙汰に発展していくことも多々あります。無用な争いを避けるために「事前」に準備しておくことが大切です。

②について、今回の銀行の提案を検証してみましょう。

【契約形態】
保険種類：終身保険
保険金額：2億円（不動産の評価額相当）
契約者：地主明さん
被保険者：地主明さん
死亡保険金受取人：次男さん（不動産を相続しない子）
となっていました。

STEP-2 弁護士からのアドバイス

1 死亡保険金が相続財産になるか

一般的に、死亡保険金は、受取人の固有財産であり、相続財産として遺産分割の対象にはならないと解されています。しかし、誰が受取人として指定されているかによっては相続財産になるとの見解もあり、以下、場合を分けて説明します。

なお、固有財産と解される場合には、受取人は相続放棄をしても保険金を受

け取ることができます。
① 保険契約者：被相続人、被保険者：被相続人、保険金受取人：相続人中の特定の者

　この場合は、死亡保険金請求権は受取人として指定された者の固有財産となることが最高裁の判断で確定しています（最判昭和40年2月2日）。

② 保険契約者：被相続人、被保険者：被相続人、保険金受取人：「法定相続人」と抽象的に指定

　この場合は、死亡保険金請求権は、特段の事情のない限り、死亡時の相続人の固有財産となるとするのが最高裁の立場です（最判昭和40年2月2日）。また、この場合の相続人が保険金を受け取るべき権利の割合は、特段の事情のない限り、相続分の割合によります（最判平成6年7月18日）。

③ 保険契約者：被相続人、被保険者：被相続人、保険金受取人：指定なし

　この場合は、保険約款及び法律（保険法等）の規定に従って判断します。例えば、保険約款に「保険金受取人の指定のないときは、保険金を被保険者の相続人に支払う」との条項があれば、②と同じく、死亡保険金請求権は、特段の事情のない限り、死亡時の相続人の固有財産となります（最判昭和48年6月29日）。

④ 保険契約者：被相続人、被保険者：被相続人、満期保険金受取人：被相続人

　この場合、満期保険金請求権は、満期後被相続人が死亡すれば、被相続人の相続財産として遺産分割の対象となります。

　もっとも、死亡保険金請求権については、相続財産になるという見解と相続人の固有財産となるとの見解が対立しています。

⑤ 保険契約者：第三者、被保険者：被相続人、保険金受取人：相続人

　この場合の死亡保険金請求権についても、相続財産になるという見解と相続人の固有財産となるとの見解が対立しています。

2 死亡保険金が特別受益になるか

　また、上記①の場合（共同相続人の1人を保険金受取人に指定した場合）、死亡

保険金が相続財産に当たらないとしても、特別受益として持戻しの対象になるのではないかとして、争いになることがあります。

この点、最高裁は、以下のように判示し、原則は特別受益には当たらないが、例外的に特別受益に準じて持戻しの対象になる場合があると判断しました。

「上記の養老保険契約に基づき保険金受取人とされた相続人が取得する死亡保険金請求権又はこれを行使して取得した死亡保険金は、民法903条1項に規定する遺贈又は贈与に係る財産には当たらないと解するのが相当である。もっとも、上記死亡保険金請求権の取得のための費用である保険料は、被相続人が生前保険者に支払ったものであり、保険契約者である被相続人の死亡により保険金受取人である相続人に死亡保険金請求権が発生することなどにかんがみると、保険金受取人である相続人とその他の共同相続人との間に生ずる不公平が民法903条の趣旨に照らし到底是認することができないほどに著しいものであると評価すべき特段の事情が存する場合には、同条の類推適用により、当該死亡保険金請求権は特別受益に準じて持戻しの対象となると解するのが相当である。

上記特段の事情の有無については、保険金の額、この額の遺産の総額に対する比率のほか、同居の有無、被相続人の介護等に対する貢献の度合いなどの保険金受取人である相続人及び他の共同相続人と被相続人との関係、各相続人の生活実態等の諸般の事情を総合考慮して判断すべきである。」(最判平成16年10月29日)

従って、保険金の額、遺産の総額に対する比率、相続人と被相続人との関係、各相続人の生活実態等によっては、例外的に、持戻しの対象になることがありますので、注意が必要です。

3 代償分割と保険の活用

この事例のように不動産が主な遺産を構成しているケースでは、「争続」、つまり、遺産分割で紛争になることがよくあります。

それは、他に現預金等の財産が少ない場合、遺産の分割方法の選択肢が少な

く、解決の糸口が見つからないためです。

このような場合に有効な分割方法が、「代償分割」です。

代償分割とは、一部の相続人に法定相続分を超える額の財産を取得させた上、他の相続人に対する債務を負担させる方法です。

もっとも、この代償分割も、長男が固有の財産を用意できて初めて有効となります。争続が発生してからでは用意できないケースも多く、やはり、事前の対策が重要になります。その対策の一つとして、保険の活用が考えられます。

STEP-3 相続保険コンサルタントからのアドバイス

1 理解しやすい寓話がある

アラブの富豪が17頭のラクダを遺して亡くなりました。遺言には、3人の息子たちにこの17頭のラクダを、「長男が2分の1、次男が3分の1、三男が9分の1になるように分けなさい。」とあり、ただし、ラクダは命よりも大切な生き物なので決して傷つけてはいけない、とのことでした。

さて、どのように分けますか？

3人の息子たちは仕事も手につかず、散々考えても答えが導けませんでした。息子たちは自分たちで考えるのをあきらめて、村の長老のところに教えを請いに行きました。

長老は一言、「では、わが家のラクダを1頭連れて帰りなさい。無事に分けることができたら返しておくれ。」と話しました。

子どもたちはラクダを連れて帰って早速、分けてみました。すると……。

そうです。この1頭こそが、賢者（プロフェッショナル）の智慧であり、この1頭のラクダこそが、「円満解決」のヒケツだったのです。

容易に分割できない（分けられない）財産が多くある場合、無用なトラブルを避けるには、専門家の智慧が不可欠で、早ければ早いほど有効です。

この1頭のラクダに匹敵するのが「生命保険」や「現金」ということです。
　相続対策のうち、「分割対策」には「代償分割」の方法を専門家へ相談することが「解決」への近道となります。
　今回の銀行の担当者さんからの提案は一見良さそうですが、大きな落とし穴があります。次男さんの受け取る生命保険金は「固有の財産」となり、相続財産の外に出ることになります。
　この場合、すべての財産が長男さんに引き継がれることが分かった段階で、次男さんは「遺留分減殺請求」を行使する権利を持つことになるのです。
　それを回避するためにも、この生命保険契約は次のような契約形態ですべきです。

【具体的活用例】
保険種類：終身保険
保険金額：3,750万円（遺留分：次男さんの法定相続分7,500万円×1/2＝3,750万円）
契　約　者：地主明さん
被保険者：地主明さん
保険金受取人：長男さん（不動産を相続する子）

　上記のようにすることで長男さんは、次男さんに渡すべき「遺留分相当額」の現金を得ることができ、これを「代償金」として次男さんに渡すことで円満な相続につながります。
　しかし、ここでも、"落とし穴"が一つあります。
　保険金も「みなし相続財産」として相続税の対象になってしまうのです。
　上記の場合、受け取った保険金額：3,750万円－1,500万円（非課税枠＝500万円×3人：奥さま、お子様2人）＝2,250万円は相続財産として課税対象になってしまうのです。
　ここを忘れると、手取りが不足することになるので、税務の専門家に事前に相談して保険金額は設定することを忘れないでください。

STEP-4 正しい対策への道しるべ

　相続財産のうち、「不動産」「自社株式」等、分割できない、分割は望ましくない財産の割合が非常に多くなっているのが大家さんの現状ではないでしょうか。

　相続人が複数いらっしゃる場合の相続が「争族（あらそうぞく）」に発展してしまうことも数多く見てきました。

　「生命保険」は、「現金」とともに「代償分割」の資金として活用できます。少しの資金で大きな効果を得られる唯一「レバレッジ」が効く対策手段です。

　ただし、契約形態によっては、新たな「争いの種」を撒くことにもなりかねません。

　分割できない財産を「誰に」「どれだけ」引き継いでいくのかという被相続人の「想い」を「形」にしていきましょう。

　それには税務、法務、不動産評価、FPなど専門家集団での総合的判断が不可欠です。

POINT

● 「分割できない」「分割に向かない」資産のスムーズな相続には、「レバレッジ」の効く「現金」としての効果がある「生命保険」の活用は不可欠です。

● 「生命保険」は「相続財産」ではありませんが、「みなし相続財産」として「相続税」の課税対象となります。契約形態には要注意です。また、「手取り」を確保するためには税金を考慮するなど、専門家集団に相談することが大事です。

● ムダのない対策として、「誰に」「なにを」「どれだけ」引き継ぐかをしっかり決めておくことが必要です。

CASE 4-3

保険に加入すると相続税が軽減されるの？

Q ご相談者　地主明さん　70歳

地主さんは、銀行の担当者より、現在、株式市場が活況なこともあり、投資信託の新規購入をすすめられています。同時に、奥様を受取人とした生命保険の加入と「非課税枠」を利用した生命保険の加入もすすめられています。

生命保険は、「損する」と思っていた地主さんから、この保険は加入すべきかどうかの相談がありました。

【家族構成】		
相続人	配偶者	64歳
	長男	32歳
	長女	29歳

【所有財産】	
財産額　3億8,000万円	
自宅（土地）	1億円
自宅（建物）	2,000万円
現預金	1億2,000万円
有価証券	2,000万円
賃貸マンション（土地）	8,000万円
賃貸マンション（建物）	4,000万円

A ### STEP-1　知っておきたい基礎知識

現預金が財産のうち、多額になる場合には、「現金」を「生命保険」にかえることで、相続税を引き下げることが可能です。

具体的には、相続人が受け取る死亡保険金は、保険金額500万円×法定相続

人の人数（地主明さんの場合3人）＝1,500万円までは「非課税」となります。

つまり、相続税課税財産の外に出すことが可能になり、この部分にかかる相続税が減税できることになります。「一次相続」では、相続税率30％の場合、▲450万円の税金が節約できたことになります。

STEP-2 相続保険コンサルタントからのアドバイス

今回の銀行提案の場合、「落とし穴」があります。

【契約形態】
保険種類：終身保険
保険金額：1,500万円（非課税枠：500万円×3人＝奥さま、お子様2人）
契約者：地主明さん
被保険者：地主明さん
死亡保険金受取人：奥さま

この場合、受け取る保険金は「奥さまの財産」へと変わります。さらに、「生命保険金」から「現金」という形に変わってしまうのです。

これでは、いわゆる「二次相続」対策ではこの金額を上乗せして考えなくてはいけなくなってしまいます。

つまり、奥さまの資産が「1,500万円」増えたことになるのです。

この部分は、相続税が課せられることになるので、相続税率30％の場合、450万円の税金が余計にかかることになってしまいます。

これでは、せっかくの「非課税枠」の利用も、結果として、「非課税」ではないということになってしまうのです。

次の世代の相続（三次相続）まで考慮した対策としては、上記契約形態ではなく、保険金受取人を【お子様（長男、長女）】にするのが「賢い生命保険」の利用法と言えます。

また、地主明さんの場合は、次のような契約形態で「資産の移転」も可能です。

【契約形態】

契約者：長男さん

被保険者：長男さん

生命保険金受取人：長男さんの子（地主明さんのお孫さん）

　上記のような契約形態として、保険料相当額は、地主明さんより長男さんに「贈与」するのです。

　この場合の保険料相当額は、「基礎控除＝現在、年間110万円」の範囲内でもよいでしょうし、例えば、現預金1億2,000万円のうち5,000万円を5年で3人のお孫さんに贈与するとした場合はどうでしょうか。

　この時、お孫さんお1人当たり年間約333万円の贈与となりますが、贈与税は23万4,000円（贈与金額に対して約7％の税金）で移転することが可能です。

　何と現在の消費税8％より低い税率で移転することが可能なのです。

　ただし、ここで、注意しなくてはいけないことは「贈与契約書」の作成です。（CASE 3-1参照）

　資産を圧縮して、相続税を軽減する方法の一つとして、生命保険の活用は一考すべきです。

　生命保険は、「人の命」に対してリスクの対価として「お金」を得ることになります。そのため、税制等でも一定の水準で、他の金融商品や不動産よりも有利になっています。

　最低限、現状の税制に則り対策をすることは必要です。ただし、契約形態や商品等によっては不利益になるケースも多々あるので、思わぬ損害を受けることの無いように専門家のアドバイスは必須です。

STEP-3　税理士からのアドバイス

　相続人が受け取る死亡保険金には、非課税枠があり「500万円×法定相続人の数」に相当する金額分は相続税がかからないことになっています。

　しかし、これは現在の相続税法の適用が前提ということになります。

つまり、相続税法は、原則として、相続時時点の規定が適用されることになるため、例えば、10年後に相続が開始された場合には、その時点の法律が適用になるのです。

ですから、相続時に死亡保険金の非課税についての規定があればよいのですが、そのときに、規定があるかどうかは誰もわかりません。

実際に、民主党政権時代の平成23年度税制改正では、死亡保険金の非課税について次の改正が決定されました。

「非課税枠である「500万円×法定相続人の数」という計算式は変えずに、法定相続人に含まれる対象を、（1）未成年者（2）障害者（3）相続開始直前に被相続人と生計を一にしていた者、に限定する。」

これでは、未成年者、障害者以外で、生計を別にする相続人は非課税の対象にならないことになってしまいます。

せっかく相続税の非課税を受けようと加入した保険が意味をなさなくなってしまう可能性があったのです。

結局、自民党政権に戻った平成25年度税制改正によって、上記の死亡保険金の非課税枠の改正は見送られることになり、「500万円×法定相続人の数」に制限が付けられることはなくなりました。

このように法律が変わってしまえば、相続対策が封じられてしまうというリスクがあるのです。

相続はいつ発生するかわかりません。

1か月後かもしれませんし、20年後かもしれません。

相続税対策とは、誰もわからない将来の税制改正のリスクを抱えながら行わなければならないことになるのです。

現在の税制だけを頼りに相続対策をするのは危険と言わざるを得ません。

STEP-4 不動産鑑定士からのアドバイス

生命保険のみで資産圧縮する、と考えると、相続税対策としては対応が不十

分になる場合もあります。

不動産を活用した相続税対策も同時に考えてください。

相続税や贈与税において、不動産を活用する大きなメリットの一つは、時価対比における資産圧縮効果です。

例えば土地の評価額算定の基礎となる路線価は地価公示価格（概ね時価）に対して80％の水準です。建物の評価額も、固定資産税評価額が基礎となっており、固定資産税評価額の一般的傾向としては、新築時において建築代金の50～60％がその水準です。

さらに、賃貸中の土地建物については、その借地権や借家権の付着による評価額減が認められますので、課税上の財産評価額と換金価格と大きな差が生じることが多いです。

換金価格（すなわち時価）に対して、相続税財産評価額が低ければ、その分が非常に有利に相続ができることになります。

つまり、現金を不動産に換えることで、相続税を圧縮することが可能になります。例えば、賃貸用不動産やタワーマンションを購入することにより、大幅な財産評価額低減効果が期待できます（ただし、当該不動産価値が不動産市場で安定的に維持できることが前提になります。）。

要はバランスが大事です。保険のみを選択肢として考えるのではなく、不動産も含めてバランスよく対策しましょう。

STEP-5 正しい対策への道しるべ

相続税負担を軽減する対策は数多くありますが、「生命保険の非課税枠」を利用して「現金」を「生命保険」に換えることでその「現金」を相続財産の外に出すことが可能になります。

この外に出した部分は相続税の対象から外れるため、この部分の「相続税」は軽減されることになります。

「現預金」が多くある場合には、この「非課税枠」は有効な税軽減対策にな

ります。
　しかし、保険金受取人を安易に配偶者としてしまうことで、配偶者の相続時には、非課税とならない財産が増えてしまうことになります。
　保険金受取人を子にすることも考えてみましょう。
　なお、受取人を孫などの相続人以外の人にすると、その受取人については非課税枠が使えませんのでご注意ください。
　孫を受取人にしたい場合には、保険料相当額の現金を「生前贈与」して契約者を孫とすることが有効です。
　お孫さんは「法定相続人」ではないので、「相続開始前3年以内の贈与の持ち戻し」の対象外になるのもメリットです。
　「税金」の負担を軽減するつもりで加入した「生命保険」「生前贈与」のために、むしろ「税率」が上がってしまい手元資金が減ることのないよう専門家のアドバイスは絶対不可欠です。

POINT

- 「生命保険の非課税枠」は、「資産の圧縮」では第一に利用すべき対策です。しかし、受取人を誰にするかによって、二次相続では財産が増えてしまい、相続税が上がってしまうことになりかねません。
- 相続税対策でも有効な生命保険ですが、「税制改正」のリスクは常にあります。もし「税制改正」があったとしても「損をしない」商品選びがポイントです。
- 生命保険のみによる相続対策は限界があります。不動産活用による財産評価額圧縮効果も有効な選択肢の一つですので、バランスよく対策をしましょう。

CASE 4-4

小規模企業共済に加入すると相続対策になるの？

Q 相談者　地主昭さん　76歳

現在、アパート1棟（12室）を所有しています。
年々税金が高くなってきています。
先日、セミナーで「小規模企業共済が所得税の節税にもなって、相続税の節税にもなる」と聞きました。
どういった制度で、どのようなメリットがあるのでしょうか？

【家族構成】			【所有財産】	
相続人	配偶者	74歳	財産額　1億5,000万円	
	長男	47歳	現金	2,000万円
	次男	46歳	自宅（土地）	8,000万円
			自宅（建物）	1,000万円
			アパート（土地）	5,000万円
			アパート（建物）	2,000万円
			アパート借入金	△3,000万円

A 　**STEP-1　知っておきたい基礎知識**

1　小規模企業共済とは

個人事業主または会社の役員が事業を廃止した場合や役員を退職した場合などに、掛金に応じた共済金を受け取れる制度です。

一言で言うと、個人事業主や会社役員のための退職金制度です。

2 加入資格

① 建設業、製造業、運輸業、サービス業（宿泊業・娯楽業に限る）、不動産業、農業などを営む場合は、常時使用する従業員の数が20人以下の個人事業主または会社の役員

② 商業（卸売業・小売業）、サービス業（宿泊業・娯楽業を除く）を営む場合は、常時使用する従業員の数が5人以下の個人事業主または会社の役員

③ 事業に従事する組合員の数が20人以下の企業組合の役員や常時使用する従業員の数が20人以下の協業組合の役員

④ 常時使用する従業員の数が20人以下であって、農業の経営を主として行っている農事組合法人の役員

⑤ 常時使用する従業員の数が5人以下の弁護士法人、税理士法人等の士業法人の社員

⑥ 上記①、②に該当する個人事業主が営む事業の経営に携わる共同経営者（個人事業主1人につき2人まで）

（1）加入資格のない方の一例

① 配偶者等の事業専従者（ただし、共同経営者の要件を満たしていれば共同経営者として加入できます。）

② 協同組合、医療法人、学校法人、宗教法人、社会福祉法人、社団法人、財団法人、NPO法人（特定非営利活動法人）等の直接営利を目的としない法人の役員等

③ 兼業で事業を行っているサラリーマン（雇用契約に基づく給与所得者）（※）

④ 学業を本業とする全日制高校生等

⑤ 会社等の役員とみなされる方（相談役、顧問その他実質的な経営者）であっても、商業登記簿謄本に役員登記されていない場合

⑥ 生命保険外務員等

⑦ 独立行政法人勤労者退職金共済機構が運営する「中小企業退職金共済制

度」、「建設業退職金共済制度」、「清酒製造業退職金共済制度」、「林業退職金共済制度」(「中退共等」)の被共済者である場合
※主たる事業が会社員であり、小規模企業者に該当しないため、加入資格はありません。

賃貸オーナーの場合には、次のいずれかの加入条件を満たす必要があります。
・個人で賃貸経営をしている場合には、事業的規模であり、かつ、本業が会社員ではないこと
・法人で賃貸経営をしている場合には、役員であること

3 加入のメリット

(1) 掛金の支払い時のメリット

掛金として支払った全額が所得控除になります。

生命保険料控除が最大12万円ですので、それと比べると、大きな節税ができると言えます。ただし、掛金は月額最大70,000円までで、月額1,000円〜70,000円の範囲で500円単位で自由に選べます。途中で増額することも減額(※)することも可能です。

※減額の場合には一定の条件が必要になります。

図表4-1 掛金による節税額の一覧表

課税される所得金額	加入前の税額		掛金月額ごとの加入後の節税額			
	所得税	住民税	掛金月額 1万円	掛金月額 3万円	掛金月額 5万円	掛金月額 7万円
200万円	104,600円	205,000円	20,700円	56,900円	93,200円	129,400円
400万円	380,300円	405,000円	36,500円	109,500円	182,500円	241,300円
600万円	788,700円	605,000円	36,500円	109,500円	182,500円	255,600円
800万円	1,229,200円	805,000円	40,100円	120,500円	200,900円	281,200円
1,000万円	1,801,000円	1,005,000円	52,400円	157,300円	262,200円	367,000円

出所:中小機構ホームページより

(2) 受取時のメリット

　共済金を受け取るときには、受け取った金額に課税されますが、税金上のメリットがあります。

　共済金は、「一括」、「分割（10年・15年）」、「一括と分割の併用」のいずれかの受け取りができます。

　受け取り方や事由によって、一時所得、退職所得、雑所得で課税されますが、退職所得控除、公的年金控除などがあり、いずれもかかる税金が少なくなるようになっています。

図表4-2　受取・金額比較表（事由別）
（例）掛金月額1万円で、平成16年4月以降に加入された場合

掛金納付月数	掛金残高	共済金A	共済金B	準共済金
5年	600,000円	621,400円	614,600円	600,000円
10年	1,200,000円	1,290,600円	1,260,800円	1,200,000円
15年	1,800,000円	2,011,000円	1,940,400円	1,800,000円
20年	2,400,000円	2,786,400円	2,658,800円	2,419,500円
30年	3,600,000円	4,348,000円	4,211,800円	3,832,740円

（注）
共済金Aとは、個人事業の廃止、個人事業主の死亡等の事由による共済金の受け取り。
共済金Bとは、老齢給付等による共済金の受け取り。
準共済金とは、配偶者又は子に事業の全部譲渡等による共済金の受け取り。
出所：中小機構ホームページより

4 相続税対策に効果的

　小規模企業共済の共済金を死亡時に相続人が受け取る際にも非課税枠というものがあります。

　これは死亡により共済金を受け取る場合には、死亡退職金扱いとなるためです。

　この死亡退職金には、死亡保険金とは「別枠」で「500万円×法定相続人の

数」の非課税枠が使えるのです。

ですから、生命保険金を掛けながら小規模企業共済を掛ければ、ダブルで非課税枠が使え、相続対策に効果的になるのです。

STEP-2 税理士からのアドバイス

1 死亡による受取人の指定ができない

共済契約者が亡くなった場合の共済金を受け取れる方の指定をすることはできません。

一般の相続財産におけるものとは異なり、小規模企業共済法で定められています。

まず、配偶者（内縁関係者を含む）が優先され、次に扶養家族が受け取れることになります。

死亡保険金の受取人が指定できる生命保険金とは異なります。

配偶者が優先して共済金を受け取ることになるため、2次相続の相続税に影響が出る可能性があります。

つまり、配偶者が相続により共済金を受け取る際には、非課税枠まで相続税が課税されないことになりますが、配偶者が亡くなる2次相続の際には、受け取った共済金は現金等になっているため、非課税とはならず、相続税が課税されることになります。

ですので、配偶者が受け取った場合には、遺産分割によって配偶者が取得する財産を少なく調整することや、受け取った共済金を、生命保険や生前贈与を活用して、2次相続の相続税が増えないように対策する必要があります。

図表4-3 共済契約者が死亡した場合の受取人順位表

受給権順位	続柄	備考
第1順位者	配偶者	内縁関係者も含む (戸籍上の届出はしてないが、事実上婚姻と同様の事情にあった方)
第2順位者	子	共済契約者が亡くなった当時、共済契約者の収入によって生計を維持していた方
第3順位者	父母	
第4順位者	孫	
第5順位者	祖父母	
第6順位者	兄弟姉妹	
第7順位者	そのほかの親族	
第8順位者	子	共済契約者が亡くなった当時、共済契約者の収入によって生計を維持していなかった方
第9順位者	父母	
第10順位者	孫	
第11順位者	祖父母	
第12順位者	兄弟姉妹	

出所:中小機構ホームページより

2 承継通算での受け取り

　受給順位によって共済金を受け取る以外に、共済金の請求をせず、相続により事業の全部を取得した配偶者又は子が、共済金を承継する制度があります。

　これを承継通算といいます。

　例えば、被相続人が15年間共済掛金を掛けていた場合に、死亡時に15年分の共済金を受け取ることができるのですが、あえて受け取らずに、事業を承継した配偶者や子がそこから継続して掛金を掛けることができます。

　そうすることで、15年以上の期間での累積で掛金を掛けられるため、共済金を受け取る際にはより大きな金額で受け取ることができます。

　承継通算の場合でも、相続時に受け取ることができる一時金の金額相当で相

続税課税されることにはなります。この場合でも「500万円×法定相続人の数」の非課税枠を使うことができます。

　２次相続を考えて、配偶者に共済金を受け取らせたくない場合には、この承継通算という制度を活用するとよいでしょう。

　ただし、事業の全部を相続した場合でないと承継通算はできません。

　複数の収益物件を複数の相続人で分割する場合には、全部を承継していないことになり、承継通算を選択できませんので注意が必要です。

STEP-3　相続保険コンサルタントからのアドバイス

1　生命保険との比較

〈お亡くなりになったとき〉

　共済契約者が亡くなった場合の共済金額は、以下のとおり、地位と加入年数により異なります。

【全地位で共通】

　掛金納付月数が６か月未満では、まったくありません。掛け捨てとなります。

　掛金納付月数が36か月未満では、掛金合計額となります。

　一方、受取人等は、図表４-３のとおりで、生命保険では認められない内縁関係者も可能になります。

【A 共済事由】（個人事業主、共同経営者）

　掛金納付月数（36か月以上～概ね25年目）

　掛金を年利約1.5％で複利運用した元利合計金額となります。

　掛金納付期間（概ね25年目以降35年目）

　掛金を年利約1.5％から1.0％に向けて段階的に低下します。

　掛金納付期間（概ね35年目以降）

　掛金を年利約1.0％で複利運用した元利合計金額となります。

【B 共済事由】（会社等役員）

掛金納付期間（36か月以上）

掛金を概ね1.0％で複利運用した元利合計額に見合う金額となります。

〈生存給付（老齢給付、解約手当金）のとき〉

共済加入年数により、異なります。

掛金納付月数が12か月未満では、まったくありません。掛け捨てとなります。

・老齢給付金

共済契約者が65歳以上で、掛金納付期間が180か月以上の場合上記B共済事由と同額を老齢給付として受けることができます。

・解約手当金

掛金納付月数が12か月以上の場合に受け取れます。12か月未満では、まったくありません。掛け捨てとなります。

掛金納付月数により次のとおりとなります。

12か月以上84か月未満では、支給率80％

84か月目から6か月単位で支給率が段階的に増加し、240か月以上246か月未満で100％、以降段階的に増加し、最高で120％となります。240か月未満では掛金合計を下回ります。

また、途中で掛金月額を変更している場合は、240か月以上であっても、掛金合計額を下回ることがあります。

お金（共済掛金）の出所については、個人になります。

法人の「損金扱い」ではないことに注意が必要です。

ただし、法人の場合は、法人を契約者とした生命保険を利用して費用化することができます。また、資金の流動性で見た場合、保障期間や保険料納入期間など細かく設定でき、コントロールできる生命保険も一考の価値ありです。

STEP-4 正しい対策への道しるべ

小規模企業共済は相続対策においても、非常に有効な手段と言えます。

加入条件にあてはまるのであれば、積極的に利用した方がよいでしょう。

　生命保険と違い、年齢制限がなく、掛金が全額所得控除になるなど、メリットが多いですが、受取人が指定できない点に気を付けてください。

　特に配偶者が受取人になる場合ですが、相続税においては、2次相続対策が欠かませんので、2次相続の税額シミュレーションまでした上で、小規模企業共済を活用しましょう。

　また、掛金の金額にも注意してください。

　高額な掛金を掛け過ぎると、いつの間にか、相続税の非課税枠を大幅に上回って、相続税が課税されてしまうことがあります。

　何年積み立てると非課税枠に達するのかを計算し、バランスよく掛金を掛けるようにしてください。

POINT

- 小規模企業共済は、掛金を掛けるときは全額所得控除になるため、所得税・住民税の節税になります。
- 小規模企業共済を死亡により相続人が受け取る場合には、死亡退職金として相続税の非課税枠があります。生命保険の非課税枠とは別枠になるため、小規模企業共済と生命保険をうまく併用すると、相続対策として効果が高くなります。
- 小規模企業共済の死亡による受け取りは、死亡保険金と異なり、受取人が指定できません。配偶者に優先権があるため、2次相続での相続税が増加しないような対策が必要です。

第5章

遺言書による
相続対策の常識
ウソ？ホント？

CASE 5-1

遺言書を書かなくても大丈夫？

Q 相談者　地主昭さん　70歳

私はアパート1棟を所有する大家です。そろそろ年も年なので死後のことを考えるようになりましたが、息子の2人のうちどちらにアパートを譲ればよいのか決めかねています。私の死後に息子2人で話し合って決めてもらえばよいとも思っています。妻は、息子2人は仲が良いからそれでいいんじゃないかと言っているのですが、どうでしょうか。

【家族構成】			【所有財産】	
相続人	配偶者	65歳	財産額　1億9,500万円	
	長男	40歳	現預金	1,000万円
	次男	38歳	自宅（土地）	5,000万円
			自宅（建物）	500万円
			アパート（土地）	1億円
			アパート（建物）	3,000万円

A STEP-1　知っておきたい基礎知識

1 相続の方法

民法上、相続には2つの方法があります。①遺言相続と②法定相続です。

① 「遺言相続」とは、被相続人が相続の仕方について「遺言」（いごん）という形で意思を表示している場合の相続の仕方を言います。

② 「法定相続」とは、民法が定めたルールに従った相続の仕方を言います。

被相続人が亡くなったときは、遺言があるかどうかを調べます。遺言がある場合には、遺言相続として、遺言に従って処理をします。遺言がない場合には、法定相続として、民法に従って処理をします。つまり、法定相続は、遺言がない場合に備えて、その処理の仕方を法律でルール化したものなのです。

大事なことは、法定相続というのは「争続」になるリスクがあるということです。従って、「争続」対策には、遺言相続を選択する、つまり遺言を作成することが重要となります。

2 法定相続の「争続」リスク

遺言についてはCASE 5-2で解説しますので、前提として、法定相続にはどのような争続リスクがあるのかをみていきます。

法定相続では、次の5つについて確定していく作業が必要となります。
Ⅰ　相続人の確定
Ⅱ　遺産の範囲の確定
Ⅲ　遺産の評価の確定
Ⅳ　具体的相続分の確定（寄与分、特別受益）
Ⅴ　分割方法の確定（現物分割、代償分割、換価分割、共有とする方法）

(1) 誰が相続するのか（相続人）

まず、相続人を確定します。民法上、相続人は、①血族相続人と②配偶者相続人に限られています。

①　「血族相続人」には順位があります。
　　第1順位：「子」及びその代襲相続人（民法887条）
　　第2順位：「直系尊属」（父母、祖父母など。民法889条1項1号）
　　第3順位：「兄弟姉妹」及びその代襲相続人（民法889条1項2号、2項）
②「配偶者相続人」は、常に血族相続人と同順位で相続人になります。

なお、代襲相続人とは、被相続人の「子」や「兄弟姉妹」が相続開始以前に死亡していた等の一定の事情がある場合に、その者の代わりに相続する者のこ

とを言います。被相続人の「子」の子（被相続人の孫）と、「兄弟姉妹」の子（被相続人のおい、めい）などがこれに当たります。

法定相続の場合には、戸籍・除籍謄本等を取り寄せ、相続人を確定させていきます。ケースによっては、戸籍・除籍謄本等を集めるだけで一苦労となります。

また、相続人が多数いる場合、遠隔地に住んでいる場合、感情的対立が激しい相続人がいる場合などには、話合いが進まなくなります。

（2）何を相続するのか（相続財産）

相続開始時（死亡時）に被相続人の財産に属した一切の権利義務（民法896条本文）が相続の対象となります。財産上の権利・義務であれば、すべて包括的に相続の対象となりますが、被相続人の一身に専属したもの（同条但書）や祭祀財産（同897条）は相続の対象とはなりません。

この相続財産として何があるかを確定させます。

相続財産には、他人名義であるが実質は被相続人の財産であったり（例えば、名義預金についてはCASE 3-2参照）、被相続人名義であるが実質は他人の財産である場合もあります。話合いで財産の帰属が決着つかない場合には、前者については、被相続人の遺産であると主張する相続人から遺産確認訴訟、後者については、自分の財産であると主張する者から所有権確認訴訟等が提起され、裁判で決着をつけることになります。

また、相続人の中には、被相続人の遺産を隠してしまい、他の相続人に遺産を開示しないケースもあり、これを開示させるのに苦労します。

（3）遺産はいくらか（遺産の評価）

遺産の範囲を確定させるのと平行して、遺産の評価を確定させていきます。大家さんが所有する不動産や、不動産管理会社を設立した場合の株式（中小企業の非上場株式）については、さまざまな評価方法があり、いくらと評価すべきかで争いになることがあります。

（4）どれだけ相続するのか（相続分）

「相続分」とは、相続人が複数存在する場合に各相続人が相続財産を取得す

る割合のことを言いますが、そのうち、民法に規定された相続分のことを「法定相続分」と言います。

民法上、法定相続分は、同順位の相続人が複数いるとき（配偶者と血族相続人の組み合わせ、または同種類の血族相続人が複数の組み合わせ）、誰が相続人になるかで割合が異なっています（民法900条）。

まず、配偶者と血族相続人の組み合わせの場合には、法定相続分は以下の表のとおりになります。

図表5-1　法定相続分の割合

	配偶者	子	直系尊属	兄弟姉妹
第1順位	1／2	1／2		
第2順位	2／3		1／3	
第3順位	3／4			1／4

また、配偶者の有無にかかわらず、同種類の血族相続人が複数いるとき（例えば、子が複数）には、原則として人数で均等に分けます。

例えば、父親が亡くなり、相続人は妻と子2人とします。この場合には、妻が1／2、子が全体で1／2となります。また、子が2人いますので、これを均等に分けると、1／2×1／2で、子は、1／4ずつとなります。

仮に配偶者が先に死亡していて、子2人しか相続人がいないケースでは、単純に均等割で、子は1／2ずつとなります。

この法定相続分は、特別受益と寄与分があると修正されます。この修正された後の相続分のことを「具体的相続分」と言います。遺産分割は、この具体的相続分をもとに行うことになります。

「寄与分」とは、共同相続人の中に、「被相続人の事業に関する労務の提供又は財産上の給付、被相続人の療養看護その他の方法により被相続人の財産の維持又は増加について特別の寄与をした者」があるときに、遺産を増やした貢献に報いるために、その者の相続分を増やして公平を図る制度のことを言います（民法904条の2）。

特別の寄与、つまり、通常期待される程度を越える貢献があったと評価できるかで、時に相続人間で争いが生じます。

「特別受益」についてはCASE3-1をご参照ください。

（5）分け方（分割方法）

こうして、相続人、相続財産、遺産の評価、具体的相続分が確定したら、ようやく、具体的な分割方法（遺産分割）の話合いに入ります。

なお、遺産分割の対象になるかは、相続財産の種類によって異なります。

不動産や動産などの所有権、株式などの所有権以外の財産権は、相続により、前者は「共有」、後者は「準共有」の状態になります（民法898条、264条）。各相続人は、相続分に応じた共有持分を持つことになり、これを具体的に分ける方法が遺産分割となります。

一方で、預金や貸付金等の金銭債権（分けられる金銭債権）は、法定相続により当然に分割されるため、原則として遺産分割の対象になりません。もっとも、相続人同士で分割対象に含める旨の合意をすれば遺産分割の対象に含めることは可能となり、実際には、金銭債権を含めて話合いが行われています。

遺産分割による分割方法には、四つの種類があります。①現物分割、②代償分割、③換価分割、④共有分割の四つです。

まず、「現物分割」が原則的な方法となります。これは、個々の財産の形状や性質を変更することなく分割する方法です。この土地はAさん、この土地はBさんと分ける場合です。

次に、「代償分割」を考えます。代償分割とは、一部の相続人に法定相続分を超える額の財産を取得させたうえ、他の相続人に対する債務を負担させる方法です。

3つめの方法として「換価分割」があります。これは、遺産を売却により換金した後に、その代金を分配する方法です。

「共有分割」は、最後の手段ですが、遺産の一部又は全部を具体的相続分による物権法上の共有取得とする方法です。簡単に言うと、共有で確定させてしまう方法です。

(6) 解決手続

　このように、法定相続の場合には、遺産分割で解決するまでに、さまざまな「争続」リスクが潜んでいます。
　これを解決する手続きは、①遺産分割協議→②遺産分割調停→③遺産分割審判となります。
　「遺産分割協議」は、相続人全員で話し合うことです。ここで協議がまとまれば遺産分割協議書を作成します。
　協議が成立しない場合には、ステージを家庭裁判所に移し、調停委員という第三者を間に入れて話合いをします。これを、「遺産分割調停」と言います。調停でもまとまらない場合には、「遺産分割審判」に移行し、家庭裁判所が後見的に分割方法を決定します。
　ところで、最高裁判所はそのホームページでさまざまな司法統計を公表していますが、このうち、平成25年度の「第45表　遺産分割事件数―終局区分別審理期間及び実施期日回数別―全家庭裁判所」(http://www.courts.go.jp/app/files/toukei/273/007273.pdf) をみると、遺産分割調停・審判事件の審理期間が分かります。例えば、平成25年に遺産分割調停が成立した事件の審理期間をみると、一番多いのは6月超1年以内で33.5％、次に多いのが1年超2年以内で24.2％、3番目に多いのが3か月超6か月以内の23.7％となっています。さらには3年を超えるものも2.5％あり、法定相続で「争続」になると、解決までに多くの時間を費やすリスクがあります。そうなると、これに関わる相続人の労力や精神的負担ははかり知れません。
　従って、「争続」対策には、法定相続にならないように遺言相続を選択する、つまり遺言を作成することが重要となるのです。

STEP-2 弁護士からのアドバイス

1 「争続」リスク

　この事例では、子どもは仲が良くもめることはないだろうと遺言書を書かずにいます。
　もともと子ども同士の仲が悪いときには、遺産分割でもめることはたやすく想像できますが、子ども同士仲が良いケースでも、その配偶者や周りの親族等が口を出し、「争続」になることがよくあります。
　また、解説にあるように、「争続」リスクというのはいたるところに潜んでいます。
　従って、相続人や相続財産を洗い出し（CASE 5 - 2 参照）、どのあたりで「争続」が起きるかを想定し、その手当ができるような遺言を作成しておくことをおすすめします。これは、当該ビジネスにおける法的リスクを洗い出し、契約書にそのリスク回避のポイントを盛り込む会社の予防法務と同じ発想です。

2 法定相続では実現できない思い

　なお、「争続」リスクとは異なる視点ですが、法定相続人以外に財産を残したいケースでは遺言を作成しなければその思いが実現できません。例えば、内縁の妻、配偶者の連れ子、子の妻、子がいる場合の兄弟姉妹、認知していない子、世話になった第三者（お寺、老人ホーム）など、法定相続人以外の者に財産を残したい場合には、必ず遺言書を書いておきましょう。

STEP-3 税理士からのアドバイス

1 相続税の支払時期

　遺言書がないと、通常は、遺産分割協議によって相続財産を分けることになります。遺産分割協議で遺産分けが決まらなかったら、相続税はどうなるのでしょうか。

　「遺産分割が決まるまでは、相続税は払わなくてよい」ということにはなりません。遺産分割が決まっても、決まらなくても、相続開始から10カ月以内に相続税を払うことになります。

　この場合には、未分割での相続税の申告となり、法定相続分で相続したものと仮定して相続税の計算をすることになります。

2 特例が使えないリスク

　未分割での申告の場合、配偶者の税額軽減、小規模宅地の減額などの特例が使えないことになります。

　配偶者の税額軽減は、実際に配偶者が相続で取得した財産金額を基に計算されるため、未分割では適用できないのです。

　また、小規模宅地の減額についても、相続又は遺贈で取得した財産が対象になるため、未分割では適用できないことになります。

　ただし、相続税の申告書に「申告期限後3年以内の分割見込書」を添付して提出しておき、相続税の申告期限から3年以内に分割された場合には、特例の適用を受けることができます（なお、調停や裁判になって申告期限後3年以内に遺産分割ができないような場合には、申告期限後3年を経過する日の翌日から2か月を経過する日までに、「遺産が未分割であることについてやむを得ない事由がある旨の承認申請書」を提出し、その申請につき所轄税務署長の承認を受けた場合には、判決の確定の日など一定の日の翌日から4か月以内に分割されたときに、これらの

特例の適用を受けることができます）。

　ですから、未分割の場合には、これらの特例の適用がない状態、つまり高い相続税を一旦納税し、その後分割されたときに特例を受けて、払い過ぎた相続税を還付してもらうという手続きになります。

　これは何を意味するかというと、高い相続税の現金を用意しなければならず、用意できない場合には、不動産を売却しなければならなくなる事態が起こりうるのです。

　従って、遺産分割の場合には、申告期限内に遺産分割がまとまらないと、結果的に相続税でも損をしてしまう可能性があります。

　そうならないように遺言書を作成しておくことは、相続税の観点においても有効と言えます。

STEP-4　正しい対策への道しるべ

　この事例では、相談者は遺言書を書かずに法定相続を選択しようとしています。しかし、法定相続ではさまざまな「争続」リスクがあるのでおすすめできません。仲の良い子どもたちが相続でもめて仲違いしてしまっては、本末転倒と言えましょう。

　また、遺産分割協議がすぐにまとまらない場合でも相続税の申告期限が到来します。そうしますと、高い相続税を用意しなければならず、子どもたちに重い負担となります。

　従って、税金対策、納税対策、争続対策の三つの観点から、法定相続を選択せずに、遺言書をしっかり残すようにしましょう。

POINT

- 遺言書を書かなければ、法定相続となり、いま仲が良い兄弟であっても、「争続」に発展するリスクがあります。
- 法定相続の場合、申告期限内に遺産分割がまとまらなければ、一時的に高い相続税を用意しなければならず、相続税の観点からも不利益を被るリスクがあります。
- 税金対策、納税対策、争続対策の3つの観点から、遺言書をしっかり残すようにしましょう。

CASE 5-2

遺言書を書けばもめない？

Q 相談者　地主昭さん　70歳

私は自宅とアパート1棟を所有する大家です。息子が2人いますが、長男が老後の生活の面倒をみることを約束し、またアパート経営も引き継ぐことを約束しているために、自宅とアパートを長男に相続させ、次男には残りの預金のみを配分する公正証書遺言を残しています。遺言書を書いておけばもめないでしょうか？

【家族構成】	【所有財産】
相続人　配偶者　なし 　　　　長男　　40歳 　　　　次男　　38歳	財産額　1億3,500万円 　　現預金　　　　　　3,000万円 　　アパート（土地）5,000万円 　　アパート（建物）2,000万円 　　自宅（土地）　　3,000万円 　　自宅（建物）　　　500万円

A STEP-1 知っておきたい基礎知識

1 遺言の方式

CASE 5-1では法定相続について説明しましたが、ここでは、遺言相続の説明をします。

民法上、遺言の種類には、普通方式（自筆証書遺言、公正証書遺言、秘密証書

遺言）と特別方式がありますが（民法967条）、ここでは普通方式の中でよく使われる①自筆証書遺言と②公正証書遺言について説明します。

「自筆証書遺言」は、遺言者が遺言の全文、日付及び氏名を自署し、押印して作成する方式の遺言です（民法968条）。

「公正証書遺言」は、遺言者が遺言の趣旨を公証人に口授（くじゅ）し、公証人がこれを筆記して公正証書により遺言書を作成する方式の遺言です（民法969条）。口授とは、遺言の内容を遺言者が公証人に直接口頭で伝えることを言います。

自筆証書遺言と公正証書遺言の主な違いは以下の表のとおりです。

一番のポイントは、どちらの方式も民法の厳格な方式が決められており、これに従わなければ遺言が無効になるという点です。遺言が無効になると、法定相続になります。相続対策のために遺言書を残したのに無効になっては何の意味もありません。ですので、どちらを選択すべきか迷ったときには、専門家である公証人が形式チェックをする公正証書遺言をおすすめします。

もっとも、高齢で死期が迫っている場合には、公正証書遺言を準備している途中で亡くなってしまう可能性があります。こういう場合には、特に重要な部分だけでも先に自筆証書遺言を作成しておいてから、公正証書遺言の作成に取りかかるとよいでしょう。

図表5-2　自筆証書遺言と公正証書遺言の違い

	自筆証書遺言	公正証書遺言
作成方法	遺言者が、日付、氏名、財産の分割内容等全文を自署し、押印して作成 （訂正にも方式あり）	遺言者が、原則として、証人2名以上とともに公証役場に出かけ、公証人に遺言内容を口授し、公証人が筆記して作成
メリット	・手軽に作成できる ・費用がかからない	・遺言の形式不備等により無効になるおそれが少ない ・原本は、公証役場にて保管されるため、紛失・隠匿・偽造のおそれがない

		・家庭裁判所による検認手続が不要である
デメリット	・文意不明、形式不備等により無効となるおそれがある ・遺言の紛失・隠匿・偽造のおそれがある ・家庭裁判所の検認手続が必要である	・作成までに時間がかかる ・公証役場に払う費用がかかる

出典：中小企業庁「事業承継ガイドライン20問20答」15頁を加工
http://www.chusho.meti.go.jp/zaimu/shoukei/shoukei20/download/shoukei.pdf

2 遺言書の作成手順

　遺言書を作成する場合には、以下の手順で行います。
（1）まず、相続人関係や相続財産を洗い出します。
① 相続人関係
　被相続人・相続人を中心に、親族関係を整理します。相続人は戸籍・除籍謄本等で確認することができます。
　手書きでよいので、相続人関係図を作成すると分かりやすくなります。
　被相続人や相続人だけではなく、内縁の妻や孫など、遺言書を書くにあたって関係する人たちを相続人関係図に書き込んでいきます。
　また、高齢者で自宅の建物に居住する必要がある、農家で農業を継ぐ必要がある、経済力がある、無職で生活に困窮している、生前に贈与したことがある、家業を手伝い財産の維持に貢献した、将来親の面倒を見てもらう、誰と誰は仲が良い・悪いなど、遺言内容を検討するための情報を書き込んでおくと頭の整理になります。
② 相続財産の内容及び評価
　平行して、どのような相続財産があるのかを洗い出します。プラスの財産だけではなく、ローンや保証債務等のマイナスの財産も確認します。

不動産であれば、登記簿謄本、固定資産評価証明や路線価、預貯金であれば預貯金通帳、ローンであれば消費貸借契約書などの資料があると、正確な財産や評価が分かります。
　こちらも手書きでよいので、財産目録を作成すると分かりやすくなります。
　また、一筆の土地を分けたり、建物の中で利用方法を検討する場合などは、公図、地積測量図、建物図面などの図面もあると分割方法の検討のために参考になります。
（２）相続人や相続財産を洗い出した後は、その情報をもとに遺言内容を検討します。
　例えば、長男夫婦が同居し親の面倒をみると言っているので、長男夫婦に自宅の土地建物を相続させたいとか、次男が農家を継ぐと言っているので次男に農地を相続させたいとか、三男には生前に多額の金銭を援助してあげたので他の兄弟に多くあげたいなど、遺言者の思いを検討していきます。
　それとともに、専門家に相談することをおすすめします。
　相続対策は、①税金対策、②納税対策、③争続対策の三つが必要となります。
　遺言書を書くことは、③の争続対策の一つですが、例えば遺留分を侵害するような遺言書を書いてしまうと（CASE 5-3参照）、結局紛争になります。
　また、誰にどの財産をあげるかによって相続税も異なってきますし、遺言書どおりに相続しても相続税の納税資金が払えず、思いが実現できないこともあります。
　従って、遺言者の思いを実現するために、是非、専門家にご相談ください。
　その際には、事案によってさまざまな専門家の視点が必要となる場合があります。
　相続税対策には、もちろん税理士が専門であり、不動産の評価が絡めば不動産鑑定士が専門です。また、遺産分割や遺留分対策を始め、紛争リスクを抑え、無効原因を取り除く遺言書を作成するのは弁護士が専門とするところです。また、納税資金対策を始め、保険を使った相続対策であればファイナンシャルプランナーが得意とする分野です。

一面のみの偏った専門家ではなく、ご自分の悩みに応じた適切な専門家に相談するという視点を忘れないようにしてください。
（3）遺言内容を検討したら、遺言書案を作成します。
（4）そして、実際に遺言書を作成します。

自筆証書遺言であれば、遺言者が遺言書案を見ながら自署により作成し、公正証書遺言であれば、遺言書案をもとに公証人と打ち合わせをして、公証役場で作成してもらいます。

弁護士や税理士等の専門家に依頼すれば、専門家が（3）遺言書案の作成→（4）遺言書の作成の部分についてももちろんお手伝いします。

STEP-2　弁護士からのアドバイス

1　配分の差による「争続」リスク

この事案では、長男が老後の生活の面倒をみることを約束し、またアパート経営も引き継ぐことを約束しているために、自宅とアパートを長男に相続させ、次男には残りの預金のみを配分する遺言を残しています。公正証書遺言で遺言を作成しており、形式面では問題がなさそうです。

しかし、現在は、旧法時代の家督相続的な発想よりも、兄弟みな平等の法定相続の発想の方のほうが多く、遺言で、兄弟間の配分に差があると、兄弟間の感情的な対立に発展することがよくあります。

特に、本件では弟の遺留分を侵害しており、遺留分の争いが懸念されます（詳しくはCASE 5 - 3参照）。

このように遺言書を作成していても、「争続」に発展することがありますのでご注意ください。

2　遺言能力

また、遺言書の作成には遺言能力（遺言の内容を理解し、遺言の結果を弁識し

得るに足りる意思能力）が必要となります。最近、認知症の高齢者が知らないうちに遺言書を作成していて裁判で争いになったというニュース記事をよく見かけるようになりましたが、遺言能力がないまま遺言書を作成すると、その遺言は無効となります。

　このことは、自筆証書遺言と公正証書遺言で変わりがなく、公正証書遺言であっても遺言能力がなく無効と判断された裁判例もあります。

　本件では遺言者は70歳と高齢であり、遺産の配分の少なかった次男から遺言能力がなかったと、遺言の無効を主張される可能性があります。

　遺言書の作成は、遺言能力を疑われないように、できるだけ早めに着手することをおすすめします。

　遺言書は何度でも書き換えることができるので（民法1022条、1023条）、事情が変わった場合には書き換えればよいという気持ちで早めに作成しておきましょう。

STEP-3　税理士からのアドバイス

1　相続税対策の必要性

　遺言書を書くにあたって、「遺言者が誰にどの財産を渡したいのか」という気持ちが当然優先されるべきではあります。

　しかし、分け方ひとつで相続税が変わることもあります。

　「相続税をいかにおさえるか」だけを基準に遺言書を書くことは、おすすめできるものではありませんが、その遺言書が相続税にどのように影響を与えるのかを分かったうえで作成することは必要なことと考えます。

　特に、相続税評価を大きく引き下げる効果のある小規模宅地の減額は、誰が取得するのかによって、適用の可否が変わってきます。

2　小規模宅地の減額

　小規模宅地の減額のうち、被相続人の自宅について居住用の80％減額（330m^2

まで）を適用するためには、下記のいずれかの要件を満たさなくてはなりません。
① 配偶者が取得する場合
② 同居親族が取得して申告期限まで居住する場合
③ 別居親族で、相続開始前3年以内に自己（自己の配偶者を含む）の所有する家屋に居住したことがない場合で、申告期限まで保有する場合（配偶者、同居する法定相続人がいない場合に限る）（以下、「家なき子」と言います。）

配偶者か同居親族がいる場合には、どちらかに自宅を相続させないと減額が受けられないことになります。

配偶者、同居親族がいない場合には、家なき子に相続させないと減額が受けられないことになります。

ですから、財産が自宅と現金の場合に、同居する長男には現金、別居している次男に自宅という財産の分け方では、自宅の小規模宅地の減額が適用できないことになってしまいます。

事業用の小規模宅地の減額（400m^{2}まで80%減額）、賃貸用の小規模宅地の減額（200m^{2}まで50%減額）も同様です。

事業用も賃貸用も、取得した人が相続税の申告期限まで事業継続または賃貸継続することが要件になっているため、事業を承継する気がなく、相続後すぐに事業を廃止したり、売却すると一切の減額が受けられなくなってしまいます。

従って、遺言書でこれらの土地を相続させる場合には、事業または賃貸を継続してくれる人に相続させる相続税がおさえられることになります。

3 一筆の宅地の上に事業用の建物と居住用の建物がある場合

一筆の宅地の上に事業用の建物と居住用の建物がある場合には注意が必要になります。

これを子2人（長男と次男）に相続する場合に、長男には事業用の建物、次男には居住用の建物を相続させ、敷地を長男と次男の2分の1ずつの共有にする場合があります。

例えば、長男は、事業用の小規模宅地の減額を満たし、次男は居住用の小規模宅地の要件を満たしますが、長男は居住用の小規模宅地の減額の要件を満たさず、次男は事業用の小規模宅地の減額の要件を満たさないものとします。

　土地に係る長男と次男の共有持分は、居住用の建物の敷地と事業用の建物の敷地に均等に及んでいると考えるため、事業用の敷地のうち事業継続をして要件を満たす長男の持分（50m²相当）については、小規模宅地の減額が適用され、要件を満たさない次男の持分（50m²相当）については小規模宅地の減額が適用されないことになります。

　居住用の敷地についても同様です。これでは小規模宅地の減額の対象が2分1になってしまいます。

　この場合にどうすればよいかというと、生前に土地を分割（分筆）して、長男、次男がそれぞれの土地を相続させるようにしておくと、すべてが減額の対象になります。

　できれば生前に分筆しておく方がよいですが、分筆が間に合わなくても、遺言書に、「○○の土地を分筆し、△△（事業用）の建物の敷地は長男に、□□（自宅）の建物の敷地は次男に相続させる」などと、それぞれ相続させる土地を指定してあげることによって、小規模宅地等の減額を最大限受けることができます。

図表5-3　小規模宅地の減額の適用可否

① 分筆せず土地を共有にした場合

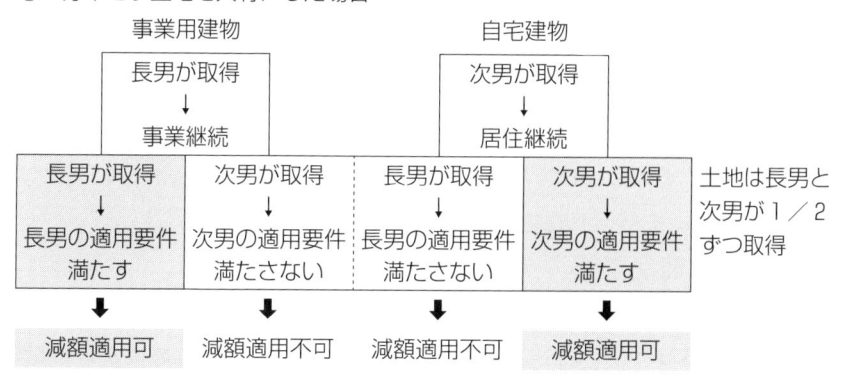

```
      事業用建物              自宅建物
    ┌─────────┐          ┌─────────┐
    │長男が取得│          │次男が取得│
    │    ↓    │          │    ↓    │
    │事業継続 │          │居住継続 │
┌───┴────┬────┴───┬────┴───┬────┴───┐
│長男が取得│次男が取得│長男が取得│次男が取得│ 土地は長男と
│   ↓    │   ↓    │   ↓    │   ↓    │ 次男が1／2
│長男の適用│次男の適用│長男の適用│次男の適用│ ずつ取得
│要件満たす│要件満たさ│要件満たさ│要件満たす│
│        │ない    │ない    │        │
└───┬────┴────┬───┴────┬───┴────┬───┘
    ↓         ↓        ↓        ↓
 減額適用可 減額適用不可 減額適用不可 減額適用可
```

② 分筆して土地をそれぞれ取得した場合

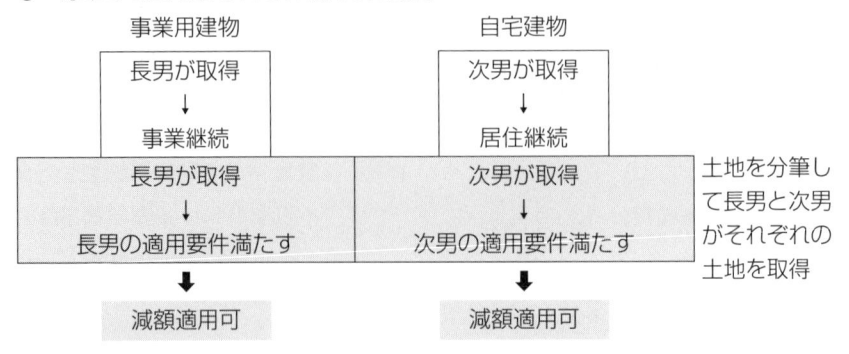

```
        事業用建物              自宅建物
     ┌──────────┐         ┌──────────┐
     │ 長男が取得 │         │ 次男が取得 │
     │    ↓     │         │    ↓     │
     │ 事業継続  │         │ 居住継続  │
     └──────────┘         └──────────┘
    ┌──────────────┬──────────────┐  土地を分筆し
    │  長男が取得  │  次男が取得  │  て長男と次男
    │     ↓       │     ↓       │  がそれぞれの
    │長男の適用要件│次男の適用要件│  土地を取得
    │   満たす    │   満たす    │
    └──────────────┴──────────────┘
         ↓                ↓
    ┌─────────┐      ┌─────────┐
    │減額適用可│      │減額適用可│
    └─────────┘      └─────────┘
```

STEP-4　不動産鑑定士からのアドバイス

1　遺言書と不動産

　遺言書があればもめることはないのでしょうか。不動産の分け方について適切に分ける遺言であればもめにくいかもしれません。

　不動産に関しては、分け方がポイントです。

　以下の観点で分割方法を決めてください。

（1）権利形態

　借家人が居住中のアパートなどの場合は、複数の相続人で分けるのは難しい場合があります。

（2）利用形態

　例えば自宅として特定の親族や相続人が居住している場合は、その居住する人以外が相続するのは少し難しいと思います。

（3）納税資金（売却用不動産）

（4）代々の土地

　長男が相続するとか、管理できる相続人が相続するとか、事業で利用している場合にはその事業会社を誰が経営しているのかなどを考慮する必要があります。

2 不動産に関するトラブル

有効で現実的な遺言をしっかり作成するために、案外落とし穴になるのが、不動産の分割です。

せっかく遺言を作成するのですから、揉める要素を残さない分割方法を遺言に落とし込むことが必要だと思います。

よくあるトラブルは次のような例です。

（1）不動産すべてについて法定相続分で共有させる遺言としたが、相続した後に、相続人間の考え方が大きく異なり、管理するにも売却するにも足並みが揃わず不仲の原因になった。

共有形態の不動産保有は、トラブルや実質的な資産価値下落を招く可能性があります。

共有形態ですべての不動産を法定相続持分で贈与していく方法が取られることが散見されますが、共有というのは、便利なようで不便さも潜在した両刃の剣のようなところがあります。

共有に潜む以下のデメリットも考慮のうえで決定してください。

① 意思決定

意思決定者が複数となることで、合意形成が難しくなり、迅速かつ柔軟な意思決定がしにくくなります。

② 共有持分の売却

共有持分を外部の第三者に自由に売却することができ、外部の人間が共有者として登場するリスクがあります。

③ 共有の連鎖

将来の共有の連鎖が生じてますます複雑な意思決定が必要になり、実質的な資産価値が損なわれます。2次相続、3次相続でさらに共有持分権利者は増えていきます。意思決定者の頭数がネズミ算式に増えていくことになります。

このように、共有は不動産という資産を管理運用処分するに当たっては、非常に難しい権利形態であることに留意が必要です。売りたい時に売れない、売

りたい希望価格が異なる、一部の権利者がコストを負担しない、修繕実施方針や管理会社選定方針が異なる等々、2～3人でもかなり苦労する可能性が生じることは想像に難くありません。

（2）大きな土地を分筆しそれぞれの土地ごとに相続人を指定したが、分筆ラインの設定に失敗した。

　共有ではなく、物件を分けて相続させる場合にも、問題が生じる場合があります（被相続人はおそらく考えに考えて、しっかり対策したつもりだったと思いますが）。

　一部の相続人のみが公道に接道し、奥側の相続人は無道路状態につき単独で売却・建築ができない形状になっている等々、法令や条例と不整合が生じると絵に描いた餅になってしまうリスクがあります。

　現実的な分割ラインを専門家に相談のうえで、分筆しておくことが必要です。

　古くから所有している土地の場合には、上下水道埋設管などが思わぬ経路で引き込まれている場合があるので、分割ラインをまたいで引込みが生じないようにするべきです。一部の相続人が売却する場合には、他人が入り込んでくるので、このような埋設管の敷地介在は大きな問題になります。

3　トラブルにならない不動産の分け方

　それでは、トラブルにならない不動産の分け方には、どのようなものが考えられるでしょうか。

① 複数の不動産があれば、相続人にそれぞれどの物件を相続させるか、指定しておく。金額の差が大きければ、金銭で差額を埋め合わせる検討を行う。

② 不動産が一つの場合などは、安易に共有にはせず、不動産を特定の相続人に相続させるとしたうえで、他の相続人には金融資産等の相続をさせる。

③ 比較的大きな土地を、接道条件、最低敷地面積、埋設管引込などを十分に考慮のうえで予め分筆しておき、生前に十分に家族間で話し合ったうえで遺言を作成する。

　このような方法が望ましいと考えますが、金融資産が不足するなど、上手に遺産を配分できないケースも多々あります。そのような場合には、専門家に相

談するとよいでしょう。

STEP-5 正しい対策への道しるべ

　この事例では、相続対策として公正証書遺言を作成しています。法定相続による「争続」リスクを回避するための第一歩と言えます。
　しかし、その遺言内容は相続人間で不公平となるものであり、特に遺留分を侵害する内容となっています。従って、「争続」リスクを回避するためには、遺言書を作成するだけでは足りず、どのような遺言内容にするかまで気をつける必要があります。
　また、遺言書は相続人のことを考えながら遺言者の思いを実現するためのものですが、税金対策の視点を忘れてしまうと、相続人にとって不幸にも高額な相続税を払う結果になることがあります。
　不動産を所有している場合には、特に小規模宅地の減額に注意するようにしてください。
　また、相続において不動産がからむトラブルはたくさんあります。特に安易に共有にすることで、トラブルに発展する事例は枚挙にいとまがありません。売却から管理運用まで、あらゆる観点から紛争リスクを検討し、分割方法を決めるようにしましょう。

POINT

- 遺言書を作成する際には、「争続」リスクが生じない遺言内容にする必要があります。
- 税金対策の視点を忘れると、思わぬ高額な相続税を払うことにもなりかねません。特に小規模宅地の減額に気をつけましょう。
- 相続財産に不動産がある場合、分割方法によってトラブルが生じかねません。特に安易に共有にすることは避けましょう。

CASE 5-3

遺留分を考えない遺言書でも大丈夫？

Q 相談者　地主昭さん　70歳

私はアパート1棟を所有する大家です。息子が2人いますが、次男はサラリーマンをしていて、アパート経営に興味がなさそうなので、アパートを長男に任せようと思います。不動産管理業者にそのことを話したら、すべての遺産を長男に相続させると遺言書に書いておけばよいと言われたのですが、それでよいでしょうか。

【家族構成】				【所有財産】	
相続人	配偶者	なし		財産額　1億2,000万円	
	長男	40歳	経済的な余裕なし	現預金	1,000万円
	次男	38歳	サラリーマン	アパート（土地）	9,000万円
				アパート（建物）	2,000万円

A **STEP-1** 知っておきたい基礎知識

1 遺留分とは

生前贈与や遺言を作成するときに忘れてはならないのが遺留分（いりゅうぶん）です。

遺留分とは、一定の相続人の生活保障等のために、遺言等によっても被相続人が自由に処分できない一定割合のことを言います。

遺言や生前贈与は、民法が定めた法定相続のルールを修正することができま

すが、この修正にも限界があるということです。遺留分を侵害する遺言や生前贈与をすると、その効力が失われます。

遺留分は大変に難しい制度なので、概略を押さえつつ、専門家に相談するとよいでしょう。

2 遺留分を有する相続人

相続人には遺留分があるのですが、相続人のうち、「兄弟姉妹」だけは遺留分がありません（民法1028条）。

従って、父親が遺言者で、相続人が妻と遺言者の兄の2人である場合、遺言者がすべての遺産を妻に相続させるという遺言を作成しても、兄には遺留分がなく、これを争うことができません。

3 遺留分の割合

次に遺留分の割合ですが、総体的遺留分と個別的遺留分という概念があります。

総体的遺留分は、遺留分権利者「全体」に残されるべき遺産全体に対する割合として定められています。直系尊属（父母、祖父母など）のみが相続人である場合と、それ以外の場合で総体的遺留分の割合が異なります。

図表5-4　総体的遺留分の割合

	総体的遺留分
直系尊属のみが相続人	3分の1
それ以外の場合	2分の1

個別的遺留分は、各遺留分権利者の遺留分ですが、これは、総体的遺留分に法定相続分を乗じて算出します。

例えば、父親が亡くなり、相続人は妻と子2人とします。この場合には、総体的遺留分は、「それ以外の場合」にあたり、2分の1になります。一方で、法定相続分は、妻が1／2、子が1／4ずつとなります（CASE 5-1参照）。

従って、各相続人の個別的遺留分は、妻は1／4（＝1／2×1／2）、子どもは、それぞれ1／8ずつ（＝1／2×1／4）となります。

4 遺留分侵害額の算定

ここからが難しくなっていきますが、遺留分を侵害しているか、侵害額はいくらかを、以下の計算式で算定します。

① まず、「遺留分算定の基礎となる財産額」を出します。

この計算式は、以下のとおりです。

「被相続人が相続開始時に有していた財産の価額」＋「贈与財産の価額」－「相続債務の全額」

この中の「贈与財産」は、すべての贈与が対象ではなく、以下の四つが対象になります。

　i　相続開始前の1年間にされた贈与（民法1030条前段）

　ii　時期を問わず、遺留分権利者に損害を加えることを知ってされた贈与（同条後段）

　iii　時期を問わず、「特別受益」に当たる贈与

　iv　不相当な対価で、かつ、当事者双方が遺留分権利者に損害を加えることを知ってした有償行為（同1039条）

ポイントは、相続人に対する「贈与」のうち「特別受益」にあたるものは、何年前のものであろうとも、遺留分の対象になることです。

なお、「遺贈」は、相続人に対するものかそうでないかを問わず、「被相続人が相続開始時に有していた財産の価額」として対象になります。

② 次に、個別的遺留分を計算します。

この計算方法は前述のとおりです。

③ そして、個々の遺留分権利者の遺留分額を計算します。

この計算式は、「①×②」となります。

④ 最後に、③で算定した遺留分額（最低限確保される持分）が侵害されるような遺贈や生前贈与等がないか、つまり、遺留分侵害額を計算します。

この計算式は、以下のとおりです。

③ －（「遺留分権利者が被相続人から相続で取得した財産額」－「遺留分権利者が相続によって負担すべき相続債務額」）－（「遺留分権利者の特別受益額」＋「遺留分権利者が受けた遺贈額」）

5 遺留分を侵害した場合

例えば、先ほどの妻と子2人の例で、父が、唯一の遺産である土地（評価額4,000万円）を妻に相続させる遺言を残した場合、子2人の遺留分が、それぞれ500万円（4,000万円×1／8）侵害されたとします。

この場合、遺留分を侵害した遺言が当然に無効になるわけではありません。

遺留分を侵害した遺言や生前贈与をした場合、遺留分権利者に、遺留分減殺請求権という権利が発生します。この権利を行使するか否かは、遺留分権利者の自由です。遺留分権利者がこの権利を行使すると、遺留分を侵害させた遺言や生前贈与が、その侵害の程度に応じて失効します。その結果、不動産であれば、共有の状態になります。

例えば、子どものうち、長男1人が遺留分減殺請求権を行使したとします。そうすると、妻に土地を相続させる遺言が500万円の限度で失効し、その結果、その土地は、妻が8分の7の持分、長男が8分の1の持分を持つ共有の土地になります。これを分けるには、共有物分割手続により話合いをしなければなりません。

つまり、遺産分割による「争続」を避けるために遺言書を作成したとしても、遺留分を侵害する内容になっていると、遺留分権利者が遺留分減殺請求権を行使し、結局、共有物分割手続による「争続」が発生してしまうということです。

従って、生前贈与をしたり遺言を残す場合には、しっかりとした遺留分対策をする必要があります。

6 遺留分対策

(1) 遺留分に配慮した遺言内容

　遺留分対策として、例えば、遺言書を作成する時点で、配分に応じたシミュレーションをし、遺留分を侵害しないように配慮した遺言書を書く方法が考えられます。

　しかし、遺言書の作成時点と相続開始時（遺言者の死亡時）では、相続財産に変動が生じる可能性があります。また、生前贈与をした財産の評価は相続開始時が基準となるので、不動産や自社株式などの評価も大きく変動する可能性があります。

　従って、遺留分侵害額を完全に予想することはできないので、その点はご注意ください。

(2) 遺留分の放棄

　また、遺留分は家庭裁判所の許可を得れば放棄することができます（民法1043条1項。なお、相続開始後の放棄には家庭裁判所の許可は不要です。）。従って、遺留分に見合う財産を生前贈与するなどして、遺留分権利者に遺留分の放棄を求めることもありますが、強制することはもちろんできません。

(3) 価額弁償

　さらに、価額弁償を利用する対策もあります。

　遺留分権利者が遺留分減殺請求権を行使すると、先ほどの不動産の例で言えば、不動産は共有となり、その持分を返還しなければなりません。これを現物返還と言います。

　しかし、妻としてはこの不動産を返すのではなく、その価額に見合う現金を払って不動産を取得することができます。これを現物返還に代わる価額弁償と言います。

　この価額弁償を利用する対策というのは、いざ遺留分減殺請求権を行使された場合に備えて、請求される側に現預金を残しておく（行使されたらその現預金を払う。）という方法です。

仮に、妻にこの現預金がなければ、遺言者を被保険者、妻を死亡保険金の受取人とする生命保険に加入しておき、この保険金を価額弁償の資金として利用する対策も考えられます。

STEP-2　弁護士からのアドバイス

　この事例では、長男にすべての遺産（合計1億2,000万円）を相続させる遺言を作成しようとしています。しかし、この遺言では、次男の遺留分（1／2×1／2＝1／4）を侵害していますので、次男から侵害の限度（3,000万円）で遺留分減殺請求権を行使されるリスクが潜んでいます。

　相続対策は税理士の相続税対策から入ることが多いのですが、相続税対策としては合理的でも、「争続」対策の視点が抜けている場合があります。

　父親が死亡した後、次男はこの遺言書を見て、すべての遺産が長男に相続されたことを知ります。そうすると、次男は、どうしてこのような不公平なことをするのかと父を恨み、兄弟間で感情的な対立が生じる可能性があります。

　次男が弁護士に相談すれば、弁護士は遺留分減殺請求権を行使することをアドバイスします。そして、次男は弁護士に依頼し、権利行使の内容証明郵便を発送した後、長男と次男との間で具体的な交渉が始まります。

　もっとも、本件では、遺産の中に現預金が1,000万円しかなく、3,000万円に足りません。また、長男も経済的な余裕がないため、自己資金を継ぎ足しても、価額弁償により不動産を守ることができません。

　そうなると、交渉による話合いでは解決できず、遺留分減殺請求訴訟や、不動産の共有を解消するために、共有物分割訴訟に発展しかねません。

　遺言書を作成する場合には、相続税対策だけではなく、遺留分対策も必要であることを忘れないようにしてください。

STEP-3 不動産鑑定士からのアドバイス

1 遺留分と共有

　遺言が遺留分を侵害した場合、金銭で価額弁償できればいいのですが、これができない場合に、遺留分権利者が遺留分減殺請求権を行使し、遺留分を侵害した遺言や生前贈与が、その侵害の程度に応じて失効します。その結果、不動産であれば、共有の状態になります。

　この共有状態を解消するには共有物の分割請求が必要ですが、現実問題として、不動産の分割というのはかなり困難となります。また、共有状態の不動産の管理運用処分には、大きな問題があります。

2 共有の問題点

　典型的な問題点は、①複雑な意思決定、②債務の連帯性、③共有持分の拡散、④共有の連鎖です。

　例えば売却したい時、一部の共有者が売却したくない、あるいは、売却希望価格が大幅に異なる場合に売るに売れないという問題があります。また、継続保有する場合にも、管理方針や修繕費用の負担などでもめることも多いです。

　このように共有者の足並みが揃わないことにより、まったく同じ不動産でも実質的に価値が毀損する事態が生じることがあるのです。

　不動産鑑定評価額や不動産業者の査定価格はいわば、共有者全員が足並みを揃えて売却できる場合の価格ですので、合理的で迅速な意思決定がなされない限り、不動産の適正な資産価値の維持は困難となります。

　さらに、共有持分は第三者への持分の売却が自由です。共有状態の問題を有したまま、さらにまったく外部の人物が共有者として入り込んでくるリスクがあります。

　将来的に相続が発生すると共有者が一気に増加していくことになり、より事

情が複雑化していきます。

　このように、遺留分侵害を発端として不動産の共有に発展した場合のリスクも考えておきましょう。

　不動産そのものの価値があるにもかかわらず、迅速な意思決定ができず、最も適切な時期・条件での売却（換金）が実現できない場合や、価値観の違いにより経済合理性の高い適切な管理運営が損なわれることで、不動産が最大価値を発揮できない場合があることに注意が必要です。

　したがって、遺留分も考慮した遺言書の作成がベターであり、遺留分対策のない遺言書の作成は可能でしょうが、特に不動産の面で、将来にトラブルの種を残す方法であることを認識してください。

STEP-4　税理士からのアドバイス

1　遺留分放棄という対策

　遺留分対策としては、遺留分を侵害しないような遺言書を作ることが望ましいですが、どうしても分割できないような土地がある場合で、遺留分相当額の現金がないようなときには、遺留分を侵害した遺言書を作成せざるを得ないこともあります。

　この場合、「遺言書に遺留分を請求しないように」と付言事項に記しておくことはできます。しかし、付言事項はあくまでお願いであり、法律上で縛られることはないので、遺留分を請求されるリスクは残ります。

　そこで、土地を相続しない相続人に、生前に遺留分の放棄をしてもらうことも検討してみましょう。

　遺留分の放棄は、家庭裁判所の許可を受けたときに限ってできることが民法で規定されています（民1043）。

　遺留分の放棄が、強要されたり、他の圧力によってなされないように、家庭裁判所では、放棄が本人の自由意思に基づくものか、遺留分を放棄する理由に

合理性や必要性があるか、遺留分を放棄するにあたり、代償を払っているかなどを審理して許可を出します。

このように遺留分の放棄を申し立てれば必ず許可されるものではなく、代償を払っていることが家庭裁判所が許可を出すひとつの判断要素になっているのです。

従って、遺留分相当額の現金はなくとも、できる限りの代償を払うことで、土地を相続しない相続人が遺留分放棄を認めてくれるのであれば、放棄許可に挑戦してみてはいかがでしょうか。

2 相続時精算課税制度の活用

放棄許可のために、生前贈与をして、その代わりに、遺留分を放棄してもらうことが多いようです。

しかし、生前贈与の場合、年間110万円を超えた贈与を受けると贈与税が課税されます。

そこで、2,500万円まで贈与しても贈与税がかからない相続時精算課税制度を利用するのです（制度の詳細はCASE3-9を参照）。この制度を利用して贈与した分はすべて相続財産として相続税課税の対象となるため、直接相続税の節税にはなりません。しかし、遺留分放棄のために生前贈与する場合には有効に使えます。

ですから、遺言書作成と同時に、相続時精算課税制度による生前贈与と遺留分の放棄を一緒に進めることで、遺留分対策もできた遺言が実現できることになります。

なお、遺留分の放棄をしても、相続分を放棄したことにはなりませんので、遺言書に記載されていない財産などは相続することができます。

STEP-5 正しい対策への道しるべ

この事例では、相談者は全遺産（合計1億2,000万円）を長男に相続させる遺

言書を作成しようとしています。この場合、前述したように、次男の遺留分（1／2×1／2＝1／4、3,000万円）を侵害しているので、次男から遺留分減殺請求権を行使されるリスクがあります。

　そこで、「争続」リスクを回避するために、生前に遺留分対策を講じるようにしましょう。

　現預金が3,000万円あれば、これを次男に配分すれば遺留分を侵害しないですみます。しかし、相談者には、現預金が1,000万円しかなく、2,000万円ほど足りません。

　このような場合には、相談者が契約者兼被保険者となる生命保険に入り、長男を受取人にして価額弁償のための軍資金を用意するという方法も考えられます。

　しかし、それでも、次男は遺留分（1／4）に相当する金額しか受け取れないため、法定相続分（1／2）よりも取り分が少なく、兄弟間でしこりを残すことになりかねません。ほかに最善の方法はないか、是非専門家に相談してみてください。

　また、長男は経済的余裕がなく、相談者の現預金を次男に相続させた場合、長男の納税資金が確保されません。

　従って、遺留分対策を考えるに当たっては、税金対策や納税対策にも配慮することを忘れないようにしましょう。

POINT

● 生前贈与や遺言書を作成する場合には、しっかり遺留分対策を講じるようにしましょう。

● 遺留分を侵害してしまうと、不動産の共有となり、この共有を解消できなければ、不動産の売却や管理運営上支障を来すおそれがあります。

● 遺留分対策を講じるうえでは、税金対策や納税対策にも配慮することを忘れないようにしましょう。

第6章

法人による
相続対策の常識
ウソ？ホント？

CASE 6-1

不動産管理法人を使った相続税対策は有効か？

Q 相談者　地主昭さん　85歳

現在、アパート1棟（10室）を所有しています。
大家さん仲間から「相続税を下げる方法として会社を作る方法がある。」と聞きました。
どのような仕組みなのでしょうか？
私の場合、会社を作った方がよいのでしょうか？

【家族構成】	【所有財産】
相続人　配偶者　82歳 　　　　長男　　60歳	財産額　1億4,000万円 　　　現金　　　　　　　1,000万円 　　　自宅（土地）　　　8,000万円 　　　自宅（建物）　　　1,000万円 　　　アパート（土地）　5,000万円 　　　アパート（建物）　2,000万円 　　　アパート借入金△3,000万円 ※アパート収入　年1,000万円（不動産所得　200万円）

A STEP-1 知っておきたい基礎知識

アパートオーナーが法人を設立する場合に、大きく二つの形態があります。
非所有型法人と所有型法人です。

非所有と所有は何が異なるかというと、賃貸物件を所有するか、所有しないかの違いです。

所有型法人については、CASE 6-2 を参照ください。

非所有型法人については2種類あります。

会社を設立し、その会社に物件の管理をさせるのか、一括借上げ（サブリース）をさせるのか、になります。

1 管理法人

オーナーと入居者さんとの間に設立した管理会社を入れて、家賃の管理や物件の管理をさせ、管理料としてオーナーから管理会社へ支払うことになります。

賃貸契約はオーナーと入居者になります。

図表6-1　管理法人のイメージ図

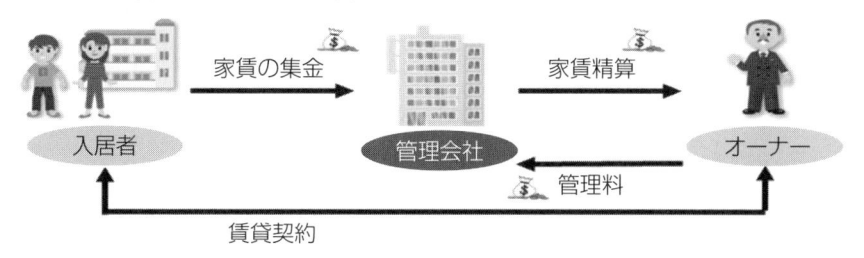

オーナーが会社に対し管理料を払うことで、個人から法人に所得を移転させることができます。

管理料収入として不動産管理会社に移転できるのは家賃収入の最大10％程度が限度です。それ以上の管理料は、税務署から否認される可能性があります。

また、10％以下の管理料でも管理業務の実態がないと、税務署から否認される可能性があります。

2 サブリース法人

法人を設立し、その法人がオーナーから賃貸物件を一括借上げし、法人が入

居者に賃貸（転貸）することになります。

　法人は入居者から家賃をもらいます。転貸しているので、法人はオーナーに家賃を支払います。

　入居者が退去しても、法人はオーナーから賃貸していることには変わりはないため、原則、オーナーへ賃料を支払うことになります。

　このように法人は空室リスクを負うことになります。

　法人から個人に払う家賃は入居者からもらう家賃より低い金額で設定します。

　その家賃の差額分が法人の収入となり、個人から法人に所得を移転させることができることになります。

　この場合、借上げ賃料として不動産オーナーに支払う金額は、満室賃料の80％程度が限度になります。

　つまり管理会社に移転できる収入として、家賃収入の最大20％程度が限度です。

　それ以上の収入を法人へ移転すると、税務署から高すぎると指摘を受ける可能性が出てきます。

図表6-2　サブリース法人のイメージ図

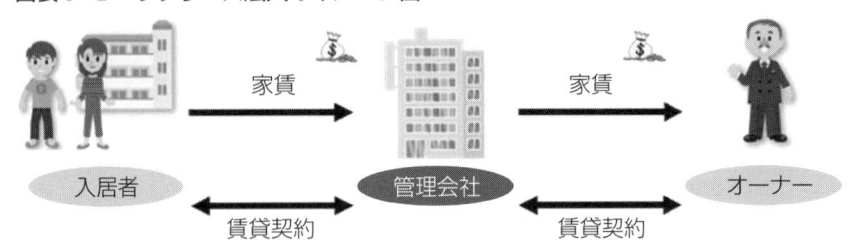

STEP-2 税理士からのアドバイス

1 相続税を下げる即効性はない

　管理法人やサブリース法人を設立しても、財産の構成自体を変えるわけではないため、法人を設立したからといって、すぐに相続税が下がることはありません。

　何が変わるのかというと、本来、オーナーに家賃が満額入るところを、一部法人に移転することができるということです。

　オーナーに家賃が満額入ると、どんどんオーナーに現預金が貯まっていくことになります。その現預金が貯まって、貯まって、相続が発生すると、その現預金に対して相続税が課税されることになります。

　法人に収入の一部を移転することで、被相続人に現預金が貯まっていくことを防ぐことができます。

　法人に移転した収入は、役員報酬で払い出しをしていきます。

　被相続人が役員報酬をもらうと、現預金が貯まってしまうことになるため、相続人を役員に迎え入れて、相続人に役員報酬を支払います。

　そうすることで、相続人に現預金が貯まるため、将来の相続税の納税資金を、相続税や贈与税が課税されずに貯めることができることになります（役員報酬をもらうことにより所得税や住民税の課税の対象になります。）。

　この対策は、相続までの期間が長ければ長いほど、被相続人に蓄積する現預金に違いが出てくるため効果があります。

　逆に、相続の期間が短ければ、ほとんど相続税の対策にはならないことになります。

2 法人の運営にはコストがかかる

　法人を設立すると、運営コストがかかります。

法人の場合、個人の確定申告とは違った、法人税の申告が必要になります。税理士に申告を依頼するとその報酬がかかります。

また、個人の確定申告の場合には、赤字であれば所得税・住民税はかかりませんが、法人の場合には、赤字であっても法人住民税の均等割（最低7万円。地域によって異なる場合があります。）の納税が発生します。

さらに、法人であれば、社会保険の強制加入となり、社会保険の負担が増えてしまう可能性があります。

これらの費用負担をしても、法人にした方がメリットが出るのかを判断しなければなりません。

3 空室が多いアパートや戸建にはサブリース法人は有効？

空室がある場合には、土地や建物の減額が使えない場合があります。

空室がある場合には、賃貸割合というものを考慮し、賃貸していることによる減額は、賃貸割合部分だけになります（詳しくはCASE2-1を参照）。

アパートであれば、募集状況などの状況によっては、空室であっても賃貸を継続していると取り扱われる場合があり、空室部分を含めて減額できることもあります。しかし、戸建の場合には、相続時時点で空室になっていると、賃貸していることによる減額がありません。

そこで、サブリース法人が一括借上げをすることで、常に賃貸している状況が作れます。

相続時の空室が起きないことになるため、いつ相続が起きても減額が適用できることになります。

ただし、それは相続税の税金のことであって、毎年の所得税・住民税だと不利になる場合があります。

空室があるのに、サブリース法人はオーナーに対して家賃を支払うことになります。入居者から家賃が入ってこないため、サブリース法人は家賃を持ち出すことになります。

空室が多いと、サブリース法人に入ってくる家賃よりも、オーナーに払う家

賃の方が高くなるという逆ザヤになります。

　本来、空室であれば家賃が入ってこないので、そこに所得税・住民税はかからないのですが、サブリース法人としていることで、余計な税金を払うことになる可能性があるのです。

STEP-3 不動産コンサルタントからのアドバイス

1　事業承継対策としての会社設立

　最近、親御さんが賃貸経営をされていて、相続人であるお子さんが、サラリーマンなどの別の仕事をされているケースが多いようです。

　このようなケースですと、お子さんがまったく賃貸経営にタッチしていないことになりやすく、いざ、相続が発生したときに、何をしたらよいか戸惑ってしまうことがあります。

　賃貸経営は、入居者様の対応や建物のメンテナンスなど素早く対応しなければなりません。

　急に相続して賃貸経営をすることになったお子さんが、対応しきれず、やむなく売却して、手放してしまうこともあるようです。

　それでは、何のために親御さんが一生懸命賃貸経営されてきたかわかりません。

　そうならないように、生前のうちから賃貸経営をお子さんに経験させ、相続してもスムーズに経営できるようにしてあげることがよいと考えます。

　その方法として、会社組織を作り、お子さんを役員に加えておくのです。

　実際に、賃貸管理などの実務的な仕事をしないまでも、経営判断をする場に参加させるだけでも、「賃貸経営とは何か」が身に付きます。

STEP-4　弁護士からのアドバイス

　中小企業の決算書の中の「同族会社等の判定に関する明細書」を見ていると、オーナー社長だけではなく、妻、子ども、親族、友人等、さまざまな株主で構成されている会社が多くあることに気づきます。
　このように株式が分散している場合、①株主総会の運営に支障を来したり、②事業承継に苦労するケースがあります。

1　株主総会の運営

　株主総会は、会社の運営に関わる重要な決議を行う機関です。
　例えば、定款変更、合併、事業譲渡、取締役・監査役等の選任・解任、計算書類の承認、剰余金の処分・損失の処理、取締役の報酬の決定等の決議を行います。
　オーナー社長としては、機動的な会社経営を行うためには、株主総会の決議も円滑に行っていきたいものです。
　数多くの株主がいても、オーナー社長の意向に異を唱える者がいなければ、特段問題は生じないでしょう。
　しかし、他の株主がいつ反対派に回るかは、誰も予想ができません。
　現在の株主は異を唱えなくとも、個々の株主の相続発生によりオーナー社長の意向に沿わない株主が生まれることもあります。
　反対派が生まれた場合には、オーナー社長の意向に沿うように株主総会決議を通すにも多大な労力が必要となり、機動的な会社経営に支障を来すおそれがあります。
　なお、中小企業の中には、株主総会議事録だけ作成し実際には法が定める総会手続を経ていないケースがありますが、会社法319条の書面決議の要件（株主の全員の書面による同意等）を満たさない限り、有効なものとはならず、決議不存在の確認の訴えを提起されるリスクがあります。

2 事業承継

また、オーナー社長はいずれ後継者に会社を譲ることになります。

事業承継では、後継者が安定した経営を行うために、最低でも議決権の過半数、できれば3分の2以上を保有させて、会社支配権を確保することが必要となります（詳しくはCASE 6-4参照）。

しかし、株式が分散していると、株式を集中させるために、オーナー社長又は後継者が多くの株主との間で株式の買い取り交渉をしなければならず、これが奏功しなければ、後継者の会社支配権の確保が困難となります。

従って、不動産管理会社を設立するならば、株主同士の紛争を回避するために、当初から、所有と経営を一致させる、つまり、株式を分散させず、オーナー社長に株式を集中しておくことが望ましいと言えます。

STEP-5 正しい対策への道しるべ

大家さんの中には、法人形態にした方がメリットがあるので、法人化をしたいと思われている方を数多く見受けます。

しかし、実際にどのくらいメリットがあって、どのくらいコストがかかるのかまで精査している方は非常に少ないように思います。

たしかに法人化によってメリットが出るのですが、メリットが出るケースが限られてしまうことも事実です。

相続税のメリットは、被相続人に家賃収入が貯まらないようにするためなので、相続までの期間が短いような場合には、法人形態にしても効果は小さいものになります。

また、法人の運営コストがかかるため、ある程度の規模がないと、節税効果よりもコストの方が大きいという結果になるおそれがあります。

特に、管理法人やサブリース法人の形態ですと、会社に移せる収入が全体の家賃収入の10～20％程度になるため、家賃収入が年間3,000万円以上ないと、

あまりメリットがないように思われます。

　今回の場合、家賃収入が年間で1,000万円（所得が200万円）、ご年齢も85歳とのことですので、無理に法人化を考えるよりも、生前贈与など他の対策をすすめられた方がよいと考えます。

POINT

- 法人化の目的は、個人で受ける家賃収入の一部を法人に移転させることで、個人に家賃収入が貯まるのを防ぎ、相続財産が増えないようにすることです。
- 法人運営にはコストがかかるので、コストをかけてでもメリットが出るのか判断が必要です。
- 法人化しても、相続争いがなくなるわけではありません。将来争いが起きて会社の運営に支障をきたさないように、株式は分散させない方がよいでしょう。

CASE 6-2

不動産所有法人を使った相続税対策は有効か？

Q 相談者　地主昭さん　60歳

現在、アパート3棟（36室）を所有しています。
管理会社の担当者から、「賃貸の規模が大きくなったので、そろそろ会社を作って、アパートの名義を会社にした方がよいのではないか。」と言われました。
アパートの名義を会社名義にできるのでしょうか？
会社名義にすることでメリットがあるのでしょうか？

【家族構成】	【所有財産】
相続人　配偶者　58歳 　　　　長男　　35歳	財産額　1億5,000万円 　　　現金　　　　　　1,000万円 　　　自宅（土地）　　8,000万円 　　　自宅（建物）　　1,000万円 　　　アパート（土地）9,000万円 　　　アパート（建物）6,000万円 　　　アパート借入金　△1億円 ※アパート収入　年3,000万円（不動産所得　500万円）

A **STEP-1** 知っておきたい基礎知識

　CASE 6-1の非所有型法人の場合には、家賃収入の5〜20％程度しか法人に移せないので、節税効果としてはあまり大きくありません。

家賃収入をすべて法人に移転させるためには、名義そのものを法人にしなければなりません。

アパートなどの賃貸物件を所有する法人を、所有型法人と言います。

所有型法人についても2種類あります。

会社を設立し、その会社に土地建物を所有させるのか、建物のみを所有させるのか、になります。

所有型法人では、家賃収入をすべて法人で受け取ることが可能になります。

さらに、相続人へ役員給与を通じて所得分散をすることで、所得税・住民税の大幅な節税が可能になります。

また、家賃収入が個人に入ってくると、収入の蓄積部分について相続税が課税されますが、法人へ収入が入ることになるので、個人に収入が貯まらない分相続税がかからなくなります。

1 土地建物所有法人

土地建物すべてを法人が所有することで、個人は、土地建物を所有しなくなります。

会社の株式を所有していれば、株式に対して相続税がかかることになります。

個人で土地建物を所有しているよりも、会社の株式で所有していた方が、一般的に評価は下がります。

ただし、会社の株式評価の計算上、取得後3年以内の不動産は時価で評価することになっているため、不動産を法人で所有後3年間は、株式の評価の方が高くなる可能性があります。

ただし、当初から株式を子などの相続人に所有してもらえれば、(自分が亡くなったときには)株式に対しても相続税がかからないことになります。

2 建物所有法人

土地建物所有法人の場合には、法人が土地建物を所有するのに対し、建物所有法人は、法人が建物のみ所有することになります。

土地は個人の所有のままです。

建物が法人所有であれば、収入がすべて法人に帰属することになるので、家賃収入については、土地建物所有法人も建物所有法人も同じになります。

異なる点は、法人が土地を所有するか、しないかの違いです。

土地を所有せずに利用することになりますが、簡単な話ではありません。

土地が個人、建物が法人の所有とすると、借地権の問題が発生してしまいます。

通常、第三者が他人の土地を利用する場合には、「利用する権利」が必要です。

しかし、借地権が発生してしまうと、法人が個人に対して、借地権を設定する際の権利金を支払わなければならないことになります。もし、権利金を支払わなければ、権利金なく借地権を取得したということで、借地権相当額の利益を受けたとして、法人に課税される可能性があります。

同族間で莫大な権利金を払うことはあまり現実的ではないですし、権利金を払わないと課税されてしまうのでは大変です。

そこで、税務上、借地権を発生させないように「土地の無償返還に関する届出書」を税務署に提出します。

この届け出をすることで、お互いに借地権を発生させないことを了承して、土地を利用することにしていることを明示することができます。

この届出を出す場合、法人が個人に地代を支払うか、支払わないことにするか、選択できます。

地代を支払わないと、土地の評価は、減額なく、更地の評価になります。

地代を支払う場合には、土地の評価は、20％減額されることになります（評価が下がった20％分は、相続税評価上は、会社の株価に加算されることになります。）。

建物を個人で賃貸している場合、貸家建付地として、土地の評価が下がりますが（借地権割合に応じて9％〜27％減額）、この法人から地代を支払う場合には、一律20％減額になります。

なお、地代を支払っている場合には、土地を賃貸用として利用していることになるため、他の要件を満たせば、賃貸用の小規模宅地の減額（200m²まで50％減額）の適用があります。

CASE 6-2　不動産所有法人を使った相続税対策は有効か？　281

図表6-3　建物所有法人のイメージ図

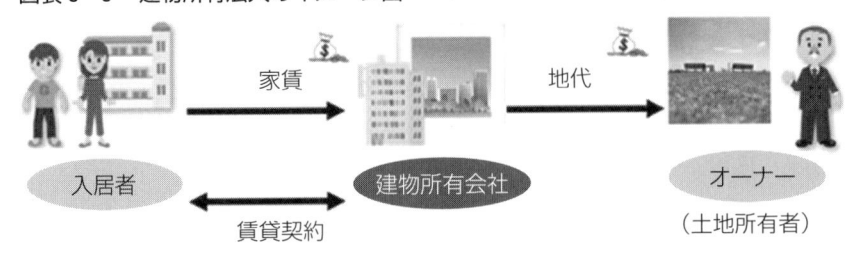

STEP-2 税理士からのアドバイス

1 移転費用が多額にかかる

　これから法人で不動産を購入する場合や、法人で建物を建築しようとする場合には問題ありませんが、すでに個人で所有している土地や建物を法人へ名義を変更するためには、相当の費用がかかることがあります。
　土地や建物の登記の名義を変更する場合には、登録免許税、不動産取得税がかかります。
　それぞれ土地・建物の固定資産税評価額に対して課税されます。
（平成27年4月現在の税率です。）

【建物を移転した場合】
- 登録免許税　　建物の固定資産税評価額×2％
- 不動産取得税　建物の固定資産税評価額×3％（住宅以外は4％）

【土地を移転した場合】
- 登録免許税　　土地の固定資産税評価額×1.5％（売買以外の場合は2％）
- 不動産取得税　土地の固定資産税評価額×1／2×3％（地目が宅地の場合）

※個人での借入れがある場合、法人での借換えが必要な場合があります。
　この場合、借換え費用や（根）抵当権設定登記費用などがかかります。
　例えば、建物（住宅）の固定資産税評価額8,500万円、土地の固定資産税評

価額 1 億円の賃貸物件の場合、売買を原因として法人に移転すると登録免許税で320万円、不動産取得税で405万円、合計で725万円かかることになります。

ちなみに、土地建物を相続で取得する場合には、登録免許税が固定遺産税評価額×0.4％で、不動産取得税はかかりません。

2 多額の譲渡税がかかる場合がある

法人に不動産を移転するには、売買を原因とすることが多いかと思います。

売買をするとなると、売却をした個人に譲渡税がかかるという問題が出てきます。

譲渡税の計算は、譲渡収入（売買代金）－（取得費＋譲渡費用）で計算されます。

譲渡費用は、譲渡にかかる費用で、通常は仲介手数料や譲渡のための測量費などが該当します。

取得費は、売った土地や建物の購入代金、建築代金、購入手数料などですが、建物の取得費は、購入代金又は建築代金などの合計額から減価償却費相当額を差し引いた金額となります。

賃貸物件の場合には、基本的に、土地は、購入金額が取得費になりますが、建物は、減価償却が正確に計算されていれば、帳簿価額（簿価）金額になります。

取得費が不明の場合には、譲渡収入の 5 ％を取得費とすることができます。

実際の取得費が判明している場合でも、譲渡収入の 5 ％の方が有利であれば、その金額を取得費とすることができます。

先祖代々の土地であれば、取得費がわからない、もしくは取得費が（現在の貨幣価値からすると）僅少であることも多いです。

譲渡収入の 5 ％が取得費だとすると、譲渡費用がなければ、売却金額の95％が利益ということになります。

売却する土地の所有期間が 1 月 1 日時点で 5 年超の長期譲渡の場合には、20.315％が税率になります。

仮に1億円の売却金額、取得費が不明、譲渡費用なしの場合には、譲渡税として、約1,930万円が課税されることになります。
　この売買金額を低くすれば、譲渡税が少なくなると考えられなくもないのですが、同族間の売買の場合には、売買金額の操作が容易であることから、厳密な時価での取引が要求されます。
　なお、法人に贈与や現物出資による移転をしたとしても、税金計算上、個人は、譲渡したと扱われるので、課税関係は売買したときと同じになります。
　このように土地を譲渡すると、譲渡税が多額になる可能性があります。
　なお、建物だけを法人に移転する建物所有法人であれば、譲渡税がかからなくさせることもできます。
　売買金額を簿価とすることで、譲渡税が発生しないことになります（譲渡金額＝取得費）。
　あえて譲渡税を払った方が、相続税を払うよりも低くなるということであれば、土地を移転する方法を取った方がよい場合がありますが、そうでなければ、建物だけを移転した方がよいと言えます。

3　相続財産が増える場合がある

　個人からすると、不動産を法人に売買により移転することで、不動産は減ることになりますが、売買代金という現金が増えることになります。
　一般的に、現金よりも不動産の方が評価は低くなるため（CASE 2-1参照）、わざわざ評価の低い不動産を評価の高い現金にかえることになります。
　ですから、法人に不動産を移転した後は、売買代金相当額の資産をいかに減らすかという対策を進めていかなければなりません。
　具体的には、生前贈与や生命保険などの活用により、資産を減らす対策が考えられますが、一気に財産を減らすというより、時間をかけていく必要があります。
　相続までの期間に余裕があればよいですが、余裕がない方にとっては、一時的に増えた財産を減らす間に相続が発生してしまうことで、結果的に高い相続

税になってしまうというリスクがあります。

このように、所有型法人の場合には、移転のコストと移転の対価による資産の増加が一番の問題点になるかと思います。

相続対策で所有型法人を設立する場合には、これらの費用がかかったとしても、メリットが出るのかが判断基準になります。

図表6-4 土地建物所有法人と建物所有法人の比較

	土地建物所有法人	建物所有法人
建物の相続税評価	個人が建物を所有しないため、相続財産から外れる。 会社の株式を持っていれば、株式の評価に建物金額が反映される。 (不動産取得後3年間は、時価評価される)	同左
土地の相続税評価	個人が土地を所有しないため、相続財産から外れる。 会社の株式を持っていれば、株式の評価に土地金額が反映される。 (不動産取得後3年間は、時価評価される)	個人が土地を所有しているため、相続財産から外れない。 「土地の無償返還に関する届出書」を提出し、法人から個人へ通常の地代を支払うことで、土地の評価が20%減額する。 (減額した土地評価分は、株式の株価評価に加算される)
被相続人の財産	不動産を移転する対価は、被相続人の資産となる。 土地を移転すると、その対価が莫大になる可能性がある。	不動産を移転する対価は、被相続人の資産となる。 建物のみの移転であれば、高額な対価にならない可能性がある。
移転費用	移転する登記費用、不動産取得税が高額になる可能性がある。 先祖代々の土地など取得費が不明又は僅少のものを譲渡すると多額の譲渡税になりやすくなる。	移転する登記費用、不動産取得税が、建物のみになるため、少額の費用で移転できる可能性がある。 建物の帳簿価額で譲渡すれば、原則として譲渡税がかからなくなる。
相続税への影響、効果	建物を移転することで、家賃収入が法人に移転する。役員給与を通	建物を移転することで、家賃収入が法人に移転する。役員給与を通

じて相続人に収入が貯まるようにすることができる。 土地を法人に移転することで、相続財産からの切り離しが可能である。被相続人に一時的に増える資産（対価）を減らす対策ができるのであれば、相続税の節税の即効性がある手法である。	じて相続人に収入が貯まるようにすることができる。 土地は、個人のままの所有になるため、個人に家賃収入が貯めないという効果がメインになる。 したがって、相続税の節税の即効性はなく、長く年数を積み上げていくことで効果を発揮する手法である。

STEP-3 弁護士からのアドバイス

　不動産を個人所有から法人所有に変更する場合、個人から法人にリスクが移転するというメリットもあります。

　アパート経営には紛争リスクがつきものです。

　賃借人がトラブルを起こし、賃貸人から賃借人に損害賠償請求等を起こす場合もあれば、排水管の老朽化による漏水被害により、賃貸人が賃借人から損害賠償請求等をされる場合もあります。

　また、不動産の売却時には、通常、売主に瑕疵（かし）担保責任が生じます（民法570条、566条）。ここでいう「瑕疵」とは、通常その物が備えなければならない性質が欠けていることを言います。簡単に言うと、欠陥です。

　売却時に、買主が取引上要求される一般的な注意をしても発見できない瑕疵がある場合（これを、民法上「隠れた瑕疵」と言います。）、売主は、買主から損害賠償責任等を負います。

　例えば、建物に元々欠陥があり売却後に漏水が起きた場合や、売却後に建物を取壊し更地にしたときに土壌汚染が発見された場合等には、売主は買主から損害賠償請求等をされる可能性があります。

　こうした場合、賃貸人（売主）が個人オーナーのときには、その個人オーナーが損害のすべてを負担しなければなりません。従って、個人オーナーに支

払う余力がなければ、借入れにより弁済資金を調達しなければならないケースや、最悪の場合、破産せざるをえないケースもあります。

一方で、賃貸人（売主）が法人の場合、対賃借人（買主）に対しては個人オーナーの場合と同様に損害賠償責任を負いますが、個人オーナーは一株主にすぎませんので、仮に法人に資力がなく破産しても、株主である個人に責任が及ぶことはありません（株主が出資以外に会社の債務につき責任を負わないことを、「株主有限責任の原則」と言います。）。

このように、不動産を個人所有から法人所有に変更する場合、個人から法人にリスクが移転するというメリットがあります。

ただし、株主であっても例外的に法人格否認の法理により責任を負う場合や、取締役として損害賠償責任を負う場合（会社法429条）もありますので、100％責任を回避できるわけではありませんのでご注意ください。

STEP-4 ファイナンシャル・プランナーからのアドバイス

アパートローンの残債がある状態で不動産所有型法人にする場合は、債務者を個人から法人に変更する必要があります。

そのため、融資審査は必要になりますが、個人よりも審査基準が厳しくなるわけではありません。（都銀・地銀・信金等）

適用する金利も同一レートを適用しますし、土地建物所有型法人でも建物所有型法人でも審査の基準は一緒になります。

その理由は、現所有者（債務者）が設立会社の代表者となり、融資においても債務者である法人の連帯保証人兼担保提供者になるからです。

金融機関としては、法人という枠組みはさほど関係なく、あくまでも賃貸事業の収益性と代表者である連帯保証人個人の資力を重視しています。

審査時には、建物収支が確認できるレントロール表や数年分の確定申告書、固定資産税課税台帳、金融資産などの資産背景を確認し、人の属性に重視した審査を行いますので、所有型法人にするメリットがあれば、ローンの残債が

あっても検討してもよいでしょう。

STEP-5 正しい対策への道しるべ

　所有型法人は、管理法人やサブリース法人と違い、家賃収入を全額法人に移転できるということで、節税効果が高いものになります。

　しかし、法人への移転コストも多額にかかる場合があり、十分に効果と費用を比較して検討する必要があります。

　また、借入金が残っている場合には、法人での借入れができるか等金融機関との交渉も必要になってきます。

　法人へ移転する売買代金よりも借入れの残代金が多い場合には、移転するのは難しいです。

　今回の場合も、まだまだ築が浅く、借入金が多いため、移転コストも多額になってしまいます。

　家賃収入は3,000万円あるものの、減価償却が十分あるためか所得が500万円ですので、法人化しても節税のメリットは大きくありません。

　所有型法人の場合には、所得（収入－必要経費）で1,000万円以上あると節税のメリットが出てきます（自分以外に役員として参加できる方がいれば、所得で800万円以上が目安です。）。

　相談者の方もまだまだお若く、相続まで時間もあると思います。

　まずは、サブリース法人を設立し、築年数が古くなって所得が大きくなる頃を見計らって、その法人へ移転させることがよいと思われます。

POINT

- 所有型法人の最大のメリットは、家賃収入を全額法人に移転できるということ。デメリットは、移転のコストがかかることです。
- 法人に売買によって移転すると、建物（及び土地）としての資産は減りま

すが、売買代金相当分の資産が被相続人に増えることになります。移転直後は相続財産が増える可能性もあるため、相続発生までに、この資産を減らしていくための期間が必要になります。

● 建物を法人に移転することで、建物所有に係る法律上の責任も法人へ移転します。古い物件であれば、その責任やリスクも大きいため、法人への移転に向いていると言えます。

CASE 6-3

一般社団法人の設立は相続税対策になる？

Q 相談者　地主昭さん　60歳

一般社団法人に財産を移すと相続税がかからないと聞きました。本当でしょうか？

【家族構成】	
相続人　配偶者　58歳	
長男　　35歳	

【所有財産】	
財産額　1億5,000万円	
現金	1,000万円
自宅（土地）	8,000万円
自宅（建物）	1,000万円
アパート（土地）	9,000万円
アパート（建物）	6,000万円
アパート借入金	△1億円

A **STEP-1　知っておきたい基礎知識**

一般社団法人というと、公益なイメージが先行するのではないかと思います。

以前は、社団法人、財産法人を設立するためには、所轄庁の公益性の認定を受けなければなりませんでした。

しかし、この許可が所轄庁の運用に任されており、天下りを増長させる一因になっていることの防止や、民間の公益活動を活性化させるために、平成20年12月1日に一般社団法人及び一般財団法人に関する法律が施行されました。

そこで、社団法人・公益法人を大きく3つに分類しました。

なお、社団とは人の集まり、財団とはお金などの財産の集まりで組織された法人です。

(1) 公益社団法人、公益財団法人

厳格な公益認定を受けた社団または財団で、公益目的の事業から生じた収益は、税金が課税されません。

(2) 非営利型法人

公益認定は受けていないが、一定の要件を備えることで、公益社団法人・公益財団法人と同等と認められる一般社団法人・一般財団法人。

収益事業から生じた所得のみが税金の課税対象になります。

(3) 一般社団法人、一般財団法人

公益認定を受けておらず、非営利型法人の要件を満たしていない一般社団法人・一般財団法人。

普通の一般法人と同じように税金は課税されます。

図表 6-5　社団法人・財団法人の分類と課税

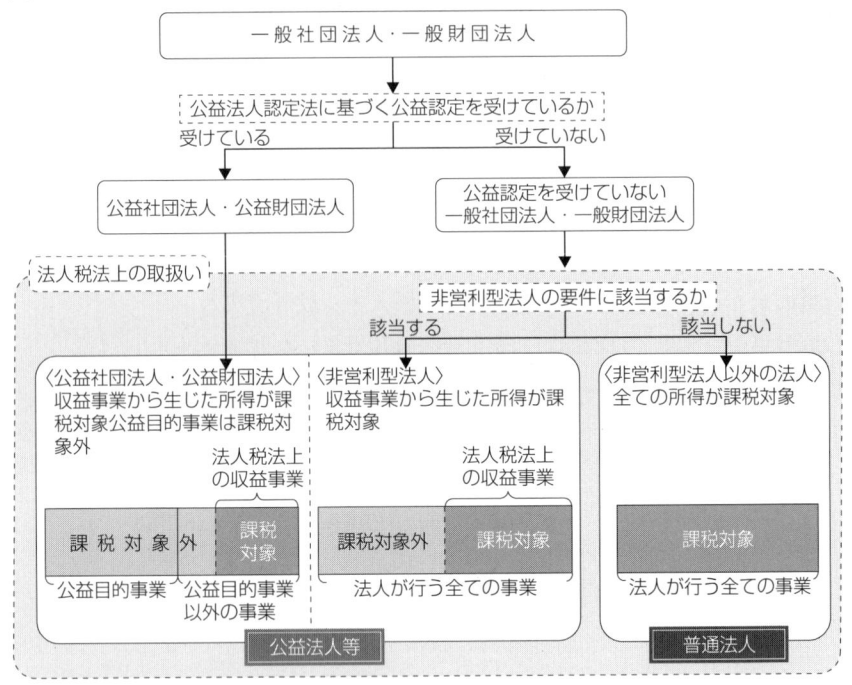

```
                    ┌─────────────────────────┐
                    │   一般社団法人・一般財団法人   │
                    └─────────────────────────┘
                                │
                 ┌──────────────┴──────────────┐
                 │ 公益法人認定法に基づく公益認定を受けているか │
                 └──────────────┬──────────────┘
              受けている                    受けていない
                 │                             │
        ┌────────▼────────┐          ┌────────▼────────────┐
        │ 公益社団法人・公益財団法人 │          │ 公益認定を受けていない   │
        └─────────────────┘          │ 一般社団法人・一般財団法人 │
                                     └──────────┬──────────┘
                                                │
                                  ┌─────────────┴─────────────┐
                                  │   非営利型法人の要件に該当するか   │
                                  └─────────────┬─────────────┘
                                    該当する            該当しない
```

〈公益社団法人・公益財団法人〉
収益事業から生じた所得が課税対象　公益目的事業は課税対象外

〈非営利型法人〉
収益事業から生じた所得が課税対象

〈非営利型法人以外の法人〉
全ての所得が課税対象

（公益法人等／普通法人）

出所：国税庁パンフレット

　これらの法人に共通することは、出資持分がないということです。
　株式会社であれば、出資者は株式という財産を取得し、亡くなったときに株式を保有していれば、株式の価額に対して相続税がかかります。
　しかし、一般社団法人などは、そもそも出資持分、つまり株式という概念がありませんので、相続税がかからないことになります。
　公益社団法人や非営利型法人は要件が厳しく設立するのが大変ですが、一般社団法人は、簡単に設立ができます。
　社員となる人は最低2名必要ですが、資本金は必要ありませんので、公証役場で定款認証の手続きをすれば、登録免許税6万円で設立登記が可能です。
　株式会社は最低15万円の登録免許税がかかることと比べると費用もかかりま

せん。

　その一般社団法人を、不動産管理法人や不動産所有法人として活用するのです。

　一般社団法人に、不動産を移転すれば、その後、その不動産に相続税が課税されることはありません。一般社団法人の代表者が変わっても相続税や贈与税がかかることもありません。

　出資持分がないため、株式会社のように、不動産から生じる収益を、社員に分配することはできません。しかし、役員（理事）への報酬や従業員へ給与を支払うことは可能です。

　さらに、一般社団法人に溜まっていく利益に対しても、相続税がかからないことになります。

　一般社団法人を解散した場合の残余財産を、社員に分配することを定款で定めることはできません（一般社団法人及び一般財団法人に関する法律11条2項）。

　しかし、社員総会の決議で、残余財産を社員に引き渡すことが可能になります。

　ですから、一般社団法人に不動産を移転したとしても、永久に個人に戻すことができないということではありません。

　一般社団法人は、簡単に設立ができ、使い勝手がよいということで、相続税対策として注目されています。

STEP-2　税理士からのアドバイス

1　資産を移転するコストを考えなければならない

　たしかに、出資持分がないことから、一般社団法人が不動産を所有すれば、その後に相続税がかからなくなります。

　しかし、どのようにして一般社団法人に不動産を所有させるかが問題となります。

出資がないため、現物出資という概念はありません。基本的に移転するためには贈与するか、売買をするかになります。

　贈与をすると、個人には、みなし譲渡といって、時価で譲渡したとみなして譲渡税が課税され、法人は、無償で不動産を取得したことによる利益（受贈益）に法人税が課税されます。

　したがって、現実的な方法としては、売買による移転になるかと思います。

　この売買による価額も適正な時価によらなければなりません（CASE 6-2参照）。

　また、適正な時価での売買であっても、一般社団法人には、次の規定があり、相続税や贈与税の租税回避として利用できないようになっています。

　一般社団法人などの設立にあたって、相続税の負担が不当に減少する結果になると認められる場合には、それらの法人を個人とみなして、相続税・贈与税を課すこととしています（相続税法66④）。

　売却の場合には、個人に譲渡税が課税される可能性があります。

　また、移転にかかるコスト（登録免許税や不動産取得税など）がかかることにも注意しなければなりません（CASE 6-2参照）。

2　資産が増える可能性がある

　一般社団法人に適正な時価で売買をするにしても、一般社団法人には、買い取る資産がないため、金融機関による借入れなどにより資金調達をすることになります。

　個人からすると、不動産を一般社団法人へ譲渡することで相続財産から切り離しができます。

　しかし、売買代金という現金が増えることになるので、一般社団法人へ不動産を移転した後は、売買代金相当額の資産をいかに減らすかという対策を進めていかなければなりません（CASE 6-2参照）。

3 非営利型はハードルが高い

公益社団法人や非営利型法人に対する贈与であれば、その財産を公益目的で使用される限り、個人にも法人にも税金がかかりません。

しかし、このような法人を設立するのは、非常に大変です。

公益社団法人を設立しようにも、一個人の財産を守ることで公益認定を受けることは、現実的ではありません。

非営利型法人を目指すことはできるかと思いますが、特に、理事の要件を充足させるのが難しいと思います。

理事の総数のうちに占める親族の割合が3分の1以下でなければなりませんし、理事6人以上、監事2人以上（理事以外、親族以外）で適正に運営されないといけません。

さらに、残余財産の帰属先を国にしなければなりません。

つまり、自分を含めた家族で財産を支配することができなくなるということになります。

先祖代々土地を守ることを使命とされてきた地主さんにとっては、抵抗があるのではないでしょうか。

STEP-3 弁護士からのアドバイス

相続税対策として、一般社団法人を設立するというスキームがあります。

一般社団法人を使う場合には、株式会社と異なり、オーナーという概念がなく、一族が支配権を確保することができるかに注意しておく必要があります。

株式会社のオーナーは株主です。株主は、議決権を有し、多数派を占めていれば、株主総会で取締役の選任権・解任権（会社法329条、339条）を行使することにより、会社の経営を支配できます。また、株式は相続することが可能なので、保有株式を自分の子どもに残すことにより、後継者も支配権を確保することができます。

一方、一般社団法人の場合には、社員が議決権を有し、社員総会で理事の選任権・解任権（一般社団法人及び一般財団法人に関する法律63条、70条）を行使することができます。

　しかし、社員の議決権は、定款で別段の定めをしなければ、原則として、社員1名につき各1個となります（同法48条）。また、社員は、死亡すると法人を退社し（同法29条3号）、社員の地位を自分の子どもに相続させることができません。

　従って、一般社団法人の場合には、株式会社のように社員の多数派を確保し続けることが難しく、反対派に社員総会の多数を握られ、法人の支配権を乗っ取られるリスクが生じてきます。

　一般社団法人設立のスキームを使う場合には、代々の後継者が安定して法人の支配権を確保することが可能かどうか、事前によく検討しておく必要があります。

STEP-4　正しい対策への道しるべ

　一般社団法人の所有する資産や収益について、相続税が一切かからなくなるため、相続税対策として注目されています。

　一部の大会社などでは、株式の相続税評価額を下げるために一般社団法人を利用している例があります。

　資産を移転できれば相続税の悩みもなくなるのですが、資産を移転するまでの費用や税金が多くかかる可能性があるのです。

　特に、先祖代々から持たれている土地を一般社団法人へ移転すると、多額の譲渡税がかかることがあります。

　うまく一般社団法人へ移転できたとしても、税務署から租税回避とみられてしまえば、相続税・贈与税が課税されることになります。また今後、一般社団法人への税制が強化されるリスクもあります。

　さらに、法人の運営をしっかりとしないと、他の相続人や第三者から法人ご

と乗っ取られる危険性があります。土地オーナーさんは、一般社団法人への資産の移転は慎重に判断された方がよいかと思います。

ただし、一般社団法人で貯まる収益について相続税がかからないことは非常にメリットになるかと思います。

役員報酬で払いきれないくらいの収益が大きい物件について、一般社団法人を使って管理やサブリースをさせることで、収益を一般社団法人に移転させる方法は、相続税をおさえるうえで利用価値が高いと考えます。

POINT

- 一般社団法人には、株式などの出資持分がないことから、一般社団法人へ移転した不動産やその収益について、相続税は一切かからなくなります。
- 一般社団法人への不動産の移転の税金やコストを考えると、メリットを受けられる方が限られてしまいます。
- 一般社団法人は、出資持分がないため、一般社団法人が所有する資産への支配力が、株式会社よりも及ばなくなります。資産を守っていくためには、法人の運営をしっかりと行わなければなりません。

CASE 6-4

事業承継対策って必要？

Q 相談者　地主昭さん　65歳

私は不動産会社を作って賃貸不動産を管理しています。現在、自社株の発行済み株式全てを私が保有しています。子供が2人いますが、とくに後継者を決めていません。私が死んだ後は、2人で話し合って後継者を決めてもらえばよいと思っています。それで問題ないでしょうか。

【家族構成】			【所有財産】		
相続人	配偶者	65歳	財産額	2億6,500万円	
	長男	40歳		現預金	1,000万円
	長女	38歳		自宅（土地）	5,000万円
				自宅（建物）	500万円
				自社株式	2億円

A 　**STEP-1**　知っておきたい基礎知識

　会社で不動産経営をしている場合、先代社長から後継者に経営をバトンタッチする時期がきます。いわゆる事業承継です。

　事業承継対策は、大きく分けると、経営の分野、税務の分野、法務の分野にわかれます。

　経営の分野では、後継者探し、経営理念・経営ノウハウ・人脈等の承継、経営体制の整備などが必要になります。

　税務の分野では、相続税・譲渡税・贈与税の対策、相続発生後の法人税対策

が必要になります。事業承継税制の活用も検討のひとつです。

　法務の分野では、相続を利用した株式・事業用資産の承継や、Ｍ＆Ａを選択した場合の企業価値評価や法務対応などが必要になります。

　不動産経営の場合でも、事業の大きさによってやるべきことの程度に差はありますが、どの会社であっても事業承継対策は必要となります。

STEP-2　弁護士からのアドバイス

1　自社株式を承継する方法

　この事例のように、長男や長女が後継者として承継する場合を親族内承継と言います。

　法務の分野では、資産の承継、とりわけ株式の承継が重要になります。親族内承継の場合には、株式を承継する方法には、以下の四つがあります。

① 売買
② 生前贈与
③ 遺言（遺言相続）
④ 死因贈与

2　自社株式の承継対策を取らない場合のリスク

　これらの対策を取らない場合には、先代社長が死亡したときに法定相続が発生します。

　法定相続の説明については、CASE 5-1 をご参照ください。

　例えば、先代社長が発行済み株式総数全株である10,000株を保有していたとします。法定相続人は、妻、長男、長女の3人とします（そのうち、長男を後継者とします。）。法定相続の場合には、それぞれ法定相続分が決まっていて（民法900条）、この事案では、妻2分の1、長男4分の1、長女4分の1となります。

この事案で法定相続になると、株式はどのように帰属すると思いますか。

　よく誤解があるのですが、10,000株が数量で分かれて、妻5,000株、長男2,500株、2,500株になる、というわけではありません。

　株式は、法定相続の場合、「準共有」(民法上、所有権の場合には「共有」、所有権以外の財産権の場合には「準共有」と呼んでいます。同法264条)の状態となり、相続人は法定相続分の割合に従った持分を持ちます。つまり、個々の株式すべて(合計10,000株)についてそれぞれ3人で保有し、その持分が、妻2分の1、長男4分の1、長女4分の1となります。

　これらの株式を他の遺産とあわせて具体的に分ける手続きが遺産分割です。

　遺産分割で権利の帰属者が後継者単独に決まればよいのですが、話合いがまとまるまでは、会社法上、株式の権利行使者を1人定めて会社に通知する必要があります(会社法106条)。そして、その権利行使者の選出は、持分の価格に従いその過半数をもって決するとするのが最高裁の立場です(最判平成9年1月28日)。

　これは何を意味するかというと、後継者が承継した取締役の地位が解任されるリスクにさらされるということです。

　会社法上、役員の選任・解任は、定款に別段の定めがある場合を除き、株主総会の普通決議(議決権を行使することができる株主の議決権の過半数を有する株主が出席し、出席した当該株主の議決権の過半数をもって行います。)で決めることになっています(会社法309条1項)。

　つまり、株主は、議決権の過半数を握れば、取締役を解任できるのです。

　先ほどの例で言えば、10,000株すべてについて、妻2分の1、長男4分の1、長女4分の1の持分となっています。仮に、妻と長女が結託すれば、持分が過半数を超えますので、10,000株すべてについて、妻を権利行使者と決議し、妻がすべての議決権を行使して、長男の取締役の地位を解任することも可能になるのです。

　そういう意味で、事業承継では、後継者が安定した経営を行うために、最低でも議決権の過半数、できれば3分の2以上を保有させて、会社支配権を確保

することが必要となりますが、法定相続では、これを実現することが困難になるリスクがあります。

従って、相続により株式の承継を考えるのであれば、法定相続になることを避けるため、後継者に株式を相続させるときちんと遺言書に書いておく、つまり、遺言相続を選択することが必要となります。

また、遺言相続ではなく、生前贈与により株式を承継させることもありますが、いずれの場合も遺留分に気をつける必要があります。遺留分の説明については、CASE 5-3をご参照ください。

STEP-3 ファイナンシャル・プランナーからのアドバイス

1 自社株対策の必要性

経営者の相続対策では、事業承継を行うための自社株対策が必要となります。事業が安定すればするほど自社株の評価額は高くなり、相続税納税の問題が発生します。また、相続財産である自社株が多額にあると、遺留分の関係から後継者以外の相続人も自社株を相続せざるをえないことがあります。

その場合、相続税納税資金の問題や経営方針に関する考え方の違いによるトラブルが発生する可能性もあります。

これらの対策として、自社株の評価引下げや、会社による後継者以外の自己株式の買取りを行うことがありますが、これに生命保険を活用する方法をご紹介します。

2 自社株評価引下げと生命保険の活用

取引相場のない会社の株式（自社株）を同族株主等が相続又は贈与により取得する場合、自社株の評価は、類似業種比準価額方式か純資産価額方式で行います。

- 類似業種比準価額方式：同じ業種の上場会社と比較し計算する方法

- 純資産価額方式：会社を現在解散するとした場合、どれくらいの資産があるのかを計算する方法

どちらの評価方法を選択しても評価を下げる効果が高く、相続人の納税資金対策にもなる方法は、利益を圧縮する効果が高い役員退職慰労金・弔慰金の支給です。

役員退職慰労金・弔慰金は、経営者死亡時の遺族の生活資金や相続税の納税資金として重要な役割を持ち、死亡退職金の非課税枠を活用することができます。

そして、いつ相続が発生するのかはわかりませんので、現金で準備をするのではなく、生命保険の終身保険を活用します。

終身保険であれば、経営者に万一のことがなく勇退を向かえた時には、解約して退職金を受け取るのではなく勇退時点で会社契約を個人契約に名義変更することもできます。その場合、個人名義に変更した終身保険の受取人を経営者の相続人に変更すれば、納税資金を備えることができるという柔軟性もあります。

この終身保険で自社株の評価を下げる方法は、契約者と受取人が法人、被保険者が経営者という契約形態に加入します。死亡保険金を受け取った法人は、保険金の全額を死亡退職金として遺族に支払い、特別損失として損金算入ができますので、その期の利益を圧縮することができます。

役員退職慰労金を支給する場合には、しっかり役員退職慰労金規程を作成しておきましょう。規程の作成や自社株の評価額については、顧問会計士や税理士に相談しましょう。

3 自己株式買取資金と生命保険の活用

経営者が所有する自社株の評価額が高くなると、相続人が受け取った自社株に多額の相続税がかかる可能性があります。

自社株を売却しようにも、第三者に株式を持たせるわけにはいかず、他に簡単には売却できませんが、「金庫株の解禁」により、相続人が取得した自己株

式を会社が容易に買い取ることができるようになりました（ただし、自己株式の取得価額は株主への分配可能額の範囲内に限るという会社法上の制限はあります。）。会社が相続人の自社株を買い取ることで、相続人は売却代金で相続税を支払うことができるようになります。

会社は、自己株式の買取資金を相続が発生するまで、常にプールしておくわけにもいかないため、契約者と受取人を法人、被保険者を経営者とする生命保険で買取り財源を確保します。

保険金額の設定については、顧問会計士や税理士に相談をしましょう。

STEP-4　正しい対策への道しるべ

会社を経営している場合には、後継者を早めに決めて、経営、税務、法務の観点からしっかり事業承継対策を講じることが大切です。

この事例では、相談者の死後、兄弟間で話し合って後継者を決めればよいと考えているようですが、相続人にはそれぞれの思惑がありますので、「争続」となり、遺産分割がなかなかまとまらない可能性があります。

そうすると、遺産分割がまとまるまで会社経営が円滑にいかず、賃貸経営にも多大な影響を及ぼします。

相談者は、子どもたちとよく話合い、後継者をきちんと決めておく必要があります。そして、後継者が会社支配権を確保できるように、相談者が保有している自社株式を、最低でも過半数、できれば3分の2以上を後継者に承継させるように対策を講じてください。

また、自社株式の評価が2億円と高いわりには、現預金が1,000万円しかありません。従って、自社株式の評価引き下げや納税資金対策など、相続税対策も重要となります。生命保険を活用するなどして、十分な対策を講じましょう。

POINT

- 不動産会社を経営している場合、経営、税務、法務の観点から事業承継対策を講じる必要があります。
- 事業承継では、後継者が安定した経営を行うために、最低でも議決権の過半数、できれば3分の2以上の自社株式を後継者に保有させて、会社支配権を確保することが重要となります。
- 自社株式の評価が高いときには、自社株式の評価引き下げや納税資金対策など、相続税対策も重要となります。生命保険をうまく活用しましょう。

第 7 章

信託による相続対策の常識 ウソ？ホント？

CASE 7-1

信託を活用した相続対策は有効か？

Q 相談者　地主昭さん　70歳

私は、先妻に先立たれ、後妻と2人で自宅で暮らしています。先妻との間には1人息子がいますが、後妻との仲があまりよくありません。私が死んだ後は、後妻のために自宅を残してあげたいのですが、後妻が死亡した後は、後妻の相続人に自宅を取られず、1人息子にあげたいと思っています。知り合いの税理士に相談したら、息子に自宅を相続させて、その条件として後妻が死ぬまでは後妻に住まわせることにした遺言書を残せばよいとアドバイスを受けました。大丈夫でしょうか。

【家族構成】	【所有財産】
相続人　妻（20年前に他界） 　　　　先妻との間の長男　40歳 　　　　後妻　60歳	財産額　8,000万円 　　　　現預金　　　　　　2,000万円 　　　　アパート（自宅）5,000万円 　　　　アパート（自宅）1,000万円

A **STEP-1　知っておきたい基礎知識**

1　信託とは

最近、信託を活用した相続対策が注目されています。中でも、家族の生活を支援したり、財産を承継することを目的とした「家族信託」を利用しようと考えている方が増えています。

信託とは、信託設定者（委託者）が、信託契約や遺言など（信託行為）によって、特定の者（受託者）に、一定の目的（信託の目的）に従って、信託の利益を受ける者（受益者）のために、財産（信託財産）の管理や処分などを託す制度のことを言います。

　信託には、先ほどの説明に出てきたように、委託者・受託者・受益者という3人の当事者が登場します。

　「委託者」とは、財産（これを「信託財産」といいます。）を提供し、管理・処分などを託す者のことを言います。

　「受託者」とは、委託者から託された信託財産の管理・処分などを遂行する者のことを言います。

　「受益者」とは、信託の利益を受ける者のことを言います。

　例えば、平成25年度税制改正を受けて信託銀行各行で取扱いが始まった教育資金贈与信託で説明しますと、教育資金を贈与する祖父母などが委託者、教育資金の預託を受ける信託銀行が受託者、教育資金を使う孫などが受益者となります。

　信託を設定する方法（信託行為）には、委託者と受託者との間で契約を締結する方法（信託契約）や委託者が遺言を書く方法（遺言信託）などがあります。

　委託者は信託を設定するときに、信託の目的を定めます。家族信託の場合には、安定した生活の支援や、財産の適正な管理と確実な承継などが目的とされます。

　受託者は、信託行為によって定められた信託の目的に従って、信託財産を管理・処分していきます。

　例えば、教育資金贈与信託であれば、委託者である祖父が、受託者である信託銀行と信託契約を締結し、孫に教育資金を与えることを目的として、信託銀行に教育資金を預託します。信託銀行は、受益者である孫から請求があれば、その都度教育資金を払い出します。

　信託の大きな特徴は、委託者が拠出した信託財産の権利が受託者に完全に移転することにあります。従って、委託者と受託者との間には高度な信頼関係が

要求されます。

信託は、「信頼」を基礎とした制度なのです。

STEP-2 弁護士からのアドバイス

家族信託の活用法にはさまざまなものがありますが、その中でも、親亡き後問題を解決するための福祉型信託と財産の承継を目的とした後継ぎ遺贈型受益者連続信託のニーズが高いと言われています。

1 親亡き後問題

例えば、Aさんは70歳。妻はすでに他界しています。

40歳の1人息子と持家で暮らしていますが、息子は知的障害者であり、Aさんが息子の面倒をみています。

Aさんは、自宅以外にアパートを所有し、賃料収入で生活しています。

このようなケースの場合、Aさんは自分が亡くなった後に1人残された息子さんの面倒を誰がみてくれるのかとても心配になります。また、息子さんが持家やアパートを相続しても、自分では適切に管理できませんので、誰か信頼できる人に管理を委ね、賃料収入で息子さんに安定した生活を送ってもらいたいと願うものです。

このような悩みを、「親亡き後問題」と呼んでいます。

息子さんは知的障害者ですから、成年後見制度を利用することも可能でしょう。

しかし、受託者になってくれる信頼できる親族などがいれば、親亡き後問題を解決する方法として、信託を利用することも可能です。

Aさんを委託者、親族を受託者、息子さんを受益者とします。

信託目的を息子さんの安定した生活の支援とし、Aさんと親族との間で信託契約を締結します。

持家とアパートを信託財産として、受託者に移転させます。

Aさんと親族との間で協議し、信託契約の中で、アパートの管理方法、息子さんの居住場所（持家）の確保、息子さんへの生活費等の支払方法などについて詳細に決めておきます。

　信託契約の効力発生をAさんの死亡時としておきます。

　このように信託を使えば、Aさんは、息子さんのために一番良いと思う財産管理方法を考え、自分の死後、信頼できる受託者の管理のもと、息子さんの安定した生活を実現することが可能となります。Aさんはとても安心ですよね。

　また、信託契約で定めておけば、息子さんが亡くなったときに信託契約を終了させ、お世話になった親族や福祉団体などに信託財産を帰属させることもできます。

2 後継ぎ遺贈型受益者連続信託

　例えば、Bさん（75歳）は、先妻が死亡した後、後妻（70歳）と結婚し、自宅の不動産で後妻と2人で暮らしています。Bさんと先妻の間には、1人息子（45歳）がいます。

　Bさんとしては、自分の死後は、後妻を自宅に住まわせてあげたいが、後妻の死後は、先妻との間の子に不動産を承継したいと考えています。

　このようなBさんの希望をかなえるために、Bさんの遺言の中で、まず後妻に自宅を遺贈し、後妻の死亡後は息子に遺贈するというようなことを書くことはできるでしょうか。

　このように、最初の受遺者（遺贈を受ける者）の次の受遺者まで指定するような遺贈を「後継ぎ遺贈」と呼んでいます。しかし、この後継ぎ遺贈は、相続法の秩序に反する等の理由により、一般的には無効と解されていますので、後継ぎ遺贈を内容とする遺言は書くことができません。

　次に考えられる方法は、Bさんから息子に自宅を遺贈する、ただし、息子は、後妻が生きている間は後妻に自宅に住まわせる負担を負う、という遺言を書くことです。このように受遺者に一定の行為を負担させることを内容とする遺贈のことを「負担付き遺贈」と呼んでいます。

この負担付き遺贈は有効です。息子が後妻と仲が良ければ、約束を守って後妻の居住を確保してくれるでしょう。しかし、先妻の子と後妻の仲が悪いときは、約束を破棄し、後妻を追い出しにかかるかもしれません。
　それでは、Bさんの思いが実現できません。
　そのようなときには、「後継ぎ遺贈型受益者連続信託」の利用を検討するとよいでしょう。
　例えば、Bさんの親族に信頼できる人がいる場合、その親族を受託者として、自宅を信託譲渡する内容の遺言を書きます。
　後妻を第一受益者とし、息子を、後妻の死後、残余の信託財産の給付を受ける残余財産受益者とします。
　第一受益者の受益権の内容は、自宅を生涯住居として使用できるものとして設定します。
　このように、受益者の死亡により、他の者が新たに受益権を取得する旨の定めのある信託を、後継ぎ遺贈型受益者連続信託といい、無効と解されている後継ぎ遺贈と同様の結果を実現することが可能となります。

3　信託の課題

　このように魅力的な制度である家族信託ですが、適切な受託者が見つからないという課題があります。受託者候補として、親族などの身内の中で信頼できる者がいるかどうかが、家族信託を実現する大きなポイントとなります。
　また、信託では思わぬ税金がかかる場合があります。信託を利用する場合には、税金対策を忘れてはいけません。

4　成年後見制度との違い

　民法上、従来から財産を管理する制度として、成年後見制度（後見・保佐・補助）があります。
　成年後見制度を利用することで目的を果たせるのであれば、わざわざ信託を使う必要はありません。

しかし、成年後見制度は、判断能力が十分ではない高齢者や障害者が利用する制度であり、判断能力が十分にある身体障害者の方には利用することができません。身体の障害により自ら財産管理を行うことが難しい方は、信託の利用を検討するとよいでしょう。

　また、成年後見制度は、判断能力の低下の程度により、後見・保佐・補助の3段階に分かれていますが、保佐・補助の場合には、後見に比べ、本人による財産処分がある程度可能となっています。これに対し信託の場合には、受託者に信託財産の所有権が移転しますので、受益者による処分の危険はなくなります。

　さらに、成年後見の場合には、家庭裁判所が職権で後見人を選任しますので、自らの希望どおり後見人が選ばれるとはかぎりませんが（ただし、任意後見の場合には事前に任意後見受任者を選ぶことができます）、信託の場合には、信頼できる者に受託者になってもらうことができます。

　もっとも、信託は財産管理を委ねる制度ですが、成年後見の場合は、後見人は財産管理だけではなく、身上監護（被後見人の生活の維持や医療、介護等、身上の保護に関する法律行為）も行います。

　従って、身上監護まで必要な場合には、信託と成年後見を組み合わせてスキームを考える場合もあります。

　成年後見制度と信託のそれぞれのメリット・デメリットを理解し、うまく相互補完的に利用したいですね。

STEP-3　税理士からのアドバイス

1　信託による課税

　信託では、原則として誰が「受益者」になるかによって税金の課税関係が変わります。

　信託によって、名義は受託者に変更されますが、これは形式上のものにすぎ

ません。

　受託者は財産を預かって、管理するだけなので、税金上も受託者に対しての課税はされないことになっています。

　では、信託によって誰が実質的な所有者と考えるかというと、受益者になります。信託では、受益者が財産に係る利益を享受することになるからです。

　ですから、まず委託者と受益者が同じ人であれば、所有者に変動がないことになり、課税がされないことになります。

　課税される場合は、委託者と受益者が異なる場合です。

　当初の所有者（委託者）から受益者に財産が移転されたものとして、信託の効力が発生した時点で、贈与税や相続税が課税されることになります。

　この場合の評価額は、相続税評価額で課税されることになります。財産そのものを贈与、相続した場合と同じ課税関係にすることで、節税に信託が利用されないようにしていると言えます。

　注意したいのが、賃貸物件を信託する場合です。委託者が親で受益者が子として信託を設定すると、子に贈与税が課税されますが、このとき、賃貸物件に借入れが残っていたり、入居者から敷金を預かっている場合には、負担付贈与となり、不動産の評価を相続税評価額ではなく、時価での評価としなければならなくなります（CASE 3-8参照）。

2　不動産を信託することで税金が高くなる可能性がある

　賃貸物件を信託した場合に、その賃貸物件の賃料収入は誰が申告するのでしょうか？

　それは、実質的な所有者である受益者になります。受益者は、信託から生じた所得と、自分自身の所得をあわせて確定申告することになります。

　そして、信託した賃貸物件の所得がマイナスになった場合、この不動産所得の損失はなかったものとされます（租税特別措置法41の4の2①等、受益者が個人の場合の取扱いです。受益者が法人の場合には、損金計上が一定の場合に制限されます。）。

つまり、信託している賃貸物件から生じたマイナスは切り捨てになります。

信託していれば、他の賃貸物件のプラスや年金などの他の所得と相殺（損益通算）でき、所得税・住民税を下げることができるものが、信託することによってできなくなることになります。

築年数が古くて、大きな修繕が必要になる賃貸物件を信託すると、税金が高くなってしまうことがありますので注意が必要です。

STEP-4 ファイナンシャル・プランナーからのアドバイス

1 信託銀行のサービスである遺言信託

信託銀行がすすめる遺言信託とは、信託銀行が公正証書遺言の作成をサポートするサービスのことです。

遺言書作成時の相談を受けたり、公正証書作成時の証人として信託銀行が立ち会います。

そして、公証役場で作成した公正証書の正本を相続開始まで信託銀行が保管し、相続人に渡したり、遺言執行者になる一連のサービスのことをいいます。

信託の制度を遺言で設定することも遺言信託と呼びますが、遺言信託サービスとはまったく関係がありません。

2 遺言代用信託

信託の制度を活用し、遺言の代わりに「契約」を結び資産を管理するサービスを、遺言代用信託と言います。

本人（委託者）と信託会社等（受託者）が信託契約を締結し、「何を」「誰に」「どれだけ」「どのように」渡すのか、相続発生後のルールや期限、不動産売却制限など、財産の承継者や承継方法までを定めることができるので、浪費グセのある相続人がいても安心ができます。

遺言の場合、「どのように」というルールを定めることはできず、エンディ

ングノートでは、「どのように」の思いを伝えることはできますが、あくまで希望であって法的効力はありません。

遺言代用信託を活用すると、相続手続がスムーズになります。

通常の相続の場合、遺産分割協議など相続手続が完了するまでは、預金が凍結されてお金を引き出すことはできませんが、遺言代用信託で信託されている財産は、死亡診断書、通帳、印鑑、本人確認書類などがあれば即日引き出すこともできます。

また、信託している不動産は受託者名義ですので、名義変更をする必要もありませんし、自社株の承継の場合、経営権がスムーズに移転できます。

相続後も思いにそった財産承継が可能で、受益権の承継順位を定めることもできるのは、信託のメリットでもあります。

高齢化、後継者が遠方に住むなどで不動産の資産管理が難しい場合には、認識力が弱くなる前に、不動産管理信託を設定し資産管理をするのも承継をスムーズにする方法です。

STEP-5 正しい対策への道しるべ

この事例では、先妻との間の1人息子に、後妻の居住権の確保を求める遺言書を作成しています。しかし、1人息子と後妻の仲があまり良くないということですので、いくら条件を設定しても、現実的に1人息子がその条件を守ってくれるのか分かりません。

このような場合には、弁護士からのアドバイスにあるような信託の設定を検討してみてはいかがでしょうか。

信託を設定する場合には、適切な受諾者を見つけなければならないという課題があります。また、思わぬ税金がかからないように、税金対策を忘れないようにしてください。

このような課題を克服できれば、信託には無限の可能性があります。

生前贈与や遺言で実現できない問題が生じた場合には、信託を利用できない

かという視点を持つようにし、専門家のアドバイスを受けるようにしましょう。

また、いわゆる家族信託は、何代にもわたる長期間の財産管理を設定する制度です。そういう意味で、家族のライフプランそのものと言えます。将来の生活設計を十分に検討したうえで、信託の内容を決めるようにしましょう。

POINT

- 親亡き後問題や後継ぎ遺贈型受益者連続信託など、生前贈与や遺言で実現できない問題を信託で実現できる場合があります。
- 信託の大きな課題として、適切な受託者を見つけることと税金対策があります。
- 家族信託はライフプランそのものであり、将来の生活設計を十分に検討する必要があります。

■「大家さんの道しるべ」とは

　相続を始めとする世の中のしくみ・制度は、ますます複雑化しています。専門家は、より高度な専門知識が求められる時代になりました。
　しかし、弁護士や税理士がそれぞれの分野で高い専門知識を持っているだけでは足りません。それぞれの専門知識を繋ぎあわせて、問題解決にあたらないといけないのです。そのために専門家チームを作り、顧客の問題解決にあたることがトレンドになっています。

　われわれ「大家さんの道しるべ」も、士業の垣根を越えて連携して相談者の問題を解決する活動を行っています。私たちは、大家さん、地主さんの賃貸経営を本気でサポートする専門家集団なのです。

　代表の私（渡邊）も、アパート経営をしている「大家さん」です。
　2007年、実家が営んでいたアパートの経営が危機的状況であることがわかりました。このままでは破綻してしまう状態でしたので、何とかしようと賃貸業を引き継ぎ、財政の建て直しに取り組んで、節税、法人化、リフォーム資金の借入れなどを行い、何とか、お金が残る状況にまで経営改善することができました。

　賃貸業を引き継いだときに思ったことは、「大家さんには相談相手がいない」ということです。
　私の実家にも顧問税理士さんがついていました。しかし、税理士さんはろくに提案も出さず、「物件を売却して借入金を返済しましょう」という他人事のような返事。「これが税理士の仕事か……」と思い、がっかりしたのと同時に、自分でやるしかないと決意しました。私がたまたま税理士だったからよかったのですが、大抵の大家さんはそうではないので、ご自身だけで解決することは難しいと思います。

現在、私は大家としての経験を活かし、大家さん専門税理士・司法書士として、どうしたら収入を上げ、支出を減らし、税金を抑えることができるのか、ご提案・お手伝いをさせていただいております。しかし、私一人では、多くの困っている大家さんのお手伝いすることには限界があります。

　さらに、賃貸経営は税金だけの問題ではなく、法律問題などさまざまなトラブルを解決しなければなりません。そのためには、税理士以外にも弁護士や不動産鑑定士、ファイナンシャルプランナーなどに相談しなければなりませんが、個別に相談するにも費用と時間がかかってしまいます。

　そこで立ち上げたのが、大家さんのための専門家集団「大家さんの道しるべ」です。

　大家さんの道しるべは、税理士、弁護士、司法書士、不動産鑑定士、ファイナンシャルプランナーなどの専門家が、会員様向けにメールまたはＦＡＸによる税務相談、賃貸経営相談を行っています。

　一人の専門家の偏ったアドバイスではなく、複合的な視点で各専門家が回答するようにしています。さらに、他のご質問と回答は、すべて会報誌に掲載され、会員の皆様と共有できるようにし、事例を通じて問題解決を学ぶことができます。会報誌は、月１回の発行で、Ｑ＆Ａの他、税制改正情報など最新の情報をお届けしています。

　その他、大家さん、地主さん向けに、家族信託支援、相続、賃貸経営のコンサルティングを行っています。

《お問い合わせ》
〒102-0073
東京都千代田区九段北1-8-3　カサイビルⅡ　3F
一般社団法人 大家さんの道しるべ
代表理事　渡邊浩滋
TEL：03-6272-9848
FAX：03-6272-9849

■執筆者紹介

渡邊 浩滋（わたなべ・こうじ）／税理士・司法書士
1978年、東京都江戸川区生まれ。明治大学法学部卒業。税理士、司法書士、2級FP技能士、宅地建物取引士。大学在学中に司法書士試験に合格。大学卒業後、総合商社の法務部に入社。税理士試験合格後、実家の大家業を引き継ぎ、空室対策や経営改善に取り組む。大家兼業税理士として悩める大家さんのよき相談役となるべく、不動産・相続税務専門の税理士法人に勤務。2011年12月、税理士・司法書士渡邊浩滋総合事務所設立。司法書士の資格を活かし、不動産のスペシャリストとして税務だけでなく法律面の観点からもトータル的なアドバイスを提供。セミナー講演多数。
【主著】『税理士が教える節税Q&A』（共著、TAC出版）、『大家さんのための超簡単！青色申告』（共著、クリエイティブワークステーション）、『Q&A固定資産税は見直せる』（共著、清文社）ほか多数。

関 義之（せき・よしゆき）／弁護士・中小企業診断士
早稲田大学法学部卒業。弁護士としての実務経験15年（2015年10月現在）。法人・個人を問わず、さまざまな法律問題に取り組み、紛争が起きた後の解決（対処法務）のみならず、紛争を未然に防ぐための契約書チェック等（予防法務）にも力を入れている。分野としては、賃貸や相続に関する相談も多く手がけている。近年、中小企業診断士資格も取得し、経営面からも的確なサポートを心がけるとともに、他の専門家との連携による多角的な解決を得意とする。
【主著】『隣り近所の法律相談』（共著、法学書院）、『マイナンバー制度の仕組みと簡単・安全な情報管理』（共著、税務経理協会）ほか多数。

田口 陽一（たぐち・よういち）／不動産鑑定士
明治大学理工学部建築学科卒業。一級建築士、不動産鑑定士、宅地建物取引士、マンション管理士。東京建物株式会社にて、不動産鑑定評価、都市開発、オフィスビル運営、SPCスキームを活用した不動産事業等、理論・実務の両面から不動産業務を経験し実績を残す。不動産ソリューションは、実践的経験が何より重要であるばかりでなく、建築・税・法務・金融・理論的評価・現実の売買等々、複合的領域にわたることから、常に複眼思考でベストな解決策を構築している。鑑定評価や売買のみならず、バランス重視のハイブリッドなアドバイザリーを得意とする。

廣田　裕司（ひろた・ゆうじ）／不動産コンサルタント
大学卒業後メーカーに勤務、主に土木・建築資材営業、生産管理を経験。2001年に妻の実家の賃貸事業をベースに、有限会社丸金商事を設立。賃貸経営に関わるようになる。その後、賃貸経営の経験を活かし、セミナー講師として活躍中。2014年、大家仲間と一緒に管理会社を設立し、大家さん目線の賃貸管理サービスを提供中。

津曲　巌（つまがり・いわお）／相続保険コンサルタント
大手不動産流通会社にて営業、営業管理職を歴任、その後ヘッドハンティングにより外資系金融機関に転身。FP、営業管理職として活躍後、2002年、FP事務所として独立。不動産・金融機関での経験を活かし、資産形成・相続対策等の研修・セミナー講師として活躍中。個人・法人の相続相談、財務・営業コンサルティングを精力的に行っている。

駒崎　竜（こまざき・りゅう）／ファイナンシャル・プランナー
1978年、埼玉県草加市出身。父方は米農家、母方は畑農家で育つ。中古車販売会社の取締役時代に、資金調達・会計・税務など年商50億円の会社経営に携わり、その後大東建託株式会社に入社。土地活用や相続対策の経験を積み、2007年に株式会社エターナルを設立。独立後、多くのアパート建築に携わり、火災保険の担当棟数は120棟以上。不動産投資ローンの契約業務や担保調査を年間130棟以上実施している。融資・不動産事業計画・保険・資産運用を横断的にコンサルティングすることができる。農家・経営者・建設会社・金融機関・専門家の気持ちを理解できる数少ない存在。
【主著】『だまされない保険』（週刊ダイヤモンド編集部、ダイヤモンド社）へ寄稿、「賃貸オーナーの防災対策」（「月刊不動産」2013年6月）ほか雑誌等の保険ランキング記事やコラムの連載等多数。

相続対策の常識 ウソ？ホント？
6人の専門家が導く正しい対策への道しるべ

2015年10月30日　発行

編著者	一般社団法人　大家さんの道しるべ Ⓒ
発行者	小泉　定裕

| 発行所 | 株式会社 清文社 | 東京都千代田区内神田1-6-6　(MIFビル)
〒101-0047　電話03(6273)7946　FAX03(3518)0299
大阪市北区天神橋2丁目北2-6　(大和南森町ビル)
〒530-0041　電話06(6135)4050　FAX06(6135)4059
URL http://www.skattsei.co.jp/ |

印刷：亜細亜印刷㈱

■著作権法により無断複写複製は禁止されています。落丁本・乱丁本はお取り替えします。
■本書の内容に関するお問い合わせは編集部までFAX（03-3518-8864）でお願いします。

ISBN978-4-433-56605-0